灾害共治与政府责任

自然灾害应对的法治路向

杨　丹　著

法律出版社
LAW PRESS·CHINA

序

2020年年初新型冠状病毒肺炎疫情暴发以来,我国在公共卫生事件处理、自然灾害防治、突发事件应对等方面面临一系列挑战,可视为反思中国国家治理体系和治理能力现代化的重要机遇。在世界疫情防控形势严峻之际,中国迅速反思应急管理机制的弊端,并充分发挥民主集中制体制优势,迅速调整至常态化疫情防控模式,推动社会各界、各领域积极有序开展复工、复产、复学。此外,自2020年3月以来,四川省凉山州突发森林大火、长江流域遭遇汛期洪涝等事件频发,保障人民群众生命财产安全的情势异常严峻。应急管理是国家治理体系和治理能力的重要组成部分,承担防范化解重大风险、及时应对处置各类灾害事故的重要职责,担负保护人民群众生命财产安全和维护社会稳定的重要使命。充分发挥我国应急管理体系特色和优势,积极推进我国应急管理体系和能力现代化,既能推动我国应急管理体制机制的完善,又可为中国国家治理体系的建设提供强大的动力。

《灾害共治与政府责任：自然灾害应对的法治路向》一书正是在这样的背景下展开并完成的。本书虽未对公共卫生事件、事故灾难、社会安全事件等突发事件作出一一回应，仅将自然灾害应对作为研究对象，亦不妨碍作者以此为切入点窥探我国应急管理体制与机制的实践困难与理论支撑，由此反思既有应急管理体系在处置不同类型突发事件的症结之处。作者在攻读博士期间已经开始关注政府应对自然灾害的实践问题，长期致力于探寻其中的法理基础与理论架构。随着多中心治理理念对政府治理的渗透，政府以何种姿态应对自然灾害，并正确处理与其他社会主体之间的关系，如何推动政府应对路径的法治化，成为本书作者理论关注与积极回应的重点。

首先，“政府应当承担自然灾害应对责任”这一结论是研究得以继续展开的基础与前提。以洛克为代表的契约论将政治社会的起源归因于“自愿结合和人民自由选择他们的统治者和政府形式的相互协议”，推定出政府权力以职责履行的方式围绕公民权利保障得以实现。自然灾害应对要求政府公共服务产品的提供，是一项法定的、基础性的社会保障责任，对政府的权力、财政、资源配置等提出具体的要求。

其次，“多中心理论”使政府在公共服务产品的提供层面实现了理念革新，审慎借鉴辅助性理论完成了政府应对责任有限性的证成。美国政治经济学家埃莉诺·奥斯特罗姆提出治理的“多中心理论”，描述了多个权力中心和组织体制之间同时存在竞争关系或合约关系，以达到治理公共事务、提供公共服务的目的。基于国家治理体系建设的需求，该理论革新了自然灾害应对的理念与思路，即随着应对场景的转变，决策中心随之变化，应对责任的分担亦出现调整。多元主体的表达与参与为该理念的渗透创造了条件，打破了传统的政府—公民二元关系。起源于“生存照顾义务”的国家辅助性理论尤其强调社会主体的角色定位与基础作用，其价值在于，解读出政府权力有限、责任有限这一论点，为进一步阐释政府与其他社会主体之间的关系提供了理论框架。

再次,立足于我国行政体制改革的实践,促成行政组织理论与自然灾害应对的有机整合。回顾我国财政体制改革与行政体制改革的实践历程,政府组织优化、行政权力配置、政府职能转变等方面的探索是完善政府责任体系的核心。本书并未尝试创造一套完全适用于自然灾害应对的政府责任理论原型,而是从我国行政组织理论与实践的现实出发寻找当前政府责任体制与自然灾害应对需求之间的平衡点,从而实现二者的有机整合。关注央地之间各级政府的职权特征与应对基础,分别阐释了中央政府、省级政府、市—县—乡基层政府的应对责任,有效回应了“责任政府”“有限责任”“给付责任”的现代法治政府建设要求。

最后,从“立法论”视角切入,勾勒出政府应对自然灾害法治路径的构建蓝图。庞大且相对完善的法律体系是保障自然灾害防治有效的必要前提,这在多个国家实践中得以论证,值得我国借鉴并学习。立足于我国立法体制的理论创造与运行现状,对当前我国自然灾害领域的立法困境进行总结,并明确政府应对责任的现实需求,兼采“统一法+单行法”“中央立法+地方立法”“针对性立法”等多种立法模式,充分发挥立法权在政府应对责任明确上的推动作用,促使政府运用法治思维和法治手段合法、高效地展开自然灾害应对工作,推动政府应对自然灾害的法治化进程。

尽管有不少论著已经从管理学、政治学、经济学、社会学等视角对相关理论与实践进行探讨,能从宪法学、行政法学视角完全围绕“责任”二字展开自然灾害应对问题的研究并不常见。作者敏锐观察到,时代变迁下行政法基础理论的革新对政府责任带来了新的要求与挑战,向我们细致地展示了政府承担自然灾害应对责任的特殊性,也尝试剖析当代公共行政转型后公共产品领域面临的法治困境,为自然灾害管理的现代化与法治化提出了极具建设性的建议。本书是作者长期探索与研究的成果,在即将出版之际,祝愿她学术研究之路丰富而精彩!

是为序。

徐继敏

2020年10月于成都

目录

绪　论

一、研究背景与意义

（一）研究背景

1. 我国自然灾害基本情况

我国自然灾害种类繁多，且分布广泛，地理环境的特点是灾害频发的重要原因。我国地处亚欧板块的东南部，东临太平洋，南北跨热带、亚热带、温带，从湿润的亚热带季风气候向温带季风气候过渡，并向西部、北部过渡至高原山地气候、温带大陆性气候，拥有平原、盆地、高原、丘陵、山脉等多种地貌结构。由于季风气候的影响，东部沿海地区夏季降雨丰富，发生洪涝、台风灾害的频率很高。内陆主要受沙漠与地质结构的影响，降雨稀少，极易发生旱灾。并且，由太平洋板块、印度板块、菲律宾板块与欧亚板块共同作用形成23条地震带，分布在我国台湾地区、西南地区、西北地区、华北地区、东南沿海地区。我国境内水域资源丰富，分布不同规模的湖泊、河流，因气候变化引致流域洪涝泛滥、干旱频发。

2015年至2019年，全国自然灾害造成直接经济损失共 16463. 5 亿元,受灾农作物面积共 103922. 2 千公顷。自 2015 年以来,每年遭受自然灾害人次均在 1 亿人次以上,且 2015 年、2016 年受灾人数接近 2 亿人次(见图绪-1);其间,紧急转移人次、死亡人数与失踪人数均存在小幅增长并缓慢减少的趋势(见图绪-2)。[1] 每年均发生洪涝、台风灾害,并伴随不同程度的地质灾害、地震灾害与旱灾,低温冷冻、雪灾、森林火灾等偶有发生。

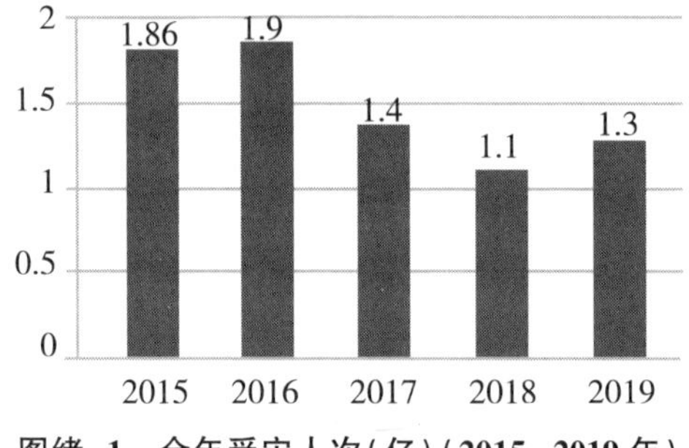

图绪-1 全年受灾人次(亿)(2015~2019 年)

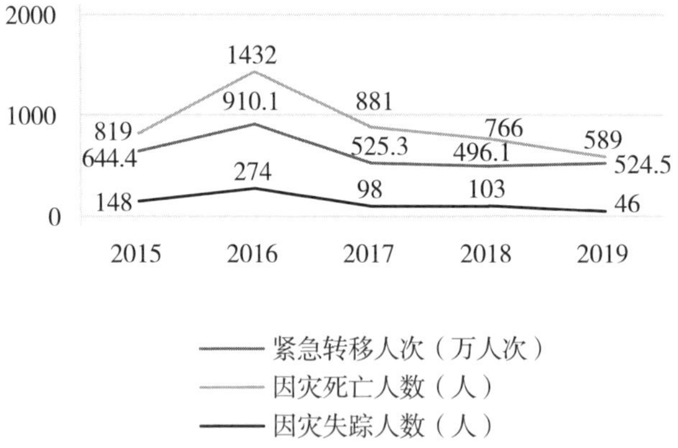

图绪-2 全年自然灾害造成的紧急转移人次、死亡人数与失踪人数(2015~2019 年)

自然灾害的时空分布特征显著。以地震灾害为例,2014 年至 2018 年,全国共有 15 个省、自治区和直辖市发生地震灾害;新疆维吾

[1] 以上数据载国家减灾网:http://www.ndrcc.org.cn/xwzx/index.jhtml,最后访问日期:2020 年 3 月 1 日。

尔自治区、云南省与四川省是地震高频省份，分别发生地震 19 次、16 次与 12 次；青海省与西藏自治区也在该期间内分别发生 6 次地震灾害。2015 年至 2018 年，几乎在所有省份发生了不同程度的地质灾害；湖南省以 10567 次的发生频率位居全国第一；湖北省发生 3019 次，位居第二；福建省、云南省、安徽省与四川省分别发生 1663 次、1549 次、1507 次与 1314 次。除此之外，河北省、江苏省、浙江省、福建省、山东省、广东省等东部沿海地区常年饱受洪涝、台风等气象灾害影响，湖南省、广西壮族自治区、四川省、云南省等内陆地区因洪涝、山体滑坡造成的灾害影响范围很广。[2]

以上数据表明，自然灾害发生的周期性长、频率高，且灾害类型集中地区也时常伴随其他灾害的侵扰；自然灾害造成的损失大、影响广，对受灾地区居民的人身健康安全、财产安全、经济发展等形成威胁或危害；自然灾害在各地区的分布不同，且地方政府的应对能力与程度也表现出差异性。

2. 国家应急响应启动现状

为有效应对突发公共事件，国务院通过的《国务院突发公共事件总体应急预案》(2005)将自然灾害纳入突发公共事件应急预案的适用范畴，根据性质、严重程度、可控性、影响范围等因素将突发公共卫生事件划分为 4 级，分别是Ⅰ级(特别重大)、Ⅱ级(重大)、Ⅲ级(较大)和Ⅳ(一般)，由此形成对应的应急响应级别。2015 年至 2019 年，国家应急管理部(或民政部)[3]根据各地受灾情况启动不同级别的紧急救灾响应。如表绪-1 所示，[4]国家Ⅳ级应急救灾响应是近五年应急

[2] 数据载国家统计局官方网：http://www.stats.gov.cn，最后访问日期：2020 年 3 月 1 日。

[3] 应急管理部设立于 2018 年 3 月，依据是第十三届全国人民代表大会第一次会议批准的国务院机构改革方案，是国务院的组成部门。应急管理部成立以前，国家紧急救灾应急响应由民政部与国家减灾委共同对外决定；成立之后，由应急管理部与国家减灾委共同决定紧急救灾应急。

[4] 数据载国家减灾网：http://www.ndrcc.org.cn/yjgz/10323.jhtml，最后访问日期：2020 年 3 月 1 日。

管理部(民政部)与国家减灾委最常启动的响应级别，约占92.65%；其间，尚未启动国家Ⅰ级救灾应急响应，但每年会根据特定灾种或影响程度启动Ⅱ级或Ⅲ级响应机制；〔5〕暴雨洪涝灾害、台风灾害、地震灾害与旱灾这四类自然灾害是启动国家应急救灾响应机制的最常见类型，常年威胁受灾地区的居民生命健康安全、影响地方经济发展进程以及干扰社会经济发展秩序。此外，诸如强对流天气、雪灾、森林火灾等自然灾害的，影响超出地方政府应对能力的范围，〔6〕亦由国家启动应急响应。

表绪-1　应急管理部(民政部)国家级紧急救灾应急响应(2015~2019年)

<table>
<tr><td>年份</td><td colspan="2">2015</td><td colspan="2">2016</td><td colspan="2">2017</td><td colspan="2">2018</td><td colspan="2">2019</td></tr>
<tr><td rowspan="4">应急响应次数</td><td colspan="2">14</td><td colspan="2">16</td><td colspan="2">17</td><td colspan="2">14</td><td colspan="2">7</td></tr>
<tr><td>Ⅱ级</td><td>0</td><td>Ⅱ级</td><td>0</td><td>Ⅱ级</td><td>1</td><td>Ⅱ级</td><td>0</td><td>Ⅱ级</td><td>1</td></tr>
<tr><td>Ⅲ级</td><td>0</td><td>Ⅲ级</td><td>1</td><td>Ⅲ级</td><td>1</td><td>Ⅲ级</td><td>1</td><td>Ⅲ级</td><td>0</td></tr>
<tr><td>Ⅳ级</td><td>14</td><td>Ⅳ级</td><td>15</td><td>Ⅳ级</td><td>15</td><td>Ⅳ级</td><td>13</td><td>Ⅳ级</td><td>6</td></tr>
<tr><td rowspan="6">各灾害类型响应次数</td><td>暴雨洪涝</td><td>5</td><td>暴雨洪涝</td><td>10</td><td>暴雨洪涝</td><td>9</td><td>暴雨洪涝</td><td>6</td><td>暴雨洪涝</td><td>2</td></tr>
<tr><td>台风</td><td>3</td><td>台风</td><td>3</td><td>地震</td><td>4</td><td>地震</td><td>3</td><td>地震</td><td>1</td></tr>
<tr><td>地震</td><td>3</td><td>旱灾</td><td>2</td><td>旱灾</td><td>2</td><td>台风</td><td>3</td><td>台风</td><td>1</td></tr>
<tr><td>旱灾</td><td>3</td><td>强对流天气</td><td>1</td><td>地质灾害</td><td>2</td><td>地质灾害</td><td>2</td><td>旱灾</td><td>1</td></tr>
<tr><td colspan="8" rowspan="2">—</td><td>森林火灾</td><td>1</td></tr>
<tr><td>雪灾</td><td>1</td></tr>
</table>

〔5〕 比如，2019年8月12日针对浙江、上海、江苏、山东、辽宁等9省遭遇的台风灾害启动了国家Ⅱ级救灾经济响应；2017年6月24日、8月9日分别针对四川境内茂县山体滑坡、阿坝州九寨沟地震启动了国家Ⅱ级与Ⅲ级救灾应急响应。

〔6〕 所谓超出应对范围，一般涉及两种情况：其一，特定自然灾害属地方上罕见类型，地方政府缺乏常规或突发的应对机制，需要中央政府介入并提供指导与援助；其二，特定自然灾害影响范围跨省域，紧急应对需要中央政府的协调与指导。

3. 自然灾害应对的政策要求

面对严峻的防灾减灾形势,党中央、国务院、地方政府积极采取应对措施,高效引导社会资本、社会组织与个人的参与。在《国民经济和社会发展第十三个五年规划纲要》实施进程中,防灾减灾基础薄弱、防灾减灾合作任务加重、防灾减灾社会参与意识不足等现实问题引起中央与地方当局的充分重视。2016 年 12 月 19 日,《关于推进防灾减灾救灾体制机制改革的意见》要求“正确处理人和自然的关系,正确处理防灾减灾救灾和经济社会发展的关系,坚持以防为主、防抗救相结合,坚持常态减灾和非常态救灾相统一,努力实现从注重灾后救助向注重灾前预防转变,从应对单一灾种向综合减灾转变,从减少灾害损失向减轻灾害风险转变”,“提高防灾减灾救灾工作法治化、规范化、现代化水平,全面提升全社会抵御自然灾害的综合防范能力”。〔7〕

同日,发布《国务院办公厅关于印发国家综合防灾减灾规划(2016-2020 年)的通知》(国办发〔2016〕104 号),制定了 10 项主要任务,分别是“完善防灾减灾救灾法律制度”“健全防灾减灾救灾体制机制”“加强灾害监测预报预警与风险防范能力建设”“加强灾害应急处置与恢复重建能力建设”“加强工程防灾减灾能力建设”“加强防灾减灾救灾科技支撑能力建设”“加强区域和城乡基层防灾减灾救灾能力建设”“发挥市场和社会力量在防灾减灾救灾中的作用”“加强防灾减灾宣传教育”“推进防灾减灾救灾国际交流合作”。规划体现了 4 个核心特点:(1)强调自然灾害应对主体法定责任的明确,通过综合立法的途径予以实现;(2)强化政府有限责任的理念,鼓励并引导社会力量、市场资本等主体的积极参与,涉及学校、医院、企业、社会组织和个人或家庭等主体的防灾减灾义务;(3)同时注重灾害应急处置能力与灾后恢复重建能力的建设与提升;(4)提出划定自然灾害应对的联防区域,开展县、乡基层综合灾害应对试点。

---

〔7〕 参见《关于推进防灾减灾救灾体制机制改革的意见》(2016 年 12 月 19 日)。

2018年3月21日，为提高国家应急管理能力和水平和防灾减灾救灾能力，中共中央印发《深化党和国家机构改革方案》，决定组建应急管理部，将国家安全生产监督管理总局、国务院办公厅、公安部、民政部、国土资源部、水利部、农业部、国家林业局、中国地震局、国家防汛抗旱总指挥部、国家减灾委员会、国务院抗震救灾指挥部、国家森林防火指挥部的各项防灾减灾职责进行整合，统一划入应急管理部。目前，应急管理部由5个议事机构、22个机关司局、1个派驻机构、6个部署单位共同组成。〔8〕 应急管理部的成立，对建设中国特色应急管理体系有重要的推动作用，对我国当前应急管理体制机制的建立与创新提出新的要求与挑战。

2019年11月29日，习近平在中央政治局第十九次集体学习时强调，“应急管理是国家治理体系和治理能力的重要组成部分”，应当运用“法治思维和法治方式”提高应急管理的法治化水平，依托科技提高应急管理的智能化水平，引导社区居民提升应急管理基层治理的网格化水平。

自然灾害应对是我国构建中国特色应急管理体系必须重点关注的课题。从法学视角展开分析，对自然灾害应对理念、责任主体、责任划分、责任内容与法治化路径的研究，有利于完善我国自然灾害应对责任的法律制度。

4. 自然灾害应对政府责任研究的迫切性

中央与地方各级人民政府出台大量政策文件指导自然灾害应对工作，试图通过有效的预防措施减少自然灾害紧急救援的负荷，但频繁、广泛的自然灾害影响导致行政组织疲于应对。政府责任界限模糊、范围不清、内容不明、划分不科学等实践问题突出，亟待理论研究对此进行回应，为自然灾害应对责任机制的优化提供理论依据。

---

〔8〕 参见应急管理部官网：https://www.mem.gov.cn/jg/，最后访问日期：2020年3月4日。

其一,政府在自然灾害应对实践中面临的困境迫切要求理论界与立法界给予足够的重视与探讨。自然灾害应对是我国长期面临的公共应急管理问题,自然灾害造成的居民安全与经济发展损害本身应获得足够的重视。此外,关于政府“为何承担应对责任”“如何承担责任”“承担哪些责任”等问题一直未得到制度回应,尤其在法治政府建设中如何促使“有限政府”与“自然灾害应对”的有效衔接更是值得反思。本书拟探讨的政府责任的正当性、边界、范围、划分机制与规范问题将对此予以回应。

其二,理论层面的系统研究有待加强,以利于实践中政府应对责任的精细化与科学化。现有研究多从历史学、管理学等视角出发,部分针对我国汉朝、唐宋、元朝、明清以及民国时期的自然灾害应对史展开研究,涉及对当朝政府的自然灾害管理措施、管理理念的阐释;部分针对自然灾害管理中的技术、手段等展开分析,通常涉及具体措施的运行与维系。这些研究未能正面阐释“政府应当承担自然灾害应对责任”这一命题,仅表明“政府过去承担过应对责任以及政府现在采取了应对措施”这一基本事实。现有的理论层面的系统研究仍显不足,且很少有学者从法学、公法学或者行政法学的视角切入,未能针对政府为何要承担应对责任以及承担何种应对责任进行深入剖析。即使存有学者分析其中的法理要素,也仅是个案,碎片化研究不足以支撑整个命题的设定,诸如社会救助、多元治理、行政给付等主题的研究未能清晰阐释这一问题。因此,当现实中的问题突出需要回溯相关理论时,却很难触及系统的理论框架。

其三,国家治理体系与能力现代化、公共行政法治现代化的实践要求突破既有研究,从不同的视角、内容、方法、学科等切入。公共行政法治现代化促使政府在公共事务治理中的角色与定位发生转变,加之国家治理体系现代化与法治化的新要求,政府应对自然灾害理应置于法治政府、有限政府、服务政府与责任政府的综合理念设定中。本书将打破研究视角桎梏,立足于宪法与行政法理的基础上,综合运用实证调查、理论分析、规范分析、历史梳理等多种研究方法，以丰富自然灾害政府应对责任的研究内容。

（二）研究意义

本书的目的是归纳政府应对自然灾害面临的实践困境，通过辨析自然灾害应对中的行政权力状态来划定政府责任的边界，并据此讨论政府责任的范围与内容，试图纵向划分中央与地方之间的应对责任，在完善法律规范的前提下为相关权利救济与责任监督提供理论支撑。

1. 有利于我国自然灾害法律制度的完善

本书研究对象是自然灾害应对中的政府责任，因此，本书毫无疑问会对我国当前有关自然灾害防治的法律规范、立法现状等展开分析，毕竟“职权法定”是我国宪法与行政法所确定的政府履行相关职能与责任的基本原则，并通过行政法律规范进一步细化。为实现自然灾害应对中政府责任的制度化、规范化，立法保障工作的推进必不可少，这样才能高效推进自然灾害应对的法治化进程。目前，法律位阶偏低的行政规范性文件是政府应对自然灾害的主要依据，对于完善法律制度的反思明显不足，大规模自然灾害的发生也未引起足够的立法重视，以致错失推动立法的契机。结合我国实践要求，应当推动我国自然灾害法律制度的完善，以进一步提升政府履行应对责任的法治化水平。

2. 促进我国自然灾害政府责任机制的形成

现有研究揭露了我国政府承担自然灾害应对责任存在两个主要问题，一是系统、完整的应对责任机制阙如，二是中央与地方之间的应对责任未实现有效划分。前者是指，政府对应对职能与责任的界定局限于行政组织框架内，忽略了权力场域不同对政府履行职责造成的变化，造成其他主体的“袖手旁观”或“高度依赖”。后者强调的是，政府的行政状态在自然灾害应对中并非一成不变，在一个动态治理的过程中，其他主体的互动以及自然灾害的治理现实影响着政府的角色与定位,应急行为的出发点与落脚处也应随之调整。因此,区分自然灾害应对的不同阶段,有利于正确界定常规行政与紧急行政状态下的政府责任,以体现政府应对行为的不同侧重。因此,在明确政府应对自然灾害的正当性后,分析自然灾害应对事务的特点与要求,将促进我国自然灾害政府应对责任机制的完善。

3. 有助于全面提升自然灾害综合防治能力与水平

自然灾害综合防治应由政府、社会与市场等主体共同参与,政府的主导地位影响其他主体的参与程度与内容,建立多元协作机制需要纳入社会资本、自治实体、非营利组织、个人等主体,由此形成的自然灾害共治格局将正面作用于我国自然灾害综合防治能力与水平。从全局视角切入政府应对责任的剖析,必然涉及其他主体的应对责任,立足于政府在自然灾害应对中的角色定位与责任界限,将有助于促使政府积极履行法定义务,并积极引导其他主体承担相应责任。

二、相关概念的界定

(一)自然灾害的定义

"灾害"一词最初源于古希腊语,经由中世纪法语"désastre"和旧意大利语"disastro"发展为英语"disaster"。维基百科将"灾害"解释为,在较短时间内发生的作用于某一群体或社会的一种严重的破坏,包括人员伤亡、经济损失和环境破坏,而这类破坏超过该群体或社会运用资源自我恢复的能力。[9]《布莱克法律词典》将"disaster"解释为"一场灾难(calamity);一场灾难性的紧急事件(catastrophic emergency)"。[10] 我国《辞海》与《新华词典》一致将其解释为"天灾人祸造成的损害"。

---

〔9〕 参见维基百科:https://en. wikipedia. org/wiki/Disaster,最后访问日期:2017 年 7 月 19 日。

〔10〕 See Bryan A. Garner, Black's Law Dictionary (Tenth Edition), Thomson Reuters, p. 560.

普遍认为，灾害可以区分为人为灾害（man-made disasters）与自然灾害（natural disasters）。所谓人为灾害，是指技术危害的结果，如踩踏、纵火、交通事故、工业事故、漏油和核爆炸/辐射、战争以及故意攻击等。自然灾害，则指向一种自然过程或现象，可能导致人员伤亡、财产损失、生计和服务损失、社会和经济破坏以及环境破坏。自然灾害同时具有自然属性与社会属性，前者是指自然界部分物质以特殊方式进行的自然运动，后者则强调该自然运动对其范围内所产生的损害影响。[11] 澳大利亚学者 W. 尼克·卡特对此分类予以认同："灾害是一种突发的或逐渐积累的自然或人为事件。它的侵害如此之严重，以至于受影响的社会必须对它采取专门的对策。"[12]同样地，美国在《斯塔福德法》（Robert T. Stafford Disaster Relief and Emergency Assistance Act）中同样采用此分类进行定义，将"重大灾害"限定在"任何自然灾害（包括任何飓风、龙卷风、风暴、高水位、风力、潮汐、海啸、地震、火山喷发、滑坡、泥石流、暴风雪或干旱），或（无论原因如何）在美国任何地方发生的火灾、洪水或爆炸"。舒格曼教授（Stephen D. Sugarman）进一步指出，美国联邦应急总署（FEMA）参与的"重大灾害"，立足于《斯塔福德法》的基本定义，具备两个基本特质，"存在相对较大的损失，至少包括对多数人造成的严重危害"，以及"损害程度超出中等规模或更大社区的应对能力"。但是，舒格曼教授也指出，自然灾害与人为灾害之间的界限是模糊的，很难一概而论。[13]

根据《自然灾害分类标准与代码》的规定，我国自然灾害详细分为44种，可概括为五大类，分别为地质地震灾害、气象水文灾害、生物灾害（农作物生物灾害、森林生物灾害和森林火灾）、海洋灾害以及生态

---

〔11〕 吴媛媛：《明清徽州灾害与社会应对》，安徽大学出版社2014年版，第2页。

〔12〕 W. 尼克·卡特.《灾害管理手册》，地震出版社1993年版，第1~2页。

〔13〕 Stephen D. Sugarman, Roles of Government in Compensating Disaster Victims, 6 Issues Berkely Legal Scholarship 1(2007), pp. 1-33.

环境灾害。[14] 国家科委、国家计委、国家经贸委自然灾害综合研究组在《中国自然灾害综合研究的进展》中列举了7类灾害，包括气象灾害、海洋灾害、洪水灾害、地质灾害、地震灾害、农作物生物灾害和森林灾害，国家统计局据此进行数据统计与分析。

本书的研究对象是“政府责任”，设定“自然灾害应对”为研究背景，并不详细对各自然灾害类型展开分析，理由有二。其一，我国自然灾害种类繁多，各类型的基本特征、影响范围、损害程度均有不同，因篇幅所限，无法对每种灾害类型均展开详细分析与论证，但会在后续论述中选取典型的重大自然灾害事件进行解读。其二，本书试图整理一套适用于自然灾害应对的通识理论，面对所有类型或规模的自然灾害，应对责任主体、界限、范围、类型、划分机制等基础问题均有所涉及。

(二)政府责任的界定

在《布莱克法律词典》中，“责任”的英译为“responsibility”，意指“1. 可以承担责任的质量、状态或条件；2. 一个人可以在法庭上为自身行为承担责任的心理健康；3. 罪责”。[15] 另一相似词语为“authority”，意为“官方权利或行为准许，尤其代表他人合法权益；一个人的权力足以根据其他人表现出的同意来影响另一些人的法律关系；委托人授予代理人的权力”。[16] 《现代汉语词典》将“责任”定义为使人担当起某种职务和职责；分内应做之事；做不好分内之事，而应当承担的过失。[17]

我国学者对“责任”的解读形成4种主要观点：(1)社会成员对社

---

[14] 张宝军、马玉玲、李仪：《我国自然灾害分类的标准化》，载《自然灾害学报》2013年第5期。

[15] See Bryan A. Garner, Black's Law Dictionary (Tenth Edition), Thomson Reuters, p. 1506.

[16] See Bryan A. Garner, Black's Law Dictionary (Tenth Edition), Thomson Reuters, p. 158.

[17] 徐铜柱：《责任政府研究——从地方治理的视角》，中国社会科学出版社2015年版，第16~17页。

会所负担的与自己的社会角色相适应的应为的行为和因实际行为所承担一定后果的义务;[18] (2)分为义务责任和角色责任,前者指人们应当对自己的行为负责,后者指某个特定的职位或机构相连责任,即职责范围内应做之事;[19] (3)人应当主动承担的角色义务以及因过失所致后果;[20] (4)行为主体对在特定社会关系中固定任务的自由确认和自觉服从。[21] 以上解释较为通识,大众易于接受,在诸多学术研究中使用较为普遍。

关于"政府责任"的界定则各有侧重。有的学者认为,政府责任即政府责任伦理,至少应包含3层含义:"一是指政府在其行为活动中对公众或社会应尽的职责;二是指政府因没能履行相应的职责而必须承担的后果;三是政府对社会公众要善尽应尽之责。"[22] 有的学者认为,"政府责任是一种不可推卸的义务性责任,是包含政府社会回应力、政府的义务和法律责任的整体性概念",具体来说,这是"政府组织及其公职人员履行其在整个社会中的职能和义务",[23] 表现为"一种监督、控制和制裁行为"。[24] 在这个意义上,满足社会和公众需要是政府存在的合法性基础,同时也是政府的基本责任,政府部门及职权的划分也正是基于这种回应所设。也有观点认为,政府责任是指"政府在进行公共管理的活动中依据法律、运用公共权力、处理公共事务、提供公共产品和公共服务、实现公共目标应该履行的积极职责和义

---

[18] 张贤明:《政治责任与个人道德》,载《吉林大学社会科学学报》1999年第9期。

[19] 叶贵仁:《行政领导责任:细分行政学的视野》,载《理论探讨》2007年第1期。

[20] 赵兴奎、张大均:《责任和责任心的涵义与结构》,载《陕西财经大学学报》(高等教育版)2006年第3期。

[21] 程东峰:《责任论:关于当代中国责任理论与实践的思考》,中国林业出版社1995年版,第15页。

[22] 李志平:《地方政府责任伦理研究》,湖南大学出版社2010年版,第33页。

[23] 张成福:《责任政府论》,载《中国人民大学学报》2000年第2期。

[24] 杨淑萍:《行政分权视野下地方责任政府的构建》,人民出版社2008年版,第129页。

务,以及政府未能履行相应责任时必须承担的惩罚性后果”。[25] 以上观点阐释上有所差异,但均认为政府责任的内涵应同时包含“职责”与“后果”,政府为承担责任表现出的行为应当是“公共性”的。

(三)自然灾害应对与自然灾害治理的区别

“应对”可以理解为对答;采取措施、对策以应付出现的情况;事件或事物;“应付”可译为“respond”、“to deal with”或“to cope with”。在我国法律体系的基本设定中,《突发事件应对法》第 2 条、第 3 条规定“应对”适用于“需要采取应急处置措施”的事件,应对行为可以表现为“预防与应急准备、监测与预警、应急处置与救援、事后恢复与重建”等活动。此外,重要的中央政策、方针均采用“应对”的措辞,与我国法律规定保持一致,强调政府及其职能部门采取措施,以完成不同的自然灾害行政事务。

“治理”,英译为“governance”或“government”,中文释义为“管理,统治;理政的成绩;治理政务的道理;处理或整修”。在《地质灾害防治条例》《防洪法》等法律、法规中多将“治理”适用于具体对象,采用“处理或整修”的寓意,如“江河、湖泊的治理”“加强流域水土保持的综合治理”等。国务院发布的《国家综合防灾减灾规划(2016—2020年)》与《中共中央 国务院关于推进防灾减灾救灾体制机制改革的意见》多次使用“治理”一词,与法律、法规的用法相当。在公共管理学范畴内,治理有多种定义,常见的是公主体与私主体之间就经营管理相同事务时诸多方式的综合,强调过程的推进。

在自然灾害应对语境中区分适用“应对”与“治理”,应以我国当前适用习惯为参考。从本意来看,“自然灾害应对”与“自然灾害治理”不是完全相同的概念,侧重有所不同。本书探讨的是,在自然灾害发生过程中,政府对人或社会承担的责任,应与法律规定中的“应对”

---

〔25〕 徐铜柱:《责任政府研究——从地方治理的视角》,中国社会科学出版社 2015 年版,第 17 页。

一致，故全书主要针对“自然灾害应对”展开论述，以强调政府回应自然灾害并采取对应措施来承担其对受害者与社会的责任。在衔接“自然灾害”与“治理”时，也应谨慎为之，因为我国法律规定与政策文件多将其用于特定的灾害类型，而非社会与个人。但是，本书论述亦会使用“自然灾害治理”或“共治”等概念，出发点是强调现代公共行政法治对多元主体提出的要求，即其他主体与政府形成多元治理结构，参与到自然灾害应对工作中。其他主体应对自然灾害的实践事实逐渐受到关注，若继续使用“管理”一词则显得研究内容狭窄，“治理”理念在公共管理领域的发展为本书的展开提供了全新视角与理论支撑。

（四）自然灾害应对中的政府责任

综上，确定本书探讨的对象是“自然灾害应对中的政府责任”，旨在剖析自然灾害应对中政府应做的分内之事，用以明晰政府责任边界、范围并合理划分纵向府际之间的应对责任，即“为何承担职责”以及“职责为何”；与此同时，也包括政府未尽分内之事或因过错致使其承担的惩罚性结果，即法律追责与权利救济的前提与必要。

三、研究现状的回顾

（一）以自然灾害应对史为研究视角

自邓拓于1937年在《中国灾荒史》中对中国历代灾荒史展开研究以来，不少学者开始逐渐关注唐代以来至民国时期的自然灾害管理，可分为整体研究与局部区域研究。专著方面，宋正海主编的《中国古代重大自然灾害和异常年表总集》（广东教育出版社1992年版）、孟昭华的《中国灾荒史记》（中国社会出版社1999年版）、李向军的《中国救灾史》、迟子华的《流民问题与社会控制》（广西人民出版社2001年版）、张波的《中国农业自然灾害史料》（陕西科学技术出版社1994年版）等提供了较为详尽的史学研究资料。

涉及唐代自然灾害管理的著作表现了区域性研究的特点。例如，袁林的《西北灾荒史》（中国文史出版社1991年版），分灾种论述了西北地区各类灾害发生的特征、灾况和应对策略；潘明娟的《汉唐关中自然灾害的政府应对策略研究》（中国社会科学出版社2000年版）对两汉、唐代在关中地区的自然灾害分布特征及各类灾害特点进行了总结，分类介绍灾前预防、临灾救助、灾后补救措施，并说明了自然灾害与政府应对策略之间的互动。此外，既有研究也关注了自然灾害的社会应对发展，例如，么振华的《唐代自然灾害及其社会应对》（上海古籍出版社2014年版）便对弥灾政治与祈祷禳灾进行介绍，阐释了唐代荒政涉及的预防、救援与恢复措施，分析僧道、个人与家族等民间救济行为对政府应对自然灾害的影响。

20世纪初期，针对宋代灾害史的研究侧重于救荒和黄河治理。典型的是高迈的《宋代的救济事业》（《文化建设》1936年第12期）、徐益棠的《宋代平时的社会救济行政》（《中国文化研究汇刊》1945年第5卷）等。此后的研究在荒政与救荒、自然科学与灾害史等方面都有重大突破。其中，李向军的《宋代荒政与〈救荒活民书〉》（《沈阳师范大学学报》（社会科学版）1993年第4期）、石清秀的《北宋时期的灾患及防治措施》（社科文献出版社2010年版）、杨鹏程的《中国古代赈灾研究》（《阴山学刊》2003年第4期）、方潇的《灾异境遇：中国古代法律应对机制及其当代意蕴》（《政治与法律》2004年第3期）、张文的《荒政与劝分：民间利益博弈中的政府角色》和《两宋赈灾救荒措施的市场化与社会化进程》（《西南师范大学学报》（人文社会科学版）2003年第1期）等文章较为深入地对时下的灾害管理制度进行了剖析。石涛所著的《北宋时期自然灾害与政府管理体系研究》（社会科学文献出版社2000年版）评述了当时的灾害管理思想，着重介绍了北宋灾害管理体系及运行机制，尤其突出州县的灾害管理系统。

明清至民国时期的灾害管理史研究发展迅速。吴媛媛所著的《明清徽州灾害与社会应对》（安徽大学出版社2014年版）选取安徽南部的古徽州地区，重点对水旱灾害问题进行研究，介绍该地区社会应对措施，深入剖析由灾害引发的粮食问题、仓储备荒制度以及民间水利与社会救济体系的发展。陈业新的《明至民国时期皖北地区灾害环境与社会应对研究》(上海人民出版社 2008 年版)选取安徽境内的淮河流域作为地理与行政区划,着重对国家应对水旱灾害所采取的荒政措施以及社会风习予以研究与剖析。曹树基主编的《田祖有神——明清以来的自然灾害及其社会应对机制》(上海交通大学出版社 2000 年版)有别于传统研究方法,将民俗学、人类学和历史学方法融为一体,对西北干旱地区的民间抗旱史有了全新的理解。

1. 政府灾害管理措施

其一,灾前预防措施。历代皇朝采取的预防措施包括仓储备荒、兴修水利等。唐代既修订了天文历法,也完善了灾害奏报检核制度,尤其重视水利工程的兴修、管理和维护,即"水利兴则旱涝有备"。中央由工部的水部主管全国水利事业,地方上则由刺史、县令负责日常管理,并且制定了严格的水利管理法令。仓储制度是古代封建农业国家维持正常运转的保障,为政府组织减灾、救灾提供了重要的物质保障。在唐代关中水旱灾害的赈济中,正仓、永丰仓、太仓、义仓以及常平仓均发挥了不同程度的作用。[26]

其二,临灾减灾措施。唐代的灾害救援措施相对完善。根据历史记载,赈贷措施包括国家无偿对灾民赐粮、赐物和有偿赈贷粮物等。为解决粮食问题,主要采取移粟救民、移民就粟、平粜、漕运、籴米及入粟受官等方法。自汉魏以来,一旦地方发生水旱,朝廷也会派遣使臣巡抚安集,称为遣使宣慰,这些使臣代表朝廷到灾区主持救灾事宜,可随时处置,免去地方上报往返的烦琐。以工代赈也是重要的减灾形式,即由官府组织灾民和贫民修建城池、水利等工程劳务,付给相当报酬。[27]

其三,灾后恢复措施。灾蠲萌芽于先秦,两汉时期初步发展,成熟

〔26〕 潘明娟:《汉唐关中自然灾害的政府应对策略研究》,中国社会科学出版社 2013 年版,第 118~129 页。

〔27〕 么振华:《唐代自然灾害及其社会应对》,上海古籍出版社 2014 年版,第 277~320 页。

于唐代,明代趋于完备。这项制度是统治者根据灾情的严重程度采取不同的减免赋税的措施,目的在于与民休息,助民恢复生产。唐朝时期,灾蠲的种类包括租、庸、调、税、役、杂徭等。[28] 元朝时期,减免租税总额、民田减免租税等措施能在一定程度上缓解水旱灾害带来的负面影响。[29]

概言之,从历史学的视角出发研究自然灾害管理的发展,对历史上灾害类型、政府管理模式以及社会救济形式予以呈现,对于完善我国自然灾害应对体制有重要的借鉴意义。

2. 民间救灾形式

除了官方统一组织的救灾以外,社会与民间自然组织的救灾救济行为已然存在。一是由佛教寺院作为牵头发展的慈善事业,一般采取施药治病、施粮救饥、法术禳灾等形式,既吸引信徒发展僧侣规模又可以减轻灾害损失。[30] 二是宗族与个人的自救行为。明清以来,主要的社会保障由宗族承担,善堂、善会为具体实施善举的办事机构,发挥治安、司法、赋役等基层政权的职能。宗族保障的社会救助以族田收入和族人捐助为主要经济来源,涉及赈灾经费时分为灾后急赈和专项赈济,补赈和以工代赈能在一定程度上缓解灾荒。[31]

(二)以社会保障为研究视角

1. 自然灾害与社会救助

灾害救助方面的研究主要体现在专著与学位论文上。陈珊的《我国自然灾害事件下社会救助法制体系研究》(中国政法大学出版社 2013 年版)以灾民权利保障为着眼点,通过"权力—权利"、"权利—权利"与"权利—义务"三组法律关系的梳理深入探讨社会救助的理论支撑,在灾害救助的立法基础上,形成系统的、多层次的自然灾害社会救

[28] 么振华:《唐代自然灾害及其社会应对》,上海古籍出版社 2014 年版,第 322 页。
[29] 王培华:《元代北方灾荒与救济》,北京师范大学出版社 2010 年版,第 28~29 页。
[30] 么振华:《唐代自然灾害及其社会应对》,上海古籍出版社 2014 年版,第 346~370 页。
[31] 吴媛媛:《明清徽州灾害与社会应对》,安徽大学出版社 2014 年版,第 267~280 页。

助法律体系。张建伟的《自然灾害救助管理研究》(中国商业出版社2011年版)主张梳理新型灾害管理理念,要求整合政府、社会与市场的力量,建立灾害治理的多维运行机制,并通过完善法制建设推动自然灾害救助管理体系的法治化进程。伍国春的《灾害救助的社会学研究:印尼、中国、日本案例比较》(北京大学出版社2014年版)从比较法视野出发针对灾后紧急救助系统展开研究,提出公助系统(政府)、自助系统(个人)与共助系统(志愿团体和社区)在灾后救助中的分工与作用界定。张欢与任婧玲的《灾害救助政策评估:以灾民为中心的新框架》(社会科学文献出版社2014年版)则打破常规的切入视角,围绕灾民生活质量与公平感展开对灾害救助的研究,从"物"向"人"的核心转变有重要的理论价值与实践意义。

相关学位论文比较集中在对灾害救助的立法或法律制度方面的研究。例如,向仕明的硕士学位论文《自然灾害政府救助法律问题研究》(复旦大学,2011年)从公民生存权保护角度论证了灾害救助的正当性,并提出政府救助中的行政救济权的有限性。樊文博的硕士学位论文《论我国自然灾害行政救助的立法完善》(中南大学,2010年)对行政救助的正当性基础进行论证,并比较了域外较为完善的行政救助立法经验,在分析我国立法现状的基础上提出建议。

2. 自然灾害与行政给付

有关灾害给付的研究比较少,目前的研究多以学位论文呈现。黄悦波在硕士学位论文《试析我国自然灾害中的行政给付理念及实践》(中央民族大学,2009年)中专门就行政给付的理论发展与实践应用进行阐释,结合传统救灾模式下的给付模式与困境,提出创新我国灾害给付制度的相关建议,如深化给付理念、理顺给付机制、推动特色给付、拓展外援给付等措施。张文操的硕士学位论文《我国自然灾害行政给付制度研究》(山西财经大学,2017年)从"权利—义务"的法律关系入手,分析灾害行政给付的宪法基础是由公民的社会救助权与国家的给付义务组成。

总之,针对灾害给付的研究是比较局限的。一方面是切入视角雷同,即对正当性的论证停留在宪法确立的公民基本权利的基础上,视野显得略窄。另一方面是研究路线的单一性,一般通过对行政给付制度的引入探析灾害给付的特点与困境,再借鉴域外经验从而提出我国灾害给付的推进路径。

这些研究存在共同的问题,无论是探讨灾害救助抑或给付制度,仍然以一种比较笼统的提法进行界定;研究内容也主要体现了灾害应急、救济等,并未从宪法或行政法基础理论进行较深层次的分析与研究。

(三)以灾害治理为研究视角

有关灾害治理的研究,集中表现为多元治理理念在自然灾害应对中的实际运用。国家治理体系的提出,推动了政府应对自然灾害的理念转变,既有的研究也比较关注社会组织或民间力量参与灾害治理或与政府协作治理的内容。例如,陈金枝的硕士学位论文《突发自然灾害事件治理中的非政府组织参与机制研究》(华中师范大学,2016年)引入"协同理论"与"治理理论"就非政府组织参与领域、行为特点与优势进行阐释,同时指出当前我国非政府组织面临的合法、合作、资源、能力、信任等困境,提出了优化非政府组织参与机制的路径设计。侯保龙的博士学位论文《公民参与重大自然灾害性公共危机治理问题研究》(苏州大学,2011年)依据风险社会、治理、民主参与、行政民主、第三条道路等主要理论支撑,认为公民参与灾害治理的价值能从政治、法治与管理方面得以体现,在对当前我国公民参与治理的问题与原因进行分析的基础上,认为应当塑造公民参与灾害治理的制度环境与核心机构,从组织化与制度化推动其质的飞跃。除此之外,祁倩倩的硕士学位论文《我国政府自然灾害危机治理研究》(云南大学,2015年)与朱江的硕士学位论文《县级政府灾害治理研究》(郑州大学,2017年)选取了我国近年重大灾害事件,聚焦于政府治理,分析政府治理机构与能力。

以上学位论文在研究厚度与深度上均显得稚嫩，而相对系统、全面的研究有张强的《灾害治理：从汶川到芦山的中国探索》（北京大学出版社 2015 年版）与周晓丽的《灾害性公共危机治理》（社会科学文献出版社 2008 年版）。前者核心是对政府应急管理的研究，依据“时间—组织—决策”模型与“刺激—表达—反应”模型，选取若干国际重大突发事件作为案例研究对象，针对应急模式、方法和经验展开研究。后者认为危机治理是体制、机制与法制相统一与支撑的系统过程，在和谐社会理论、新公共服务理论、多中心制度理论与治理和善治理论的支撑下研究我国灾害危机治理的对策与路径。

（四）以应急管理为研究视角

我国对应急管理的讨论是逐渐发展起来的，尤其是 2003 年“非典”事件的发生促使国家对应急管理体制建立的重视，进而推动该领域的理论研究。整体来看，针对应急管理本身的讨论是系统且细致的。第一，围绕应急管理体制的研究，深入讨论应急管理部设立及权限配置的初衷与导向；梳理了应急管理纵向层级关系与横向治理取向，主张在“科层制”体系的基础上细化基层网格的嵌入，并且，应急管理机制的运行依赖于理念的革新，在整体性治理的语境下实现协同与联动。第二，在参与应急管理的主体层面，逐渐重视其他社会力量的加入，如非政府组织、社会资本、志愿者、农户等。第三，应急管理的现代化发展，即如何在应急管理体系与能力提升中合理运用大数据，学者主张大数据思维的运用至关重要，将促使应急管理思维向公共服务思维、公私合作思维与以人为本思维转化。

系统性的研究仍以专著为主。范维澄的《公共安全与应急管理》（科学出版社 2020 年版）一书从多学科交叉入手，梳理我国应急管理的发展历程与基础理论，分析应急状态下的行为与决策，并回应了时下大数据、应急集成方法与平台等工具或方法在公共安全应急管理领域的适用。郭雪松与朱正威的《中国应急管理中的组织协调与联动机制研究》（中国社会科学出版社 2016 年版）以跨域危机整体性治理为着眼点，从组织、流程等层面对应急管理组织协调和联动机制问题展开探讨。钟开斌的《风险治理与政府应急管理流程优化》（北京大学出版社 2011 年版）从“非典”疫情防控与汶川大地震应急救援两个案例的分析展开讨论，旨在规范应急管理流程，推动突发事件应对机制的规范化、系统化与科学化。冯俏彬与贾康所著的《应急管理与公共财政》（立信会计出版社 2015 年版）一书立足于政府与其他社会主体形成的新型合作伙伴关系，对中央与地方的应急财政关系进行设计，并着重论述了应急物资储备、巨灾保险制度、捐赠管理、银行信贷资金参与等主要财政表现形式。马怀德主编的《应急管理法治化研究》（法律出版社 2010 年版）回应了应急管理与法治的关系，立足于《突发事件应对法》所确定的基本法律原理，对社会预警、危机防控等应急管理法律制度进行思考。

（五）自然灾害应对的域外视角

国内学者对域外自然灾害政府责任的研究一般集中对日本、美国与德国的灾害管理体制进行介绍，通过对域外经验的学习与借鉴，以期优化我国灾害管理制度。其中，尤其对日本灾害管理的研究最为全面，学者选取日本作为学习与借鉴的对象，正是因为其是当前世界上防灾减灾学发展最为成熟的国家之一。目前，译著有大矢根淳等编著的《灾害与社会：灾害社会学导论》（商务印书馆 2017 年版）、梶秀树等著的《城市防灾学：日本地震对策的理论与实践》（电子工业出版社 2016 年版）、滕五晓等编著的《日本灾害对策体制》（中国建筑工业出版社 2003 年版）、竹中平藏等编著的《日本“3·11”大地震的启示：复合型灾害与危机管理》（新华出版社 2012 年版）。而且，姚国章所著的《日本灾害管理体系：研究与借鉴》（北京大学出版社 2009 年版）非常详细地对日本灾害管理体制中涉及的法律制度、预警系统、通信系统、气象管理、传媒、保险体系等予以介绍。

国内对美国自然灾害应对的关注开始于 20 世纪 90 年代。例如，地震出版社与黄河水利出版社分别与 1993 年、1999 年出版了《自然灾害风险评价与减灾政策》(美国河川研究会)与《洪水与美国:密西西比河的洪泛区管理》(William J. Petak, Arthur A. Atkisson)。21世纪以来,多从案例分析的视角切入研究。例如,伊利诺伊大学教授吴量福撰写的《运作、决策、信息与应急管理》一书剖析了地方政府与应急管理系统的关系,系统地对美国地方政府的功能、运作方式、公共决策、内部管理等内容进行介绍,信息系统对电子政府的发展也极大地影响了美国地方应急计划与行动的优化进程。美国学者 Bruce W. Dayton、李雪峰等学者编写的《美国应急管理案例研究》(国家行政学院出版社 2015 年版)选取了美国历史上 8 个典型的公共管理案例,涵盖地震灾害、森林火灾、核泄漏事故、投毒事件、传染病暴发等灾害事件,颇为详细地介绍了突发事件中政府的应对行为。

美国境内学者对自然灾害的研究更深入与系统。伯克利法学院环境法学教授 Daniel A. Farber 分别于 2006 年、2015 年相继出版了 *Disasters and the Law: Katrina and Beyond*(Aspen Pulishers, 2006)与 *Disaster Law and Policy*(Wolters Kluwer, 2015),以 2005 年"卡特尼娜"飓风灾害防治为切入视角,对美国当前应急管理机制、机构、法律体系进行了详细介绍。此外, Daniel P. Aldrich 所著的 *Building Resilience: Social Capital in Post-Disaster Recovery*(The University of Chicago Press, 2012)提出应在灾害重建阶段引入社会参与机制,加强社会资本与力量在灾害治理中作用。实际上,美国学者对灾害防治的研究是比较细致的,如从社会保障角度研究住房福利保障的司法救济, Damian Williams 在"Sheltering Deprivation: FEMA, Section 408 Housing, and Procedural Redesign"(发表于 *Yale Law Review*, 2007 年)一文中,专门针对《斯坦佛德法案》第 408 条灾害住房保障条款展开研究,尤其对住房申请程序与诉讼救济进行深入分析。

四、研究方法与文章脉络

(一)研究方法

本书围绕"自然灾害应对中的政府责任"这一核心主题,通过探讨灾害共治与政府责任的关系用以划定政府责任的范围与内容,将涉及公共管理学、行政学、法学、政治学等多学科的相关理论,从宪法学与行政法学的基础理论着手,综合运用理论分析、规范分析、实证调查、比较研究等多种研究方法展开研究。

1. 文献研究法

广泛搜集国内外相关的学术研究与成果,涉及灾害管理学、灾害社会学、责任政府、公共行政理论、法政策学、多中心治理、应急管理、社会保障、福利国家等方面的理论文献,借鉴重要理论与方法。此外,还收集了有关自然灾害预防、预警、应急以及恢复阶段的法律、法规、规章、行政规范性文件、立法规范性文件、党内规范性文件,全面、系统地分析自然灾害应对中政府责任形式的应然性与实然性,以及两者的差异与衔接。

2. 跨学科研究法

本书研究自然灾害应对中的政府责任机制,涉及多学科交叉内容,必然要借助不同学科、多维视角的研究方法。以法学视角切入,辅以政治学、管理学、社会学、政策学等学科的理论体系与研究方法,探寻全面且综合的结论。

3. 比较研究法

比较研究法是大部分研究都会采用的方法,对“自然灾害应对中政府责任”这一论题的研究必不可少。要比较域外国家或地区在政府承担自然灾害应对工作的理论支撑与立法现状,并立足于我国自然灾害应对的现实需求,甄别值得学习与借鉴的优秀经验。

4. 案例分析法

本书将选取典型案例用以不同的侧重面,解析域外国家或地区自然灾害防治的做法、我国重大自然灾害事件应对实例(如汶川地震、四川山体滑坡等)中政府行为,通过现象描述和问题抽象,将个案所反映的普通规则或突出问题加以提炼。要求个案素材客观、真实,无论研究结论对于最初的假设支持与否均应确保中立观点。案例研究的分析方法,主要是结合理论与实践的梳理、分析,为政策实践提供原则性的、理论性的改革方向。

(二)研究内容与文章脉络

本书的主要内容是在国家治理体系现代化的语境下,完善我国应对自然灾害的政府责任机制。结论表明,我国政府应对自然灾害面临实践困难,存在亟待解决的问题,例如,政府责任的正当性问题、政府责任的界限与范围不清楚、行政组织内部的职责划分不合理。立足于民主契约论、责任政府与服务行政的基本理论,阐释政府承担自然灾害应对责任的正当性与优势,明确这项责任的社会保障性、法定性与给付性。引入多中心治理与国家辅助性原则等概念及原理,探寻灾害共治中政府责任的边界,窥探其与社会主体的互动关系。并且,以行政状态转变与权力运行轨迹为路径论述政府应对责任的范围、类型与划分。最终,基于我国自然灾害的立法现状,借鉴域外灾害立法经验,提出完善我国自然灾害法律制度的对策建议,促使政府应对责任的规范化与制度化。从具体章节来看,如下所示。

绪论部分主要介绍了研究背景、研究意义,界定"自然灾害""政府责任""自然灾害应对""自然灾害治理"等相关概念,将"自然灾害应对中的政府责任"限定为"自然灾害过程中,政府应当承担的职责以及产生的后果性义务"。并且,梳理当前国内外政府应对责任的研究现状,以更好地展开本书的论述。最后对研究方法、主要内容、结构安排等进行了概述。

第一章是有关自然灾害应对中政府责任的概述部分。本章论述政府承担自然灾害应对责任的正当性,剖析这项责任的性质,并概括政府在自然灾害应对中面临的困境。第一节论及正当性问题时,从公民对国家的权力让渡、政府作为责任主体的优势与责任政府理论的三个部分分别展开分析,阐释民主契约理论下公民与政府之间的权力委托关系与"权责关系"变迁,主张政府在兼具多元优势与公共理性的前提下,应秉持服务行政理念承担自然灾害应对责任。第二节针对政府应对责任的性质展开探讨。通过论证福利国家思想对政府责任发展的影响,阐释政府应对服务于公民权利的实现,以肯定这是一项基础性的社会保障责任。国际上,有关社会保障责任的规定客观上推动了社会保障制度在我国宪法与法律中的确立与发展,并将政府的应对责任明确为一项法定性责任。此外,服务行政的实践发展深刻影响自然灾害应对工作,在行政模式的转变中将政府责任界定为给付性责任是符合我国行政法的基本逻辑的。第三节就我国政府应对自然灾害面临的困难与问题进行梳理与归纳,立足于问题导向的策论思路,对整本书的框架起到提纲挈领的作用,第二章到第五章的研究均是对本节观点的回应。

第二章论述自然灾害应对中政府责任的界限,实际上讨论的是灾害共治中的政府责任。分析其他主体的应对义务、表现形式,以窥探政府与其他主体的互动,进而巧妙地转换研究视角,论述政府应对责任的有限性。引入多中心治理理论与国家辅助性理论,主张自然灾害应对的开展应当突破公权力场域,将其他主体比如基层自治实体(村民委员会、居民委员会)、非营利组织、社会资本、个人和家庭等均纳入应对主体范畴。在政府治理、社会自治、市场调节与个人自救等多种机制的共同作用下,形成自然灾害应对的共治格局。对其他主体参与自然灾害应对的窥视,正表明政府应对责任的有限性。

第三章讨论自然灾害应对中政府责任的范围与类型。在公权力运行的场域下,通过自然灾害应对进程的推进来界定政府应对责任的内容,包括自然灾害防御责任、自然灾害应急救援责任、灾后重建责任,每项责任对应的行政状态不同,权责方式与范围也有所区别。根据自然灾害侵犯的法益不同,可以将政府的应对责任大致划分为物资储备责任、生命安全保障责任、住房保障责任、政府出资责任等职权性责任,以及灾害补偿义务与灾害赔偿责任等后果性责任,并阐释政府应对责任的形式。

第四章、第五章论述自然灾害应对责任在中央与地方政府之间的划分,涉及央地责任划分的理论基础与实践支撑、责任划分机制以及具体责任的确定。理论上,论证中央与地方划分自然灾害应对责任的必要性;梳理我国推进的财政事权改革、地方行政体制改革,对归纳央地职权与责任的划分具有实践支撑。同时,窥视应急管理部自成立以来,中央与地方在自然灾害应对责任划分所作的努力与尝试。然后论述政府应对责任的划分问题,包括基本原则、划分主体与划分方式,为央地政府应对自然灾害的责任机制奠定法治基础。最后,分别论述中央政府、省级政府以及省以下地方政府在自然灾害应对中的法律定位与责任形式,形成各级政府应对责任的特点,即中央政府宏观责任、省级政府宏观与执行责任兼具,以及省以下地方政府的执行责任。

第六章提出完善我国自然灾害应对中政府责任机制的法治对策。第一节对我国自然灾害立法现状进行梳理,认为我国已基本形成自然灾害法律制度且立法特征鲜明,但存在系统性不强、地方立法技术落后、应对责任划分不清、法律位阶偏低等问题。第二节从域外视角出发,学习日本与美国的灾害管理立法经验,如重大灾害事件对立法的推动、灾害立法体系的精细化与完善程度、问题导向立法等特点。第三节围绕立法模式的选择与政府应对责任法律制度展开讨论。一方面,考虑到立法现状与立法技术问题,应同时兼采“统一法+单行法”模式、“中央立法+地方立法”模式与针对性立法模式才能全方位推进我国自然灾害应对中政府责任机制的建构与完善,以实现政府应对自然灾害的规范化、科学化、法治化。另一方面,简明勾勒自然灾害应对中政府责任法律制度,涉及对策法框架与内容的探究、灾害财政法律制度的完善、灾害应对央地责任划分法的勾勒以及自然灾害保险法律制度的探索等。

第一章　自然灾害应对中政府责任概述

第一节　政府承担自然灾害应对责任的正当性

自然灾害应对中政府责任的正当性，即政府针对自然灾害下的人与社会承担相关责任时应同时满足"合道德性"与"合规律性"标准，在现代法治中通过合法性彰显。探讨这一命题从三个层面展开，本质上可以追溯到国家权力的来源，构成政府应对责任的基础；分析政府优势是基于客观现实的描述与适用；基于我国行政管理实践，理解责任政府与服务政府提供的制度环境。

一、正当性基础：公民对国家的权力让渡

（一）民主契约论下的权力委托关系

在国家与社会二元分立的发展历程中，国家晚于个人与社会出现，西塞罗将"国家"界定为"基于法的一致和利益的共同而结合起来的集合体"。以洛克为代表的契约论强调"政治

社会”，“起源于自愿结合和人民自由地选择他们的统治者和政府形式的相互协议”，[1]协议内容涉及“自然权利的部分让与、财产权的保留及君王的契约主体身份”。[2] 在民主契约理论的价值体系下，作为国家权力的执行者，政府基于公民明示或默示的委托被授予一定限度的权力，同时产生与之匹配的保障公民生命、自由与财产等自然权利的义务，即“权力源自公民，义务当服务于人民”。政府本质上无权力与权利可言，“只负有义务”，[3]这项义务回归到国家被委托的权力本质——服从和服务于社会的需要，这是自然权利在后续政治社会中的直接体现。因此，国家权力源自公民的权力让与，通过协议委托的方式确定权力类型与大小，这是保障国家权力正当性的必经程序。

（二）公民权利向政治权力的过渡

个人或家庭向社会过渡、社会向国家过渡的本质是权利向权力的适度转换。“权利”指向公民自然权利，源自推翻宗教神论后提出的“天赋人权”理念，即作为一个自然人出生即享有的生命、自由与保有财产的权利，同时享有统治的权力，后者为实现自然权利而诞生并得以延续与扩张。前述论及，政治社会及其权力的产生来自公民权利的部分让渡，可见社会与国家之间并非完全独立且相互排斥的关系。权力因权利的实现而存续，政府获得并行使权利的行为应以保障公民自由与公民权利为限。近代法治社会的发展，促使社会以新的组织形式分享国家权力，通过实现多元权利遏制并消解国家权力的恣意专断。要求政府行为秉持“公共理性”，与社会的互动应有所顾忌：“服务”社会，是政府在权力让渡关系中应实现的“契约”目的；“干预”社会，但应保持适度的限制，在规则、程序、目的等要素形成的理性权威下行为。据此促成权力让渡的“自愿”与政府权威的“认同”，增强公权力行使的正当性。

---

[1] ［英］洛克：《政府论》（下篇），叶启芳等译，商务印书馆 1996 年版，第 63 页。
[2] 马长山：《国家、市民社会与法治》，商务印书馆 2015 年版，第 29 页。
[3] ［美］潘恩：《潘恩选集》，马清槐等译，商务印书馆 1981 年版，第 254 页。

（三）国家权力与责任的对应关系

在争论究竟应当构建“小政府、大社会”抑或“强政府、弱社会”时，往往针对国家权力的渗透程度与广度展开分析，鲜少思考政府责任的影响与适用。构建“小政府”的主张，要求源自公民个体的权力回归社会，以弱化或消解国家权威对社会的无限干预。那么，重塑国家与公民个人的权力委托关系是必然的，委托内容限定在“保护社会成员的生命、权利和财产”，公权力行使的目的与界限随之受限。为有效监督公权力行使的正当，公民个人保留取消这项委托的权力。

杰弗逊认为，权力语境中的“小政府”与责任层面上的“大政府”是相辅相成的。梅逊在区分“小政府”与“大政府”时，强调二者各有侧重。“小”强调有限的政府权力，以及介入社会的最低程度；“大”则要求政府“对国民的幸福与安全承担最大责任”，而非赋予无限权力。〔4〕 构建最好的政府应当配置最多优质公共服务，那么“最好的政府”则是权力小、服务最优、责任最大的政府。据此，权利与权力的互动在政府治理权能中体现为职权与责任的消长关系，应是动态可变之过程。契约论驱使下的宪法理念要求“职权法定”作为政府配置的法定要件，由合法、合宪的规定决定政府必然为之、禁止为之与选择为之的事项，直接体现权力让渡的结果。最终，促使政府权责一致，向权力让渡者（权利享有者）直接负责。

综上可知，政府责任体现在对个人生命与财产权利、对社会安全与幸福的保障。区别于一般的社会权利，这项权利的自然属性是公共福祉的落脚之处，直接关联政府权威的存续与公民权利的让渡。自然灾害对人类的威胁或损害，将损及个人的生命权、健康权、财产权等自然权利、发展权利，以及由此产生的社会福祉。无论自然灾害是否发生，基于权力让渡产生的权责事实都要求政府履行防御、救援与重建

〔4〕 梁治平主编：《国家、市场、社会：当代中国的法律与发展》，中国政法大学出版社2006年版，第5页。

的具体职责,以切实保障公民基本权利与社会秩序。

二、正当性的实现条件:政府多元优势

(一)政府主导地位决定多元优势

作为国家权力的执行者,政府在国家治理中所享有的主体地位毋庸置疑。公民授权产生国家,根据自由意志与意愿选择执行机构,履行国家管理、权利保障责任。作为正当权威的权力机构,政府与其他正式或非正式社会机构共同存在,却明显不同。最大的区别是,政府的产生来自所有(多数)公民的自由意志与抉择,让渡的统治权力不是简单集合而是形成合力,促成对其主导地位的默认或认同,从而要求公民遵循为社会秩序或公共福祉制定的特定规则。政府始终在寻找并维持其主导地位,因赋权产生的行为意志与行为目的驱使政府“制定有约束力的规则来管理公众的行为,或者至少是授权其他专业机构在特定领域制定哪些规则”,甚至动用武力确保规则的执行。加强社会控制是维护政府主导并维持政府权威的重要手段,由三个等级指标综合体现,即“服从”——公众遵守其要求的程度,“参与”——通过组织公众完成特定的任务,以及“合法性”——民众认同政府制定的规则真实且正确。[5] 可见,社会参与不仅是其他组织与个人政治意识的表达途径,也是满足政府维护主导地位的行为诉求,特别是法治政府的建设要求政府行为应具有强大信服力与恰当控制性。

与其他组织或个人相比,政府的主导地位决定其拥有多元优势,表现为权力优势、财力优势与资源配置优势。

其一,如前所述,公民权力让渡构成政府的权力优势基础。民主契约关系决定政府治理权的属性,直接关联公民自然权利。在论及国家安全、外交、领土主权等重大国家问题时,只能由政府以国家执行机

---

〔5〕[美]乔尔·米格代尔:《社会中的国家:国家与社会如何相互改变与相互构成》,李杨、郭一聪译,江苏人民出版社2013年版,第54页。

构的身份享有绝对权力,由事务属性突显政府权力的公共性。为应对自然灾害的突发,应急状态的宣布与应急行政权的行使仅能由政府作为,其他组织或个人无权为之。宣布进入自然灾害应急状态后,政府有权强制公众容忍非常态下的应对措施并动员后者积极参与救助,以反映政府在自然灾害中的社会控制力。

其二,财力优势彰显政府主导的作用范围。各国确立的财税制度首先支撑整个国家治理体系的运行,创建税收、转移支付等特别机制以维护财税制度的执行。例如,我国建立分税制使中央政府的公共财政实力得以强化,近年推行的事权与支出责任下沉实则削减了地方保护的威胁,并加强地方政府属地管理的资源条件。计划经济时代,几乎所有资源掌握在国家手中,政府行使资源配置将不同的资源分配到各级、各类单位,其他社会组织与个人对政府的高度依赖很大程度由此决定。经济体制转型后,经济组织形式丰富且多样,但是大部分的财政资源仍然由政府所控制。政府往往是最大的甚至是唯一的雇主,其“持有的国民生产总值份额高于社会中其他任何机构”。〔6〕因此,政府的财力优势是其他社会主体无法比拟的,甚至不少类型的社会组织从建立到维护,始终接受政府的财政资助。

其三,政府的资源配置优势为自然灾害应对提供了重要的制度保障,特别是应急状态的进入与维持。政府与其他社会主体的互动持续影响其权力结构、政策倾向以及自主性,并不断调整以适应社会发展的需求。国家治理体系的建设对政府职能转化提出新的要求,即出让部分权力甚至退出对经济、社会某些领域的强制干预。然而,如自然灾害这类应急事件的处理,政府的权威优势能临时打破稳固的权力分配格局,紧急调配人员、资源等社会资源并临时组建应急组织,形成统一的财政分配模式,以迅速、及时作出反应,从而降低灾害损伤与社会

---

〔6〕［美］乔尔·米格代尔:《社会中的国家:国家与社会如何相互改变与相互构成》,李杨、郭一聪译,江苏人民出版社 2013 年版,第 55 页。

恐慌,满足受灾群体与非受灾群体的物质需求与精神需求。相反地,完全依靠社会或市场力量应对自然灾害并不可取,主要原因是大多数的公共资源以及资源配置权均由政府掌握,其他社会主体已对政府形成长期的依赖传统。显然地,倘若政府无法实现人员调动、物资调配或财政支出,将很难在自然灾害应对中实现公共服务职能,这并不利于自身主导地位的维护。

(二)公共理性影响政府优势的维持

原则上,公民可以根据自由意志形成其他类型的社会组织,实现相对自治并形成基本秩序。这类组织在组织架构与权力配置方面不受过多外在条件的约束,分散性较强,但行为灵活、迅速与及时。弊端亦是显而易见的,随着组织结构的完善与程序规则的确立,其他社会组织也同政府组织一起面临行政化、官僚化的风险,却缺乏严谨、频繁的监督机制,这意味着其行为后果的危害性。然而,相对完善的组织结构、运行机制、规则制定方式、监督机制与权利救济途径等要素构成政府公共理性的基础。近代法治的发展强调政府的公共理性,既是政府行为正当的前提,也是维护其统治地位的保障。"公共理性",一方面是源自内部权力结构的优化——功能性分化与结构性分层的稳定性由宪法、组织法予以保障,不允许政府行为越权或滥权(只有在人民授意的范围内才能保障权力正当);另一方面也因外部规则对政府明显且直接的限制,如"法无明文规定即禁止"与"职权法定"原则对依法行政理念的适用,政府活动必须在法律、规章、程序或目的等普适性规则内进行。换言之,公共理性要求政府行为具有全局性与规范性,行为本身应围绕公民权利保障体现,并且不得恣意为之。在履行公民权利保障与公共福祉实现的过程中,政府行为同时受制于内部章程与外部规则。

三、责任政府以服务行政为发展核心

责任政府是对传统权力政府的重塑,强调责任本位,即预先设定政府的责任及其边界，再配置相应程度的权力予以实现。广义上，责任政府被界定为“人民对公共权力的监督与控制，使公共权力的行使符合人民的意志与利益，直接或间接地对人民负责”。[7] 逻辑上，仍然推导出其产生于公民对权力的让渡，因此政府以权力行使者身份向公民负责。自 2003 年“非典”发生以来，我国开启问责历程，要求建立责任政府以直接、正面、高效地回应涉及公民权利的基础问题。

（一）责任政府以公共服务为导向

有学者提出，人民需要政府管理公共秩序、提供公共服务，故而将权力委托给政府，且权力限定在政府履行公共责任的需求范围内，从“权责关系”走向“责权关系”的目的在于使公共责任回归到公民中心。[8] 这一政治契约反映了，公共服务的有效提供是政府合法行使权力的前提与目的，针对人民履行的公共责任将政府界定为“公共服务者”，“政府只有通过提供充足优质的公共服务，才能证明其价值与合法性”。[9] 现代公共行政强调政府的服务理念，指出政府应从“掌舵”向“服务”地位转变，关键是对公民地位的反思。[10] “服务”不仅是一种行政理念与手段，更彰显了政府与多元社会主体之间的网络关系，要求公权力运行的方向有所调整。从“统治行政”向“服务行政”的转变，实际上是对政府角色的重塑，需要“确认公民所享有的公共服务的权利”以及“政府所应承担的保障公共服务供给的法定义务与职责”。[11]

改革开放以前，我国通过精简机构和人员进行职权合并与集中，几乎所有的职能调整只发生在政府组织内部。改革开放之后，政

〔7〕 陈国权、徐露辉：《责任政府：思想渊源与政制发展》，载《政法论坛》2008 年第 2 期。

〔8〕 陈国权、王勤：《责任政府：以公共责任为本位》，载《行政论坛》2009 年第 6 期。

〔9〕 陈国权、吴帅：《责任政府的公共服务取向》，载《社会科学战线》2009 年第 4 期。

〔10〕 邓念国：《从管理主义到服务主义：公共行政理论基础的演变》，载《江汉论坛》2005 年第 6 期。

〔11〕 蒋银华：《政府角色型塑与公共法律服务体系构建》，载《法学评论》2016 年第 3 期。

府工作重心调整到经济建设,在每一次的政府工作报告中均得以体现。1998年国务院机构改革后试图取消一批行政审批事项,并对中央与地方的管理权限进行划分,但是仍然强调政府的经济职能。2005年,时任总理的温家宝在国务院《政府工作报告》中强调推进政府职能转变,为"努力建设服务型政府",应"创新政府管理方式,寓管理于服务之中,更好地为基层、企业和社会公众服务"。自此,"服务型政府"的提法在各类人大、政府的工作文件中频繁出现。

服务型政府的核心是"服务行政",其创造则需完成四个转变。一是权力中心从"政府权威"向"公民中心"转变。政府承担责任以公民的服务需求为导向与界限,公权力的运行回归至民主本位。二是行政理念从"管理"向"服务"转变,实质是"权"与"责"关系的调整,政府改变权力管理者的姿态,履行公共服务产生的供给责任,以满足公民需求为最终目的。三是从"全能政府"向"有限政府"转变。公权力的让渡创造了政府履行公共服务责任的主体地位,其他社会主体的参与直接影响政府的服务方式与界限。政府在公民社会、市场竞争等领域适度让权或适度退出,必须改变大包大揽的格局,将部分职能由社会与市场承接,政府只做"必须"做的事。四是从"人治"向"法治"转变。公共服务理念对政府角色的重塑在公共服务职责履行过程中也有所要求,无论是积极退出还是消极干预,都存在共识规则,以构筑一种非管制即可有序推进的良性秩序。法治,是凌驾于市场秩序、政府干预、社会自治的规则意识,行为主体的属性不作为实施法治规则的考虑因素。过去"统治行政"为统治者服务,是一种将人的意识强加于国家机构的行政模式,而"服务行政"要求政府、市场主体与一般公民"制定和完善相应的法规范或曰'游戏'规则,确保人们在认真遵循这些规范或者规则的前提下,便可以自由地从事市场竞争,轻松愉快地享受日常生活"。[12]

---

〔12〕 杨建顺:《论政府职能转变的目标及其制度支撑》,载《中国法学》2006年第6期。

(二)行政给付是责任政府的重要表现形式

德国公法学者厄斯特·福斯多夫被称为服务行政的开山鼻祖,其在《作为给付主体的行政》一文中提出,“任何一个国家为了维持国家稳定,就必须提供人民生存之照顾”,随后被学界称为“给付行政”。在德国,给付行政是指“为共同体成员提供或改善生活条件,通过给付直接或间接地协助或者追求利益的行为”,〔13〕包括基础设施行政、担保给付行政、社会行政、促进行政和信息行政,专门将为全体或若干成员提供的政策性给付设施或建筑以及预防性的生存照顾进行了区分。日本则将给付行政界定为“设置、管理道路、公园,设置、运营社会福利设施,进行生活保护,给予个人和公众便利和利益的行政”,〔14〕包括供给行政、社会保障行政、资助行政,并且在社会保障行政中确定了行政救助类型。

在我国,将行政给付视为一类具体的行政行为,有狭义与广义之分。狭义上,行政给付源自宪法意义上的“获得物质帮助权”,将其等同于行政救助。应松年认为行政救助是“行政机关对公民在年老、疾病或丧失劳动能力等情况下或其他特殊情况下,依照法律、法规规定,赋予其一定的物质权益或与物质有关的权益的具体行政行为”。〔15〕姜明安对此表示赞同,并列明特殊情况应当包括“公民下岗、失业、低经济收入或者遭受天灾、人祸等”。〔16〕广义上的行政给付则指“行政主体为实现特定的公共目的,为一定的人或者组织提供支持或补助(社会救济金、助学金、扶贫款、补贴)、建设公共设施或者为公众提供其他服务或利益,从而保障和改善公民生活条件的行政活

---

〔13〕[德]汉斯·J.沃尔夫、[德]奥托·巴霍夫、[德]罗尔夫·施托贝尔:《行政法》(第1卷),高家伟译,商务印书馆2002年版,第31页。

〔14〕[日]盐野宏:《行政法》,杨建顺译,法律出版社1999年版,第9页。

〔15〕应松年:《行政法学新论》,中国方正出版社1998年版,第290页。

〔16〕姜明安:《行政法与行政诉讼法》(第5版),北京大学出版社、高等教育出版社2012年版,第239页。

动”。[17] 也有解释直接上升至上位概念,如“行政主体为保障个人和组织的生存权与授权,维持和促进国家和社会的稳定和发展,依据法律规定和相关政策向个人和组织,尤其是出现生存困难并符合法定保障条件的个人和组织,提供物质、安全、环境和精神等各方面保障的行政活动及相关制度”。[18] 总体来说,行政给付是以“生存照顾”为主要目的,以财产给付为主要内容,以非强制手段为主要方式的授益行为。[19]

行政给付是自然灾害给付的上位概念。根据不同的分类标准,自然灾害给付可以同时表达为生存型与发展型,因为自然灾害应对中的行政给付既包含保障灾民基本生存与健康的资助,也包含对灾区社会的经济发展与文化建设的关注,还可以表现为现金、实物、服务或其他形式,如财政补贴、灾害周转房、食物、医疗服务等的结合。

早期的给付活动主要集中在“灾害救助和济贫扶弱等狭窄的领域”,[20]但是福利国家的出现,使“政府的责任不仅是救助一般贫困与社会急需,而且应更积极地保障并促进全民的福祉”。[21] 在现代公共行政下,灾害给付已经不再是狭义的行政救助模式,而是给付行政中一项具体且综合的行政类型。在我国古代,灾害给付通常包括粮仓储备、赈灾以及以工代赈等措施,大多数情况是一种直接给付行为,这样仅是为了维护封建统治的秩序,而非考虑灾民生存所需。例如,宗教赈济的施行便是一种自上而下的怜悯,能暂时解决灾民的温饱问题,但受灾地区的社会恢复与长远发展则未被纳入考虑范畴。现代灾害给付已有所发展,除政府的食物施赠与资金资助义务,政府以服务者与协调者的姿态引入社会资本、非营利组织等社会主体的参与,能

〔17〕 杨解君:《行政法学》,中国方正出版社2002年版,第382页。
〔18〕 柳砚涛:《行政给付研究》,山东人民出版社2006年版,第14页。
〔19〕 喻少如:《行政给付制度研究》,武汉大学2010年博士学位论文,第25~29页。
〔20〕 崔卓兰、周隆基:《社会管理创新与行政给付新发展》,载《当代法学》2013年第1期。
〔21〕 秦前红、叶海波:《社会主义宪政》,山东人民出版社2008年版,第312页。

提供更多样的公共服务，如满足基本生活的物质需求、解决受灾居民的健康问题（身体与心理上的）、关注受灾地区的长期发展等。

第二节　自然灾害应对中政府责任的性质

对自然灾害应对中政府责任性质的解析，需解决其中所蕴含的理论渊源与法治思想，为进一步论证政府应对责任的正当性提供有力的理论支撑。并且，责任性质的确定也有利于研究对应的责任界限、责任内容、责任形式与责任划分等问题。为此，本节主要论证三个观点：其一，在福利国家的发展历程中，通过论证福利国家思想与政策对政府责任的影响与调整，来阐明自然灾害应对中的政府行为是社会保障责任的体现；其二，国际上有关社会保障责任的确立客观上推动了社会保障制度在我国宪法与法律中的确立与发展，从而将政府应对自然灾害的责任限定为一项“法定性”责任；其三，作为主要的“公共服务者”，政府秉持服务行政理念履行的应对责任强调给付性质。

一、基础性责任：福利思想下的社会保障责任

社会保障是福利的提供机制，是保障（满足）人们基本生活需要的福利提供机制，狭义的社会保障是指国家财政拨款向基本生活有困难的社会群体提供帮助的制度安排。[22] 社会保障责任与保障的权利性质相关，因其以公民个人的生存、健康、自由与发展等基础的自然权利为保障对象，衍生出福利权的人权属性。上述定义可印证社会保障的履行限度，即“维持人们基本生活”，这一“权利—责任”的相互关系始终支撑福利政策的制定与运行。随着福利国家的发展，政府的角色与

---

〔22〕 杨燕绥、阎中兴等：《政府与社会保障——关于政府社会保障责任的思考》，中国劳动社会保障出版社2007年版，第7~8页。

定位总是因为社会资本力量、领导政策等因素的介入而起起伏伏。发人深省的是,就社会保障而言,政府介入何种程度才既能实现公共责任的履行,又能维护公民社会的自由界限?换言之,如何判定政府提供的社会保障责任"充足且不越界"?

(一)公民福利权与政府社会保障责任的依存关系

公民福利权是保障不同时期人的生存和促进人的发展的所有权利,最基本的底线是生存权和发展权,是一种与公共福利制度尤其是社会保障相关联的权利。福利权的产生与发展受到道德伦理、经济社会变迁、政党因素与文化传统等因素的影响,在我国一般以人权事业发展规划的具体要求得以彰显,故被冠以人权的属性。有学者在解读《福利权研究》[23]时认为,福利权的实现必须借助行政法的具体化,才可能将之转变为个人所享有之具体的权利。[24]

社会保障制度为实现公民安全而建立,可以细化为福利思想下的"幸福感"与"公平感",通常需要国民收入总量与分配方式予以体现。[25] 在行政法意义上,政府要实现公民个人的福利权势必要承担相应的责任,由"权利—义务"这一亘古不变的法律关系所决定。前述论及,社会保障制度是福利思想的表达机制,满足社会成员的"基本生活需要",涉及生存权、健康权、发展权等基本权利,特别是心理健康、个人发展方面的需求逐渐在福利政策有所体现。

福利权如何通过政府履行社会保障责任予以实现呢?毕竟,社会保障制度的产生与发展以社会权利的实现为主线。首先,福利权与社会权利具有同质性。福利权关注的人的生存与繁衍问题,是人生而即应享有的权力与权利,任何其他权力机构或个人均无权剥夺;社会权

---

〔23〕 该书由南京大学法学院胡敏洁所著。《福利权研究》梳理了中美福利权的发展历程,重点阐述福利权的理论基础以及英美法系国家、大陆法系国家的福利权的法理基础。

〔24〕 章剑生:《福利权、福利国家与现代行政法任务的变迁》,载《行政法学研究》2009年第3期。

〔25〕 杨燕绥、阎中兴等:《政府与社会保障——关于政府社会保障责任的思考》,中国劳动社会保障出版社2007年版,第34页。

利由政治权利衍生而来,是公民经委托协议将自然权利转变而成,这一过程实际还原了社会保障中的权利本质。因此,福利权与社会权利均指向人的基本权利——与生命、健康、发展相关,并在国际协定与各国宪法中予以确认。经过法律法规的细化,降低福利制度或社会保障制度的原则程度,使之易于执行,权利保障的目的也显而易见。其次,社会保障制度是提供福利的机制,社会权利便可能是福利权的下位概念,有利于呈现权利与责任关系的制度化规则。福利权对应的责任主体是政府,以公共财政为依托,这是人权属性所决定的,公民对公共安全与公共服务的需求即是对政府责任的限定。公共服务责任对应不同权属性质的社会福利,经由政府设计的保障机制予以提供,履行社会保障职责的同时实现公民福祉的促进目的。

(二)福利学说下的政府责任变迁

福利国家的建立可以追溯到19世纪晚期社会保障体系的建立,最直接的原因是大面积出现的失业问题。德国财政学者尤斯蒂(J. Justi)提出“福利国家”的思想,主张通过国家的行政权力来实现,国家财政支出是社会福利的基础。历史学派李斯特(F. List)主张国家干预,由政府采取保护主义的政策来增进国民福利,这也成为现代“福利国家”论的理论渊源。〔26〕第二次世界大战之后,“福利国家”的建立进入第二次鼎盛阶段,制度化推进其再定位的实现,主要表现在价值取向、经济功能与社会功能等方面政府对落实公民权利、调控经济以及降低社会风险的作用。〔27〕学者在梳理福利政策时认为,从瑞典学派到新自由主义(如表1-1所示)政府干预程度逐渐降低,个人责任增大,市场化效率原则逐渐得以强调,个人对政府在福利分配上的依赖程度逐渐减小。对国家干预论、经济自由论以及第三道路选择的分析,大致演示了福利国家发展中政府社会保障责任的变迁史。

---

〔26〕杨燕绥、阎中兴等:《政府与社会保障——关于政府社会保障责任的思考》,中国劳动社会保障出版社2007年版,第4页。

〔27〕孙涛:《福利国家发展的历史轨迹:历史与辩证的考量》,载《国外理论动态》。

表 1-1 福利政策与政府干预的变迁

理论	国家干预论			经济自由论			第三道路
思潮	新历史学派	福利经济学	瑞典学派	凯恩斯主义	供给学派	新自由主义	第三条道路
国别	德国	英国	瑞典	美国	美国	英国	英国
福利模式	俾斯麦—收入关联性社会保险模式	贝弗里奇—从“摇篮到坟墓”的普遍福利模式	社会民主主义的制度化再分配模式	罗斯福—剩余型社会保障模式	里根—紧缩性、私有化的社会保障改革	撒切尔—削减福利等,有剩余化趋势	布莱尔—适度限制国家干预,调整公私关系
政府角色	直接干预	补偿	追求社会公正	主动调整经济	由联邦向地方转移	减少福利支出	有限责任

1. 国家干预论

国家干预论包括新历史学派、福利经济学、瑞典学派等学说,对政府提供社会福利的责任有不同侧重的论及。

德国新历史学派认为“国家是超阶级的、至上的,可以直接干预社会经济,并承担提供福利的职责”,强调“国家应通过立法,实现包括社会保险、孤寡救济、劳资合作以及工厂监督在内的一系列社会措施,自上而下的实行经济和社会改革”。〔28〕 19 世纪 70 年代以后,该学派主宰德国经济的发展,在此基础上推动了德国社会保障制度的形成与完善,相继于 1883 年、1884 年和 1889 年出台有关疾病、工伤和老年的社会保险立法。

福利经济学的诞生,以英国经济学家庇古(Arthur Cecil Pigou)的《福利经济学》出版为标志。庇古认为,“福利包括人民从物质和精神中获得的全部满足”,提出消费者愿意支付的单位商品价格就是该商品的边际效用计量单位,因此“认为要增加经济福利就要增加国民收入,同时消除国民收入的不均等”,即“国民收入极大化和收入均等

---

〔28〕 杨燕绥、阎中兴等:《政府与社会保障——关于政府社会保障责任的思考》,中国劳动社会保障出版社 2007 年版,第 89 页。

化”。20 世纪 40 年代发展起来的新福利经济学提出补偿原理，即“政府的某些措施或立法会使一些人得益而使另一些人受损，如果得利总额超过损失总额，那么政府就可运用政策向得利人征收特定租税，以补偿受害者，这样做对任何人都没有不利而对一些人有利，因而增进了社会福利”，具体来说有四种具体原则，即“卡尔多补偿原则”“希克斯补偿原则”“西托夫四级补偿原则”和“李特尔补偿原则”。[29]

作为全民福利国家的典型代表，瑞典在福利社会政策的制定与贯彻中有丰富的经验。19 世纪二三十年代，瑞典的社会民主主义浓厚，所形成的瑞典模式主张，“通过政府干预，利用累进所得税以及转移支付，建设社会福利设施，使各社会各阶级、集团之间的收入和消费水平趋于均等化，实现收入平等”。这种收入再分配模式随着瑞典福利危机的发生逐渐引起社会争论。历史学家约纳·赫德曼（Yvonne Hirdman）认为，社会民主党福利政策促使国家持续侵入家庭和私人生活领域。而时任社会事务部长的古斯塔夫·穆勒（Gustav Moller）在社会民主党执政时期，致力于寻求一种社会福利政策，能够“帮助公民拥有一些基本能力，同时又避免救济贫民被污名化和不损及救济的社会完整性”，其强调对“社会公正”的追求，以及“程序正确和执行公正的重要性”。为此，“社会福利应尽可能地通过明确权利的形式赋予被援助者”。[30] 实际上，“摇篮到坟墓”的瑞典福利模式正在遭遇前所未有的危机。据悉，瑞典公共开支总额“在整个 70 年代增长很快，平均每年增长 5.9%。至 80 年代，1981 年竟比 1980 年增长了近 15%”，原因在于政府对受衰败的瑞典经济所影响的低收入家庭、失业者以及企业给予大量的津贴或救济金，而这种庞大的公共开支却转为沉重的税务负担，中央和地方以种类繁复的税收侵犯个人与家庭的所得。这种

---

〔29〕 杨燕绥、阎中兴等：《政府与社会保障——关于政府社会保障责任的思考》，中国劳动社会保障出版社 2007 年版，第 90~98 页。

〔30〕 ［瑞典］博·罗思坦：《正义的制度——全民福利国家的道德和政治逻辑》，靳继东、丁浩译，中国人民大学出版社 2017 年版，第 169~187 页。

高福利、高税收的福利政策造成巨大的财政赤字,进而引发通货膨胀,社会竞争能力降低,导致瑞典经济陷入福利政策的怪圈。[31]

2. 经济自由论

新自由主义的核心观点在于反对国家干预经济活动、强调市场机制的作用。他们认为,福利国家的诸多弊病明显,如政府权力扩张、个人选择受限,以致造成个人自由被侵蚀;福利供给过剩或不足导致效率低下;催生懒惰与依赖,弱化个人责任与自立等。众多主张形成一致观点,强烈要求"削减社会福利",实现福利项目私有化和社会化,以大幅度削减政府的福利支出。美国里根政府所接纳的正是20世纪70年代中期兴起的新自由主义理论的一支——供给学派,芒德尔(R. A. Mundell)等众多美国代表学者提出了诸多政策建议。供给学派重新重视市场机制作用,通过减税刺激供给,并且削减政府在保险津贴和福利救济金的支出。因此,里根政府大刀阔斧进行社会保障改革,严格限制社会保险的享受条件,大幅度削减社会福利的项目与开支,并将福利责任由联邦向州和地方转移,促使社会福利私人化,以增大州和地方的福利自主权,提高社会保障效率。[32]

3. 第三道路的选择

20世纪90年代末期兴起的"第三条道路"理论主张,政府不能全部干涉但也不能彻底退出,国家福利的供给仍由政府承担部分责任。如何承担与承担多少责任则需对政府进行重构,强调政府事务范围与措施的调整。"通过宪法改革增大公共事务的透明度和开放性,建立防治腐败的新措施,权力向地方和地区转移,向超国家转移,并在公民社会的再生产过程中扮演一个基本的角色,同公民社会中的机构结成伙伴关系。"为此,福利改革应实现"从消极的、保障性的福利供给转向积极的、预防性的福利供给","从生存保障的福利转向促进工作的福

---

[31] 黄范章:《瑞典"福利国家"的实践与理论》,商务印书馆2016年版,第77~127页。

[32] 杨燕绥、阎中兴等:《政府与社会保障——关于政府社会保障责任的思考》,中国劳动社会保障出版社2007年版,第105~111页。

利”,“从收入的分配转向机会的分配”,“从无责任的福利转向有条件的福利”。总之,应将政府的全民福利责任转换为有限责任,并加强对个人福利责任能力的塑造。[33]

综上,福利国家政策下政府的社会保障责任,经历了从肯定国家权力直接干预的地位到承认市场机制与效率对福利机制的促进作用,再到社会保障责任的转移与变革这一“从无到有”“从强化到减弱”“从无限到适度”的进程,呈现的是政府在社会福利提供机制中的角色变迁过程。一国所设计的社会保障制度围绕“政府应当履行社会保障责任”这一核心论点展开,社会保障责任的“有限性”是由政府、个人与社会的相互影响关系所决定。无论如何,国家层面对多元主体发展与互动关系的认知,是政府通过社会保障机制实现福利权的全新体验。

(三)自然灾害应对中的政府责任:基础的社会保障责任

政府承担的自然灾害应对责任是一项基础性的社会保障责任。政府从三个维度承担自然灾害应对责任:一是减少损害,尽可能地补偿已经发生的损害;二是维持权利现状,是针对次生灾害或二次灾害的防御性要求;三是促进利益的恢复。但是,政府的应对目的是实现补损的均等化,只能以“满足基本生存与生活需求”作为衡量标准,形式意义上的数额平等不是履行责任的根本目的。

首先,基础责任的界定由自然灾害损害的权利属性决定,政府行为应始终以权利保障为应对核心,保护人的生命免于灾害威胁或损害并促使受灾地区公共福祉的实现。众所周知,自然灾害本身是一种地球上的环境现象,不具备危害性,尤其是孕灾因子远离或不作用于人类社会时,更不会产生实质损害。一旦孕灾因子与受灾体在同一灾害时空出现并相互作用,威胁或损害将不可避免地发生,受灾体往往决

〔33〕 杨燕绥、阎中兴等:《政府与社会保障——关于政府社会保障责任的思考》,中国劳动社会保障出版社2007年版,第114~115页。

定了灾情的程度与范围。此时,受灾体可能是自然人个体,也可能是某个地理区域,或者是某个社区(兼具自然人与地理特征)。就自然人而言,自然灾害威胁或损害的是生命、健康、安全与财产权利,是公民的自然权利,在不同的制度或政策背景下以福利权或社会权利的形式细化至法律规定的调整范畴。就地区或社区而言,自然灾害损害或改变共有的财产利益或制定的社会规则,导致利益分配结构的变动,关乎地区发展秩序与社区成员权利的维护,仅凭个人之力很难达至地区或社区秩序的恢复。立足于契约授权的根基,政府获得公民授权,应以管理和维护后者生存与发展环境为对价,那么公共权力的获得与公民的救助需求形成呼应。

其次,政府应对自然灾害的责任包含在社会保障的制度安排中,故是一项社会保障责任。理由是,二者的责任形式相近或重合,除了所保护的权利性质相当以外,所采取的执行措施性质贴合,如行政措施的实施。行政法律制度与社会保障法律制度虽然分属于不同的法学制度,具有不同的侧重与规律,但对自然人个体与社会秩序的关注不相伯仲,二者通过不同的法律措施促进了人类社会的有序发展。

二、法定性责任:政府应对自然灾害的公法立场

(一)国际法意义上的责任

自然灾害应对中政府责任的国际法定位是在社会保障制度确立与国家保障义务的共同作用中体现的。即使国际协定未直接明确自然灾害应对中的政府责任,但对社会风险的界定与类型化将自然灾害纳入影响公民生命安全、身体健康的因素。同时,一国的国内宪法建立社会保障制度,但也未直接规定自然灾害应对是政府职责的范畴,而是在公民基本权利的专章中强调生命权、健康权或发展权的实现目标,据此明确政府履责对实现国家保障义务的重要作用。

1. 国际人权协定中的国家义务

1948 年,联合国《世界人权宣言》(Universal Declaration of Human

Rights)提出“所有公民作为社会成员之一,都享有社会保障权”,第 25 条第 1 款规定“人人有权享受其本人及其家属所需的生活水平,举凡衣、食、住、医疗及必要的社会服务均包括在内,失业、患病、残疾、寡居、衰老或因不可抗力的事故使生活能力丧失时,有权享受保障”。1952 年 6 月 28 日,国际劳工局理事会在日内瓦会议中通过的《社会保障(最低标准)公约》,将社会风险分为出生、年老、患病、失业、工伤和家庭困难六项。该公约详细规定了国家保障义务的要求:“社会保障制度覆盖的事务包括医疗救助、病假津贴、失业津贴、老龄津贴、工伤津贴、生育津贴、遗嘱津贴和家庭津贴;社会保障制度覆盖的群体及该群体在全部人口中的比例;社会保障待遇定期支付原则及与工资的替代率;社会保障制度由政府监督,按照法定标准由雇主和工人联合会实施管理;建立司法制度,保证公民的社会保障诉权。”1966 年《经济、社会和文化权利公约》第 11 条规定:“本盟约缔约国确认人人有权享受其本人及家属所需之适当生活水平,包括适当之衣食住行及不断改善之生活环境。”

有学者指出,政府社会保障责任的合法性来源于人权,包括生存权与发展权,这两项权利的基础性取决于人类的生存与繁衍。[34] 所强调的“社会保障中的社会救助目标”便是“满足生活困难者与低收入者的基本生存需求,使其免于生存的危机”。[35] 各国通过宪法确定的社会保障制度,将对生存权与发展权的维护视为绝对的社会保障责任,但规定是原则和概括的,只有落实到具体的法律制度中才可能提供权利救济路径,进而实现社会保障的目的。

2. 各国社会保障制度中的国家义务

世界上并不是所有国家都在宪法中规定了社会保障制度。[36] 目

---

〔34〕 张邦辉:《社会保障的政府责任研究》,中国社会科学出版社 2011 年版,第 112～116 页。

〔35〕 同上书,第 114 页。

〔36〕 郑功成:《社会保障学——理念、制度、实践与思辨》,商务印书馆 2000 年版,第 11 页。

前，已知宪法文本存在三种模式。[37]

第一种模式将社会保障视为一种权利。例如，《法国第四共和国宪法》规定的“公民权利和自由原则”，是指“国家对所有人——尤其是儿童、母亲和老年工人——保证健康保护、物质安全、休息和闲暇；如果因为年龄、身体或精神状态或经济状况而不能工作，他们中的任何人都有权从社会或单位获得体面生存的手段。”回溯至《法国共和国元年宪法》第23条，该条规定：“社会福利是全体人民的个人受益权利，此种福利是以人民主权为基础的。”《日本宪法》第25条规定：“全体国民都享有最低限度的健康与文化生活的权利。国家应于生活的一切方面努力提高和增进社会福利、社会保障以及公共卫生。”

第二种模式将社会保障定义为义务或责任，并用“国家保障”等词语强调。例如，德国《魏玛宪法》虽未明确为义务，但在第161条中规定：“国家给予全体劳动者就业和获得生活来源的机会，当公民丧失这种机会时，由国家建立法律制度，给予必要的社会保障。”《德意志联邦共和国基本法》将“联邦德国”定义为“一个民主制和社会福利的联邦国家”，在第1条、第2条中将尊重及保护人之尊严确定为“所有国家机关之义务”。而且，人的尊严是人权的出发点，由此构成人类社会以及世界和平与正义的基础。

《法国共和国元年宪法》第21条规定：“公共救助是神圣的义务。社会对于不幸的公民富有维持其生活之责，或者供给他们工作，或者对不能劳动的人供给生活资料。”1993年《俄罗斯联邦宪法》第39条规定：“1. 在患病、致残、失去供养人、为了教育子女和法律所规定的其他情况下，对每个人按照年龄提供社会保障。2. 国家退休金和社会救济金由法律规定。3. 鼓励志愿的社会保障，建立补充的社会保障形式和慈善事业。”第40条第3款规定：“向贫困者或法律指明的其他需要

---

〔37〕 邓炜辉：《从文本到实践：中国社会保障的宪法学透视》，载《甘肃政法学院学报》2013年第2期。

住房的公民无偿提供住宅,或者根据法律所规定的条例由国家的、市政的和其他的住宅基金廉价支付。"

第三种模式将社会保障视为国家的一项基本制度或政策,如在匈牙利、斯里兰卡、罗马尼亚等国家的宪法中,其被"制度""政策""计划"等词汇表述。[38]

(二)我国宪法发展中的国家责任

1954年我国《宪法》第93条规定:"中华人民共和国劳动者在年老、疾病或者丧失劳动能力的时候,有获得物质帮助的权利。国家举办社会保险、社会救济和群众卫生事业,并且逐渐扩大这些设施,以保证劳动者享受这种权利。"1982年《宪法》第44条规定:"国家依照法律规定实行企业事业组织的职工和国家机关工作人员的退休制度。退休人员的生活受到国家和社会的保障。"第45条规定:"中华人民共和国公民在年老、疾病或者丧失劳动能力的情况下,有从国家和社会获得物质帮助的权利。国家发展为公民享受这些权利所需要的社会保险、社会救济和医疗卫生事业。国家和社会保障残废军人的生活,抚恤烈士家属,优待军人家属。国家和社会帮助安排盲、聋、哑和其他有残疾的公民的劳动、生活和教育。"2004年《宪法(修正案)》第14条第4款规定:"国家建立健全同经济发展水平相适应的社会保障制度。"

学者认为,"我国《宪法》对社会保障问题采用了混合式的思路:一般表述采用国家政策的表达思路,特殊主体的社会保障问题采用权利的表述思路。"[39]当然,也有学者认为这是一条关于"权利的宪法规范"。[40] 从1954年、1982年的两部宪法文本来看,宪法设定"获得物

[38] 钟会兵:《作为宪法权利的社会保障权——基于文本与判例分析》,载《学术论坛》2005年第5期。

[39] 刘连泰:《〈国际人权宪章〉与我国宪法的比较研究——以文本为中心》,法律出版社2006年版,第234~235页。

[40] 钟会兵:《作为宪法权利的社会保障权——基于文本与判例分析》,载《学术论坛》2005年第10期。

质帮助的权利"和"劳动者权利"落脚于"权利",2004年修正案中增加的社会保障制度,为前述权利的实现提供了宪法意义上的制度保障。学者认为,这种做法"映射着宪法的'客观价值秩序'功能",[41]社会保障制度作为一项"宪法的基本决定","对所有的法律领域都有规范效力,而且对于所有的国家权力,无论是行政权、立法权抑或司法权,都具有纲领性的拘束力"。[42]

我国宪法建立社会保障制度,明确公民享有的社会保障权,并以请求权的形式赋予公民个人。这一权利的权威体现在,"全体公民依据法律普遍享有的、由国家予以平等保障地对因社会风险导致的损失的补偿和救济的必不可少的权利,以及平等享有其他旨在提高生活质量的服务权利"。为促成权利的实现,"国家,也只有国家"有必要也有可能承担实现公民社会保障权的宪法责任,以"提供者、调节者和公断者的身份尊重、保护并实现"。[43]

宪法确定的社会保障责任折射出国家与公民之间权利义务关系,"保障公民基本生活安全是国家合理存在的前提条件",国家"通过宪法代表公民利益对政府承担社会保障责任进行授权",[44]政府的基础责任便是建立社会保障工作机制,实施社会保障措施。将"以人为本"作为制度,这从宪法文本所确定的保障对象范围可知,如老年人、患病者、残疾人、失业人群等特殊群体。为实现公平与正义,国家应运用强制力调节不同群体之间的利益分配,并化解社会冲突。

从一项道德性的自然权利过渡到法律性的应然权利,宪法起到的稳固作用,远比道德层面的约束更具有强制性。如果社会保障规定在

---

[41] 邓炜辉:《从文本到实践:中国社会保障的宪法学透视》,载《甘肃政法学院学报》2013年第3期。

[42] 张嘉尹:《基本权理论、基本权功能与基本权客观面向》,载翁岳生教授祝寿论文编辑委员会:《当代公法新论》,台北,元照出版有限公司2002年版,第52页。

[43] 薛小建:《论社会保障权的宪法基础》,载《比较法研究》2010年第5期。

[44] 杨燕绥、阎中兴:《政府与社会保障——关于政府社会保障责任的思考》,中国劳动社会保障出版社2007年版,第35页。

宪法之外,则其他法律规定缺乏充足的、明确的宪法支撑。国家为任何人提供社会保障利益或便利的要求可能缺乏制度性保障,任意减少或取消利益或便利提供机制的行为将不可控,也可能以权力行使为目标而随意附加条件。社会保障制度不受宪法或法律确保,国家的“裁量权”便不受限制,公民的社会保障权利则更易遭受公权力的侵害或剥夺。

社会保障制度应该包括政府对自然灾害受害者的救助,对生存困难的群体施以援手符合我国宪法确立的国家人权保障义务的范畴。有学者指出,《宪法》第45条“并没有包括自然灾害的情况,所以从一定程度上讲,灾害给付并没有宪法依据”,〔45〕故获得物质帮助权仅适用于年老、疾病或者丧失劳动能力的情况。但是,姜明安教授则主张“行政主体在公民年老、疾病或者丧失劳动能力等情况下,以及在公民下岗、失业、低经济收入或者遭受天灾、人祸等特殊情况下,根据申请人的申请,依照有关法律、法规、规章或者政策的规定,赋予其一定的物质权益或者与物质有关的权益”。〔46〕将自然灾害这一特殊情况也纳入获得物质帮助权的请求适用范围,未逾越社会保障制度的解释范畴。

从行政法理的角度来看,给付行政又被称为社会保障行政。根据德国学者汉斯·J.沃尔夫、奥拓·巴霍夫和罗尔夫·施托贝尔的观点,社会保障行政是指:“为保障公民能够维持基本的生活,而对生活贫困者提供公共扶助,通过实行社会保障救济以及公共卫生、医疗、社会福利等的行政活动,目的在于消除或减少人们生活中致使贫困的危险。”〔47〕这在日本学者南博方《日本行政法》一书中得到佐证。

总之,国家保障义务与公民保障权利这一特定关系作用于自然灾

〔45〕 王丽娜:《给付行政下的我国自然灾害行政给付》,载《河北法学》2011年第3期。

〔46〕 姜明安:《行政法与行政诉讼法》(第5版),北京大学出版社、高等教育出版社2011年版,第240页。

〔47〕 [德]汉斯·J.沃尔夫、[德]奥托·巴霍夫、[德]罗尔夫·施托贝尔:《行政法》(第1卷),高家伟译,商务印书馆2002年版,第31~33页。

害给付行政中,符合我国社会保障制度的适用要求,是政府履行自然灾害应对责任的必然所在。

其一,自然灾害给付行政关注受灾者的生存权、健康权与发展权,契合"以人为本"的社会保障理念,受灾者与年老者、患病者、丧失劳动能力等具有同质性,即基本生存或生活能力因其他因素的介入而减弱或丧失,而维持生命与健康是不容忽视的。按照"举轻以明重"的思路,自然灾害更应当纳入获得物质帮助权的适用范围。无论是年老、患病还是丧失劳动能力,现行制度设计下公民个人与政府分别承担一定比例的保障责任,如退休金、医疗保险等制度的运用,倡导公民对未来的生活状态有预期、有准备。宪法所述情形实际上是自然人的生命进程中必然发生的状态,国家的补充责任更显著。而且,社会保障制度的实施对象没有作特别区分,即公民平等地享受国家提供的社会保障服务。但是,自然灾害的受灾者通常在意外事件中遭受损失,甚至造成损失不可恢复、不可估量的严重后果,即使存在先进的预防、预警技术与系统,仍以减轻损害程度为应对目的。如此,"意外发生"的自然灾害对公民个体生存或健康的威胁更大,由政府履行社会保障责任是应对自然灾害的重要内容。

其二,社会福利的覆盖,通过社会保障制度实现,没有理由将灾害给付排除在外。自然灾害致使的经济损失,不仅是全国性的,更是个人财产的破坏与不可恢复,其所引发的贫困是普遍性的,同社会保险所针对的社会贫困是具有共通性的。西方学者在讨论福利权(welfare rights)时,时常将之与贫困法(Poverty Law)捆绑在一起。一些学者主张福利权是一项基本人权,那么政府毋庸置疑就是这项权利的义务主体,为贫困埋单,至少应当以消除贫困为限。

(三)行政法意义的责任

行政法律制度关于自然灾害应对中政府责任的规定通常在自然灾害法律、行政法规中体现。

由全国人大及其常委会颁布的自然灾害法律明确规定中央与地

方各级政府应对自然灾害的责任。《突发事件应对法》第 7 条确定县级政府作为基层应对主体；第 8 条确定国务院是特别重大突发事件的应对主体，临时设立的应急指挥机构具有组织、协调、指挥职能；第 9 条规定国务院和各级地方人民政府在突发事件中的领导地位，且授权国务院设立机构与职责配置的权限。《防洪法》（2016 年修正）第 7 条、第 8 条规定各级人民政府及其水行政部门与建设行政部门、国务院水行政部门与建设行政部门分别在所辖范围内根据职责负责有关防洪工作，责任形式一般涉及江河湖泊治理、防洪工程建设、防汛抗洪、恢复救济、补偿救助等；《防震减灾法》第 4 条、第 5 条、第 6 条、第 7 条规定国务院地震工作主管部门、抗震救灾指挥机构、县级以上各级人民政府以及其他职能部门等按职责分工、各负其责，展开抗震救灾工作。

国务院制定的行政法规也明确了政府应对自然灾害责任。《自然灾害救助条例》将救助责任的原则确立为“以人为本、政府主导、分级管理、社会互助、灾民自救”，明示政府应为自然灾害救助的责任主体；并且，明确实行“各级人民政府行政领导负责制”，由国务院及各级人民政府、应急管理部门等构成以行政组织为纵轴的救助责任机制。

综上所述，梳理国际人权协定、域外宪法依据、我国宪法以及行政法律的规定可知，由政府承担应对自然灾害的责任在国际上获得认同。无论明示抑或默示，自然灾害应对中的政府责任始终是一项法定责任，责任依据充分、责任主体明确、责任形式具体。国际交往中，基于对生命权、发展权的敬畏而提出国家保障义务的主张，对应一国社会保障法律制度所强调的社会保障权的维护，通过具体的法律规范将灾民的生存照顾之义务强加给国家。

三、给付性责任：服务行政实践中的政府责任

（一）行政模式变迁对政府“公共服务者”的定位

从管制型政府向服务型政府的转变，意味着政府从“划桨者”向

“公共服务者”的角色转变,从“管控行政”向“服务行政”的过渡,要求政府责任的实现目标与途径随之调整。服务行政的实践发展要求政府以提供“公共服务”的方式履行对公民基本权利的保障责任,始终关注“人”的生存与发展。

计划经济时代,管控行政以“政府本位”为核心,政府以“划桨者”的角色设计和执行政策,集中对政治上界定的单一目标予以关注。一般会通过现存的政府机构与组织关系来实现若干项目目标,国家权力在绝对封闭的政治环境中形成“自上而下”的权威以及对相对人的控制或管制。政府对社会生活的渗透广度与深度是其他组织或私人团体难以达到的,因为前者控制社会资源的支配权与分配权,社会与个人对政府形成强烈的绝对依赖。[48]

服务型政府的发展,是对管控行政的颠覆,政府以“公共服务者”的身份承担公共服务责任,强调权力运行轨迹应是“自下而上”与“自上而下”“自内向外”与“自外向内”的双向互动与博弈。服务型政府通常会对公民和社区团体之间的利益进行协商和协调,进而创建共同的价值观。强调服务的公共性,首先,政府服务追求的是对公共利益的维护,源自许多“私人利益的公民”重视对公民权利的保障,但也不能简单地等同为所有或大多数公民权利的加总,而是对建立在公民权利基础上的某类抱负或信仰的实现;其次,实现公共服务,不单纯依靠唯一的政府机构,更强调服务提供方式的公共趋势,涉及非营利机构、私人机构与政府公共机构的联盟与合作,彼此认同且相互限制。[49]

(二)自然灾害应对中政府责任:有限的给付者

当把自然灾害应对行为置于服务行政语境时,责任履行方式需体现公共服务性,由此产生的政府与公民之间的权责关系则呈现为全方

---

〔48〕 佟福玲、杨宏山:《从管制型政府走向服务型政府——“服务型政府与和谐社会”学术研讨会综述》,载《中国行政管理》2005 年第 10 期。

〔49〕 [美]珍妮特·V. 登哈特、[美]罗伯特·B. 登哈特:《新公共服务:服务,而不是掌舵》,丁煌译,中国人民大学出版社 2014 年版,第 24、65 页。

位的给付关系。早期对给付行政的理解为，政府负有对公民的生存照顾之义务，随着责任政府理论的兴起与发展，这种给付义务被限定在一定的刻度内。因此，以公共服务为基本任务的政府，被界定为“有限的给付者”。第一，政府与受灾个人或社区之间的给付关系得以确立，有利于划定政府的应对责任；第二，也需要界定政府履行给付责任的基本要求。

首先，在自然灾害应对中，公民的获得物质帮助权是政府承担给付责任的请求基础。“给付”概念原是债法意义上的债权客体，既可指履行行为，也可指履行行为的结果或效果，将给付运用于行政法语境以创设“行政给付”的概念，同时涵盖政府的行为及后果。自然灾害给付，是指在遭遇自然灾害的情况下，政府部门根据受灾个体的申请向其提供物质帮助的具体行政行为，这仅是相对狭隘的理解，多出于行政管理便利而进行的限定。广义来说，无论是否存在受灾个体的申请，政府基于宪法意义上的社会保障责任都应当积极主动向受灾群体提供给付服务。与民法定义不同的是，自然灾害给付是政府在特定环境下对相对人承担义务的单向行为，对应相对人的给付请求权，这项请求权具备宪法依据。宪法赋予公民的“获得物质帮助权”，折射出统治阶级对自然人生命权、健康权的敬畏之意，虽未明列自然灾害，但从致损法益来看，亦能产生国家维护基本生存环境之义务。在生命权、发展权等宪法基本权利遭受自然灾害的威胁、危害时，行政给付是政府常采用的方式，可以表现为行为救助与物质帮助。并且，政府与公民之间权责关系固定，并不互为给付者和被给付者，公民基于生存照顾之请求，请求政府履行自然灾害应对中的给付责任。

其次，给付责任的有限性，是指“普遍地满足公共服务的底线要求”。作为有限的给付者，政府承担的应对责任应同时具备三个要素，分别是普遍性、底线性与服务性。

普遍性，是指政府履行自然灾害给付行为的方式与行为对象均具备普遍性。前者要求政府的给付行为常见且必然，对受灾者而言是可以预期、较易获得或较易接受的灾害应对或救助方式,如生命探测器的使用、食物与饮用水的发放或者就近搭建安置帐篷等。后者强调给付对象的不特定性,即受灾者平等地享有政府提供的给付服务,即使是特定的受灾群体,政府亦不能对据其特有的身份而区别对待,给付服务的内容、方式应以自然灾害的致损法益为标准。

底线性,即给付的最低限度。回溯至国家责任的起源——公民权利的让渡与基本权利的实现,自然权利的基础性决定政府履行给付责任的目的,使受灾者持续享有生命权、健康权。那么,政府在自然灾害应对中承担给付责任的最低限度是:促使生命与财产的完整性,免受自然灾害的侵扰;促使已受自然灾害损害的个体恢复基本生存能力,生命与财产获得修复。

服务性,强调政府应对自然灾害时所提供的给付内容具有服务特质。与管控行政不同,服务型政府的灾害应对行为可能兼具强制性与服务性,与自然灾害应对的事件属性相关。可以明确的是,应急状态下的行政强制行为只会在特定情形中发生,如临时交通管制。涉及大多数的灾害救助事务,则应尊重受灾者的身体需求或心理预期,以最小限度要求个人或社区依照政府指示而作为。

第三节　我国政府应对自然灾害面临的困境

正确梳理我国政府应对自然灾害所呈现的实践问题,有的放矢地展开研究分析方能体现理论研究的价值所在。在自然灾害应对中,我国政府承担相应责任时面临诸多困难,体现为政府与其他社会主体的应对责任界限不明、政府应对责任内容或形式不清、中央与地方政府应对责任划分机制缺位、自然灾害法律体系不完善等。

一、治理视野下政府应对自然灾害的责任界限不明

将政府与其他社会主体共同参与自然灾害应对工作是灾害共治

趋势的必然结果,确定二者之间应对责任的界限实属必要。有关自然灾害防治的部分法律规定对政府应对责任的规定是显而易见的,近年来对其他社会主体的灾害应对主体地位也有所强调。例如,《气象灾害防御条例》第9条规定,“公民、法人和其他组织有义务参与气象灾害防御工作”,履行“自救互救”义务,同时政府或国家扮演着鼓励者的身份。《自然灾害救助条例》第5条对其他社会主体进行列举,涉及“村民委员会、居民委员会、红十字会、慈善会和公募基金会等社会组织”,义务形式是“协助政府开展灾害救助工作”,将其他社会主体定位为“协助者”,国家或政府起到鼓励和引导的作用。

遗憾的是,既有的法律规定仍着眼于政府应对行为,既未对其他主体的责任内容或形式予以规定,也未对二者之间的应对事务进行区分。

(一)未划定政府与其他社会组织的自然灾害责任界限

自然灾害应对是推进国家治理体系现代化进程的重要组成部分,如何正确、高效地处理自然灾害应急管理问题事关对国家治理能力的评价。提倡“多中心治理”与“协同治理”,意味着每一个主体均可能成为治理主导者,与之匹配的职责与义务也应事先明确。这种理念初见雏形,汶川大地震使社会组织参与自然灾害应对工作的角色受到了关注,尤其在雅安芦山地震中的发展促成了一定程度的反思。随着政府治理的革新,其他社会组织的政治角色逐渐显现,参与公共管理与社会治理的义务或责任亟待明确。实践中,探索政府与社会组织在自然灾害应对中的互动与作用逐渐受到学界关注。可惜的是,十年的思考仍然停留在社会组织的法定主体地位如何确保这一层面,但对社会组织履行何种义务抑或与政府主体之间如何界定责任范围始终未能深入追究。

深究起来,存在两方面的原因。一方面,政府对社会组织参与自然灾害应对工作存有抵触心理。于政府而言,尤其是基层政府,社会组织(如基层自治组织、非营利组织等)可能被视为权力分享者,而责任配置机制的阙如导致了权责不一致的发生。政府与社会组织均获得公民授权，不过是侧重不同，主要体现在权力性质与作用范围上。管控行政模式下，政府长期支配国家权力，并享受权力对象的长期依赖，对权力分享者存戒备之心，自然成为导致其慎重对待权力分享的导火索。一旦社会组织介入自然灾害应对工作，政府的权限种类、范围、大小均会受到相对制约，分工与协作是制约的主要原因。例如，日本在发展自然灾害社会应对机制早期就遭遇过类似问题，当地自治机关对志愿组织的排斥态度明显，其认为志愿者的介入会对公权力造成威胁，并损害政府的行政权威。当政府对于社会组织的介入行为持接受或容忍态度时，可视作对公权力分享的默认，行为结果可能造成政府成为公众苛责对象的原因。

另一方面，政府与社会组织之间未建立充分的信任关系。“政府有潜力提供更为可靠的资源，可以在民主政治程序的基础上，而不是根据富人的希望，确定优先考虑的事情。”[50]与社会组织相比，政府拥有绝对的资源优势与权力优势，能更好地为自然灾害应对提供服务。社会组织的优势并不显著，除去行为灵活性以外，其资源配置、组织架构上的特点极易受到政府的怀疑——是否有能力参与应对工作并紧急处理突发事件？此外，没有充分的法律依据设定对社会组织的追责机制，政府将可能成为社会组织不良应对行为的买单者，加剧了政府对社会组织的质疑程度。

（二）政府未强制要求公民承担适当的自然灾害责任

实践中，公民个人生命健康与私有财产遭到自然灾害损害，政府更愿意将其定位为急需救助的“受灾者”，自然灾害发生初期的自救者与互救者身份未被关注。即使在现代应急法治发展进程中，自救行为也常被视为出于生命维护本能的当然表现，却未意识到公民消极或怠

---

〔50〕［美］莱斯特·M.萨拉蒙：《公共服务中的伙伴——现代福利国家中政府与非营利组织的关系》，田凯译，商务印书馆2008年版，第51页。

慢防御灾害侵袭也是损害加重的原因之一,故未在应对责任体制或自然灾害防治法律制度中对公民课以自救的义务。即使立法上提及公民参与应对自然灾害救助的义务,但涉及哪些义务则未能进一步明确。

并且,享有丰富物质资源与权力资源的政府主体,也可能认为公民的责任是否履行对于自然灾害应对工作的开展并不能起太大作用,即立法者苛责公民自救责任的不作为大可不必,因此,才可能出现法律设定缺位的现状。

但是,国家治理体系现代化要求政府为公民的个人行为留足自治空间,必要时提供适当的支持。行政权力模式的转型使公民对政府的依赖随之改变,加之"全能政府"与现代政府治理理念的格格不入,推动公民与政府在自然灾害应对工作机制中的良性互动,公民的应对地位与应对责任应进一步明确。

二、自然灾害应对中政府责任未进行有效归类

在自然灾害应对的不同阶段,政府的重视程度不同,是导致政府责任范围确定与归类困难,主要原因是行政状态未作合理区分。

(一)未区分行政权力状态导致政府责任范围确定困难

学者认为"政府防治职能存在分工:由常规行政来主导突发公共事件防范,由紧急行政〔51〕来主导突发公共事件的应急处理"。〔52〕常规行政的功能定位为:一是通过积极防范来降低突发公共事件的概率;二是辅助紧急行政的应急处理,以维护或恢复遭破坏的公共秩序

---

〔51〕 所谓紧急行政,专指当突发公共事件既成事实时,政府依法采取专门的应激性处理措施加以防治,从突发公共事件出现到宣告其终结为止这段区间内政府专门用来防治突发公共事件的行政。常规性行政,则是指在突发公共事件出现之前的预防措施和结束之后的善后处理措施,以及在应急处理过程中可能动用的其他非应急专用的行政措施。

〔52〕 应松年主编:《突发公共事件应急处理法律制度研究》,国家行政学院出版社 2004 年版,第 45 页。

与公共安全。〔53〕但在突发公共事件应对中，常规行政的运行机制、管理权限、行政措施、责任追究等可能显得乏力，因授权不足导致行动力缺乏将阻滞事态遏制的进程，此时紧急行政主导应急处理就显得必要。〔54〕罗伯特·希斯从公共管理的视角出发提出 PPRR 模式，认为自然灾害应对应当包括灾前预防（prevention）、灾害前准备（preparation）、灾害发生应急（response）以及灾后恢复（recovery）四个阶段。〔55〕虽将自然灾害应对划为预防、预警、应急与重建四个阶段，但灾害影响的持续性特征使各阶段之间并无严格的界分。但实际上，行政主体会根据普遍的应对阶段特征采取常规的应对措施，却忽略了行政状态在每个阶段的变化会直接影响政府应对自然灾害的定位与责任范围。因此，应清楚地意识到行政状态在自然灾害应对中的更迭对于政府责任的确立具有积极意义。常规行政状态与紧急行政状态会在同一自然灾害应对中有固定或不固定的交互作用，需要界定不同阶段的主导型行政状态，这是确定政府主体责任的前提。

（二）政府责任范围不清直接影响政府责任的有效归类

自然灾害应对中行政状态的变更随时间推进，因未深入剖析行政状态对政府责任范围的影响，以致政府在不同阶段中的应对态度与行为有所差异。在对行政规范性文件（2007～2016 年）〔56〕梳理的基础上，数据反映出中央政府在恢复重建阶段采取的应对工作多于其他阶段，这直接影响了地方政府的政策导向。至于预防阶段与预警阶

---

〔53〕应松年主编：《突发公共事件应急处理法律制度研究》，国家行政学院出版社 2004 年版，第 47 页。

〔54〕同上书，第 56 页。

〔55〕秦波、田卉：《城市洪涝灾害应急管理体系建设研究》，载《现代城市研究》2012 年第 1 期。

〔56〕此处选取政府规范性文件与规章作为统计对象的原因是，规范性文件是行政管理权和行政强制力的体现，直接关系到公共利益、社会秩序和公民的切身利益，数量多、涉及面广、灵活性强，最能直接反映政府对某一公共事件的态度与措施。规章，指国务院组成部门及直属机构，省、自治区、直辖市人民政府及省、自治区政府所在地的市和经国务院批准的较大的市和人民政府，在它们的职权范围内，为执行法律、法规，需要制定的事项或属于本行政区域的具体行政管理事项而制定的规范性文件，一定程度上也反映了当下的行政管理需求。

段,中央政府的应对措施较少,地方政府虽有所作为,但与应急阶段与重建阶段相比,重视程度明显不足。中央政府与地方政府在应急阶段与重建阶段的重视态度表现得一致。(见表1-2)

表1-2　中央与地方政府针对自然灾害应对制定的行政规范性文件(2007~2016年)〔57〕

单位:个

类别	国务院规范性文件	国务院部委规范性文件/规章	地方政府规范性文件/规章	合计
预防阶段	0	1	17	18
预警阶段	1	5	93	99
应急阶段	1	20	623	644
重建阶段	7	58	639	704

一般地,应急阶段是降低自然灾害损失的重要阶段,故中央与地方各级政府尤其重视该阶段的应对工作,既有的法律规定对应急阶段政府责任的预设也较为详细。重建阶段的政府应对措施在行政规范性文件中的体现比较清晰,如发放补助金与抚慰金、重建受灾地区住房、扶持灾后产业与就业、兴建社区村舍文明、提供医疗卫生服务以及公共福利服务等,灾后社区的重建与恢复是多方位的应对活动,能够获得政府更多关注。然而,政府预防阶段与预警阶段的应对行为则差强人意。这可能是因为政府的公共危机意识薄弱,未真正认识到自然灾害对国家发展与居民安全的威胁,导致对自身防灾减灾能力与水平的错误预判。

政府应对实践在对自然灾害不同阶段的侧重,涉及的行政措施的规定与实施与政府应对自然灾害的责任范围有关。既有法律规范与文件规定将应急措施与重建措施规定得相对全面但略显杂乱,而有关

〔57〕 表1-2的数据来源于北大法宝数据库,分别以“灾害预防”“灾害预警”“灾害应急”“恢复重建”为关键词进行高级检索,分别在“中央法规司法解释”与“地方法规规章”两个子数据库下查找,排除已经失效的文件或规章。

防御措施的规定却不太显著。

总而言之,立法层面与实践层面对政府自然灾害应对措施的体现均不系统、细致,进行有效归类则较为困难。即使近年来频繁发生重大、特大自然灾害,政府应对责任的问题也未受到系统、完整的讨论,责任范围与类型始终未实现清晰界定。

三、自然灾害应对中中央与地方政府责任的划分不清晰

(一)现有立法对中央与地方责任界定模糊

我国政府结构以“中央—省(直辖市、自治区)—县(自治州、县、自治县、市)—乡镇(乡、民族乡、街道办、镇)”为基本形式,在较大的市辖域内再划分区、县以构成常规的5级政府组成。《宪法》第89条与《地方各级人民代表大会和地方各级人民政府组织法》第59条分别规定了国务院和县级以上地方各级人民政府的职责,这种划分模式几乎被复制到多数自然灾害防治的法律规范中。例如,《地质灾害条例》第7条赋予“国务院国土资源主管部门负责全国地质灾害防治的组织、协调、指导和监督工作。县级以上地方人民政府国土资源主管部门负责本行政区域内地质灾害防治的组织、协调、指导和监督工作”。

问题是,形式上划分了中央与地方政府的应对责任,但各自履行的责任内容却没有区分,界限为何也不清晰。一旦发生自然灾害,地方政府与社会主体对中央政府的依赖与期待可能导致当前的职责划定组织架空,以致法律规定丧失规范作用。而且,笼统地规定县级以上地方各级政府的应对责任,既未明确界限也未规定各级政府可以分别采取的应对措施,忽略自然灾害应对的地域差异,无法凸显不同层级政府在自然灾害应对中的职能与实效。

(二)行政规范性文件的频繁调整有损政府责任的稳定性

实践中,一般通过行政规范性文件临时调整或确定各级政府应对自然灾害的具体责任。职能部门常依托各级政府或临时指挥中心的协调与组织,大量应对职责在自然灾害发生之时、之后才能确立。

首先,政府作为配置主体,以行政授权的方式对应对责任进行配置,直接体现为行政规范性文件对应对责任的细化,这极易导致各级政府组织或职能部门的灾害应对责任不稳定。例如,自然灾害迎接阶段与恢复阶段,各级政府或防灾减灾指挥中心对法定的应对责任进行调整。原则上,应由国务院、省级政府遵循法律依据对政府机构与职责予以设定,其他行政主体则无此权限;各级政府的行政规范性文件因自然灾害应对需求而制定,对权责的调整不具可预期性,也可能面临司法救济的困境。

其次,法律规范本身的模糊性造成实践中法律适用的不确定,各级政府之间的自然灾害应对责任也受影响。自然灾害发生之时,下级政府对上级政府的依赖尤其体现在上级政府的协调、组织、指挥与调动行为。地方政府的法定责任往往被忽视,容易损害地方政府自然灾害防治与应对能力。

四、自然灾害立法未有效推动政府责任的规范化与制度化

我国已形成相当规模的自然灾害法律规范,从法律、行政法规到地方性法规与地方政府规章,乃至全国人大的法律工作文件、中央与地方规范性文件等均在自然灾害防治上有所涉及,特别是自然灾害类型化的立法有新的突破。然而,立法未解决的问题影响政府应对责任的落实,以致规范化、制度化进程难以推进。

(一)政府承担自然灾害应对责任缺乏系统的合法支撑

系统、完善的法律制度是政府承担自然灾害应对责任的合法性支撑。系统性不足是我国自然灾害防治法律制度的突出问题,造成了政府应对责任界定不清、履行不能等问题。其一,整体上缺乏一部统一的法律以适用所有类型的自然灾害防治问题,应对责任主体也未被有效设定,关于政府责任的部分规定不足。其二,分散性立法不能实际解决政府应对自然灾害的责任履行与追究问题。例如,气象灾害防御以《气象法》《气象灾害防御条例》与各地制定的地方性法规为政府实

施应对措施的法律依据，形式上满足了法律规范的一致性，形成自上而下相对完整的法律位阶。但是，分析其中的政府防治责任则发现，有关规定的适用性不强，反映了当前我国自然灾害防治领域立法上的问题，即过分重视一致性，忽略规定的实践效能。

（二）立法模式单一化导致政府责任规范化进程缓慢

目前，自然灾害领域的立法模式以类型化立法与地方立法为主，强调自然灾害防治的类型化与地域化特点，实际上有利于促进我国地方政府应对责任的细化与落实。但问题是，相对滞后的立法技术影响了这一立法模式的实践功能。首先，类型化立法集中体现在气象灾害、地质灾害、地震灾害等发生频繁或影响较大的自然灾害类型，其他类型的自然灾害防治立法并不突出。针对性与专业性得到实现的同时，却对规定的普适性问题未作强调，从而致使频繁地立法、修法。其次，地方立法之间的“借鉴”与“照搬”过于明显，盲目保持与上位法的一致性，地方性法规对地方政府应对责任的规定流于形式，无法满足行政区域内的自然灾害防治需求。因此，如果既有的立法模式始终保持这种单一化的发展趋势，就无法正面、有效地回应我国自然灾害应对的实践要求。特别是新理念、新情况的出现，对政府治理能力、自然灾害防治方面提出了新的立法考量，促进自然灾害应对中政府责任机制的法治化发展是必经之路。

小　结

辨析自然灾害应对中政府责任的性质，为本书所作的后续研究奠定了研究基调。福利思想下的社会保障制度回应了福利权与社会权利的同质性，政府履行社会保障责任应从对象、范围、内容与程度方面不断调整，也契合自然灾害应对中的权利保护目的。窥探国际上与域外国家的社会保障制度，探寻其中所暗示的政府承担灾害应对责任的权利基础,从而论证这项责任的法定性。“服务型政府”的转型也决定自然灾害应对中行政模式的转变,即在服务行政的发展实践中政府扮演着“有限的给付者”,其承担的应对责任应体现服务理念。总之,自然灾害应对中的政府责任应当是一项具备给付性质的法定基础责任。

第二章　灾害共治中的政府责任

自然灾害共治格局是多中心治理理论在自然灾害应对中适用的预期结果，能否实现取决于“包括政府在内的社会网络体系的构建、信任关系的形成与合作方式的建立”。[1] 自然灾害应对事关民生建设进度与公共服务质量，涉及多主体责任配置、政府职能重构、共治规则确立等实践命题。

毋庸置疑，政府具有不可替代的主导作用，由前一章论述的正当性基础所决定。其一，人权相关的国际协定明确规定政府履行社会保障责任，当公民遭遇贫困、疾病、年老或其他不幸之时，政府有义务维护公民的基本生存与发展，从而保障社会秩序与公共福祉。治理理念的引入不但未减弱或消除政府的这项责任，而且在促使其他社会主体参与自然灾害应对的工作中，政府的先天优势与后天经验，决定其对其他社会主体负有引导及协商的职责；不

---

〔1〕 孙柏瑛：《当代地方治理——面向 21 世纪的挑战》，中国人民大学出版社 2004 年版，第 26 页。

但未减轻或削弱其主导地位，而且强化了其自然灾害应对的作用——本身具有的应对自然灾害的任务，以及与其他社会主体之间的分工与协作任务。其二，政府应对行为所保护的法益决定其地位。私权益诉求的表达不是政府应对自然灾害的唯一目的，还涉及权责调整与秩序维护。在某种程度上，市场实现自治时，政府可以退出或减少干预。但是，自然灾害应对工作的展开不能让政府袖手旁观，因宪法保障的基本权利亟须政府援手，只有行使公权力强制介入，才可能及时把握灾害社会的恢复进程。其三，政府的及时反应依赖国家财政与政府体制，影响自然灾害防治水平的"起跑线"。

政府、基层自治组织、社会资本、非营利组织与公民等主体均应参与自然灾害应对，对社会自治秩序提出要求，多元主体在其中寻求治理诉求的正确表达途径。本章试图分析多中心治理理论在中国实践中的发展，引入国家辅助性理论，对其他社会主体在自然灾害应对中的作用与责任进行明确，窥视政府组织与其他社会主体的互动模式，从而划定政府在自然灾害共治格局形成过程中的责任边界。

第一节 有限责任：灾害共治中的责任分担

哈贝马斯认为，福利国家对市场竞争和效率的负面影响是绝对的。"公民对市场的依赖已经为对专制的不可理喻的行政机构的依赖所替代。通过将个人规划整合成一个综合性的网络，政府寻求满足公民在生命各个阶段可能的所有需求。"〔2〕并且，逐步破坏了"公民之间那种自然的团结关系"。政府的过度干预导致国家为公民福利承担了过于宽泛的责任，进而损害了受助者对自身行为的责任感。其中，福

〔2〕［瑞典］博·罗思坦：《正义的制度——全民福利国家的道德和政治逻辑》，靳继东、丁浩译，中国人民大学出版社2017年版，第20页。

利需求骤增与公共财政危机之间的矛盾不可避免,但这种矛盾是不可能完全通过增加税收就能解决的。例如,瑞典的普遍性福利政策对政府造成了沉重的责任和义务,是导致个人责任感消逝的直接原因,造成人民对国家不健康的依赖。正如阿维赛·玛格丽特(Avishai Margalit)提到的,福利国家"剥夺了公民对决定自身事务的能力和权威的需求,把那些本应个人自助表达的决定变成了家长式的统治"。[3] 但是,人们虽诟病高税收所带来的不堪重负,但也欣然接受,甚至寻求这种福利的浸润。

全民福利国家也存在相应的行为规则——公民接受由政府埋单的公共服务与福利项目并承担着高税收负担——公共财政依赖公民赋税,公民依赖国家的社会保障。福利改革实际上是要打破这种所谓的规则体系,建立一种制度使公民有自己的能力以及能够形成自己的意见。要做到同等的关怀与尊重首先应当承认"平等的价值",但这并不意味着国家承担同等的利益分配责任,而是提供或者创造一种获得"同等关怀与尊重"的机遇与环境,打破传统的消极依赖关系,要求公民积极"寻求"平等的福利对待。根据德沃金的观点,"个人权利要优先于国家或者集体的目标",即使在大多数公民的"最大利益"面前也是如此。[4] 实际上,福利改革的核心理论是合作主义,[5] 这是第二次世界大战以后逐渐与现代福利国家理论融合的结果。在福利国家,通过合作主义的制度安排,其发挥了利益协调的作用。利益多方包括政府、个人与市场主体在契约理念的约束下达成共识,不但要遵守一定的行为规范,还应当对共同认可的公共利益持以虔诚之心对

---

[3] Margalit(1996),p. 238,cf. King & Waldron(1998),p. 416f. 转引自[瑞典]博·罗思坦:《正义的制度——全民福利国家的道德和政治逻辑》,靳继东、丁浩译,中国人民大学出版社 2017 年版,第 30 页。

[4] [瑞典]博·罗思坦:《正义的制度——全民福利国家的道德和政治逻辑》,靳继东、丁浩译,中国人民大学出版社 2017 年版,第 33 页。

[5] 丁东红:《论福利国家的理论渊源与发展》,载《中共中央党校学报》2011 年第 2 期。

待。简言之,强调一种类似于"相敬如宾"的关系,实际上是探寻福利改革后政府角色的转变与福利责任的分担。过去我们提及"承担",是因为不存在合作主体,完全由政府进行福利分配,而"分担"意味着政府福利责任的"减负",以及强调个人在幸福感与满足感中的积极作用。这是现代福利国家改革与发展的趋势。

一、政府有限责任:国家辅助理论下的自然灾害应对

自然灾害应对理念从"管理"向"治理"转变,权力场域发生了改变——从科层制内的行政权力互动拓展到科层制外的多种权力的博弈。早期的"治理"思想,强调国家作用的运转与对行为的规制,而后运用于解释现代国家与社会结构变化所带来的规范性理论研究。英国政治学家格里·斯托克认为治理应当涵盖5个基本要素:(1)主体结构打破传统政府组织的枷锁,引入市场主体、社会团体、个人等私主体;(2)权力体系与责任分配的重构命题;(3)形成有效的权力制约关系;(4)自治理念的发展;(5)政府的能力与责任应当得到重视。[6]当人类社会发展到多中心阶段,多元利益的表达与差异性诉求结合权力运行机制与制衡关系形成治理的网络结构。如何构建理性平衡与对话场域直接影响治理规则的形成与修正,据此可彰显政府应对自然灾害的有限责任。

(一)多中心治理视野下政府的主导责任

"治理"一词兴起于20世纪90年代,由世界银行组织正式提出。詹姆斯·N.罗西瑙(Rosenau J. N.)认为,治理就是在没有强权力的情况下,各相关行动者克服分歧、达成共识,以实现某一共同目标。[7]通过网络关系模糊公共部门、私人部门与第三部门之间的行为界限是

---

〔6〕 俞可平:《治理与善治》,社会科学文献出版社2000年版,第34~35页。

〔7〕 James N. Rosenau, "Governance, Order and Change in the Politic World", in Rosenau, J. N. and Czempiel, E. O., eds., *Governance without Government*, Cambridge: Cambridge University Press, 1992, pp. 2-7.

治理的主要特征。国家中心论者认为,“治理是政府通过伙伴关系,把社会中其他行动者吸纳到公共事务的管理中来。但是,这种路径仍然强调政府权力对伙伴关系的主导与规制作用,政府是公共利益的最佳代言人”,政府在其中的作用是不可替代的。实践中,治理的理论取向发生重大变化与创新,实现了“从纵向层级向水平结构转变、从单一中心到多元中心的转变”。

不得不提的是由美国政治经济学家埃莉诺·奥斯特罗姆(Elinor Ostrom)提出的“多中心理论”。“多中心”是指“多个权力中心和组织体制治理公共事务,提供公共服务”,多个决策中心之间同时存在竞争关系或合约关系,有合作也有制约。该理论强调的决策中心,不限于一个“政府主体”,还包括“中央政府单位、各种地方政府单位、各种非政府组织、各种私人机构及公民个人在内的许多决策中心”。[8] 多中心理论的提出,为治理在公共事务管理中的发展提供了全新的视角,为当前集权或分权两种单中心体制化解了困境。在公共管理领域,存在另一个“看不见的手”——多中心秩序,独立于国家秩序与市场秩序,其所追求的是相互独立且权力有限的中心主体,却“没有任何个人或群体作为最终的或全能的权威凌驾于法律之上”。

多中心治理具备四个要素。第一,允许人们组建治理机构,且数量上并没有明确要求。奥斯特罗姆在研究公共池塘资源时发现,个人之间自主形成一定的组织,并遵循共同的行为规范以实现自主治理,前提是这种私人个体或群体之间自发产生的治理机构或中心是被允许的,至少不应禁止。第二,政府单位间存在差异的权力架构,这是多层级政府之间实现权力分散与相对集权的前提,势必要打破科层制下“权力同构”的现状。第三,“每一区域以选举形式产生官员,代替行政委托的形式,以改变官员的激励机构”。转变“自上而下”的考核机

---

〔8〕 杨斌、余吉安:《公共治理范式研究——基于埃莉诺·奥斯特罗姆的研究成果分析》,载《求索》2010年第8期。

制,实现公民自主治理与政府公共服务的双向互动。第四,“通过统一的司法体系来解决区域间的冲突”。实际上回归到多中心的本质,任何人都没有绝对的权力,除了相互形成的监督与制约机制,最终应在法律框架内实现自治。多中心治理的优势在于决策中心的下移,尤其适用于公共基础设施资源的分配,“有效利用地方性的时间、地点信息作出合理的决策”,前提是对受影响的大多数人意见的尊重,有利于吸收和鼓励基层和公众参与。〔9〕

在我国,党的十八届三中全会中提出实现“国家治理现代化”的目标,并在党的十九届四中全会上形成决定,即《中共中央关于坚持和完善中国特色社会主体制度、推进国家治理体系和治理能力现代化若干重大问题的决定》。治理思想的中国表达,置于中国特色社会主义制度的背景之下,落脚于“体系”与“能力”的现代化要求,是中国国家制度和制度执行能力的集中体现。一方面,坚持民主治理,强调政府在国家治理中的主导性作用,同时让企业和市场、社会组织和公民个人等社会力量参与到国家治理活动中来。另一方面,实现有效、合法与科学治理,这是对治理能力与效果的评价。我国形成了“一核多元”的协商共治格局,这是与中国共产党执政的现实相关的,并不影响“多元治理”的形成,多元主体对公共事务与公共服务的决策、参与是实现核心领导的策略。

治理思想更新了自然灾害应对的理念与思路,选择“多中心治理”作为支撑,是基于两方面的考量。首先,自然灾害应对是一个集政治、管理、行政、法学与信息技术等为一体综合命题,每一个应对阶段连续且互不独立,针对任何形式阶段的考察,均不能得出完整、正确的结论。从预防、预警到应急、重建,是根据应对重心人为作的区分。因为随着自然灾害发生时间的推移,决策中心亦发生变化,应对进程的动

---

〔9〕 张克中:《公共治理之道:埃莉诺·奥斯特罗姆理论述评》,载《政治学研究》2009年第6期。

态本质决定很难以固定的权力主体主导或把握每一阶段，权力代理、让渡、分享或退出均可能发生。因此，允许在不同应对阶段，甚至是同一应对阶段出现不同的主导主体是治理理念的全新体现。

其次，确定哪些主体能够参与自然灾害应对是划定政府责任的前提。“多中心治理”与“多元治理”具有共通之处，主要体现在治理主体的多元化与关系的选择上。如前所述，治理主体可以是公权力机关（如政府及所属部门、司法机关、立法机关等）、公共事业单位（如公立医院、邮政企业）、市场主体（如国有企业或民营企业）、非营利组织（如红十字会、各类协会）、基层自治组织（村民委员会或居民委员会）以及公民及其家庭。在自然灾害应对中，以上主体的关系亦呈现多元化，如府际之间的伙伴关系、政府与市场主体之间的公共服务购买关系、政府与自治组织之间的协助或委托关系，甚至公众与政府之间的监督关系。多元治理或许更看重对主体参与的关注。以政府角色为例，政府在应急状态下的强权态势决定了主导应对自然灾害的地位。一旦回归到预防与恢复阶段等常规状态，公民个人或家庭的角色得以凸显，政府作为公权力主体作出适当的放权或让步是不可避免的情形。本书更愿意选择“多中心治理”理论以支撑自然灾害应对的变革，因为其强调决策中心的多元化与变动性，这与自然灾害应对进程的推进轨迹是契合的。并且，决策中心的下移意味着权力的分散与碎片化，因为政府在自然灾害应对中的权力与地位并非一成不变，上下级政府之间也常有此表现，那么对应的责任与义务也会有不同的外化表现。因此，“多中心治理”理论不仅要求多元主体参与自然灾害应对，也要清楚治理中心变化引发的责任调整。

（二）国家辅助性原则决定政府责任的有限性

将“国家辅助性理论”引入国内行政给付研究，用于重新审视国家与社会之间、政府与其他社会主体之间的关系研究。学者指出，我国“不是要建设全能政府，国家辅助性原则的价值在于强调政府的权力有限、责任有限”。[10]

1. 国家辅助性理论的缘起与发展

所谓国家辅助性理论,是指社会保障的责任首先应当由国民个人或者团体自己承担,当国民个人或者团体自己不能完全承担或者不能很好承担时,由国家予以填补相应的部分。[11] 另一解释认为,“在特定公众和组织无法自主实现某种目标时,高一层级的组织应该介入,但仅限于出于保护他们的目的。并且,高一层级社会团体或者政治组织只能处理那些低一层级的社会团体或者政治组织无法独立处理,而高一层级的机构又能更好完成的事务”。这种介入被设定了严格的条件:一是特定公众和组织依据自身能力不能处理某项事务;二是高层级的介入能更好地完成。[12] 因此,“只要更小的单位能够有效而可靠地完成任务,更小的单位就具有优先的自治权”。[13] 为了正确借鉴国家辅助性理论的精髓,有必要对该理论的缘起、发展以及适用进行梳理。

普遍认为,国家辅助性理论起源于德国行政法学家厄斯特·福斯多夫(Ernst Forsthoff)在《当成是给付主体的行政》一文中的“生存照顾义务”,起初他主张将个人的生存责任转嫁到国家上,由此产生了给付行政。[14] 随着德国社会变迁,福斯多夫为修正生存照顾义务理论,概括出“国家辅助性理论”,即“除非国家陷入战争或自然灾害等特殊时期,平常解决生存照顾的问题应该交给社会力量,而不是依赖国家”,[15]国家在其中承担一种补充责任。德国主教威廉·以马内

〔10〕 王丽娜:《国家辅助性原则在中国自然灾害行政给付中的实施》,载《河北学刊》2011 年第 5 期。

〔11〕 吕艳辉:《行政给付限度论》,载《当代法学》2011 年第 2 期。

〔12〕 熊光清:《从辅助原则看个人、社会、国家、超国家之间的关系》,载《中国人民大学学报》2012 年第 5 期。

〔13〕 [德]罗尔夫·施托贝尔:《经济宪法与经济行政法》,商务印书馆 2008 年版,第 341 页。

〔14〕 陈新民:《公法学札记》,法律出版社 2010 年版,第 41 页。

〔15〕 同上书,第 75 页。

利·冯·克特勒(Wilhelm Emmanuel von Kettele)率先阐释了早期辅助理论的内涵,他承认个人主义和集体主义均无法对社会问题作出充分回应,但自主选择的个人自由与社会团体自由在国家范围内很重要,应当对政府的权力有所限制。[16] 之后,国家辅助性理论在其他领域的发展,最突出的是欧共体对此的广泛运用,并在《马斯特里赫特条约》中正式确立了辅助性原则。[17] 该原则在欧盟的运用,用于解决两个问题:一是"共享能力在不同层面的划分(个人、国家、超国家机构)";二是"权力范围和权限责任的划分"。实际上,国家辅助性理论的确立对社会治理环境与条件有一定的要求。一方面,它预设了"社会自治"的前提,在权力位阶上始终强调"自下而上"的社会治理结构与个人的自我负责理念;另一方面,它暗含了各治理主体的权责划分比例,即"首先个人竭尽所能""其次社会团体发挥社会力量协助""最后由国家承担一种补充功能"。[18]

从"生存照顾义务"的起源来看,国家辅助性理论含有帮助、援助之意,国家基于服务行政理念承担对公民基本生存与照顾的义务,属于积极义务的范畴。同时,辅助性理论也强调责任位阶的划分,"国家的照顾责任只是备位性的,只有个人的生计'常态'发生欠缺时才可以介入,其目的也只限于使个人回到自助的状态,"[19] 这是消极义务的体现。国家在对公民施以援助时,其作用应是补位性的,个人、社会与国家之间的关系并不平行,应是个人责任优先于社团责任与国家责任。

纵向上,该理论适用于"等级制结构内部不同层级主体之间的关

---

〔16〕 Wilhelm Emmanuel von Kettele, *The Social Teaching of Wilhelm Emmanuel von Ketteler, Bishop of Mainz* (1811-1877), Washington D. C.: University Press of America, 1981.

〔17〕 "共同体应在本条约授予的权限内,根据本条约规定的目标展开活动。在共同体非专属权限内的领域,应根据辅助原则,只有在拟议中的行动目标成员国没有充分能力予以完成,而出于拟议中的行动的规模和效果的原因,共同体能更好地完成时,才有共同体采取行动。"参见苗静:《辅助原则研究》,中国经济出版社 2013 年版,第 112 页。

〔18〕 喻少如:《论行政给付中的国家辅助性原则》,载《暨南学报》(哲学社会科学版) 2010 年第 6 期。

〔19〕 蔡维音:《社会福利制度之基础理念及结构》,载《月旦法学杂志》1997 年第 28 期。

系”,这些主体有共同一致的政策目标要实现,因此时常表现为合作的常态。德国对辅助性理论的适用也作此阐释,“如果下级政府能够独立承担的事务,任由下级政府承担。如果下级政府无法独立承担,则由上级政府提供辅助。国家对个人或上级政府对下级政府的辅助不能代替个人或下级政府的自助”。[20] 横向上,辅助性理论处理的是“公共部门与非公共部门之间的辅助,如政府与个人、经济组织、社会团体之间的关系”,[21]形成的公私伙伴关系并不总是朝着同一目标运作,但是对现代行政法治中政府职能与责任的限定有促进作用。国家辅助性理论意在促使“既松散又紧密的社会治理结构”的形成与运行,试图达成“自助又辅助”“自治与共治”的格局,关键在于对自主自治的基本保障——个体和家庭的自治、社群的自治、组织的自治,而政府发挥着引导并辅助社会自治的功能。[22]

《德国基本法》第 23 条体现了国家辅助性原则,《德国社会法》第 2 部第 1 条对应社会救助的定义,即“使受助者能够合乎人类尊严地生活,救助要尽可能地使受助者有能力努力依靠自己的力量独立生活”,使社会保障制度适用这一原则的限制更加明确。[23] 除了通过对个人能力评价以此来限定受助对象以外,国家救助责任的界限在于帮助受助者恢复自立的常态——精神上的尊严与物质上的生活。这是一条良好的按比例划分职责的准则,通常被广泛地理解为权限分配和权限实施的准则,有利于保障与公民经济利益相关的行为的完成。其内在的权力逻辑结构分为两层:较低一级的联邦各州的工作优先于联邦

---

〔20〕 喻少如:《论行政给付中的国家辅助性原则》,载《暨南学报》(哲学社会科学版)2010 年第 6 期。

〔21〕 毕洪海:《国家与社会的限度:基于辅助原则的视角》,载《中国法律评论》2014 年第 1 期。

〔22〕 杨涛、王明生:《论辅助原则与自主治理的理论要旨》,载《江海学刊》2013 年第 4 期。

〔23〕 喻文光:《德国社会救助法律制度及其启示》,载《行政法学研究》2013 年第 1 期。

的工作;个人与社会团体的自我管理同样优先于国家的行政管理。[24] 潜在的运用领域有国家与私人的关系、国家组织的关系(包括联邦、州与自治团体)。

2. 国家辅助性理论在我国的适用

国家辅助性理论在我国的适用围绕着社会保障与行政给付制度展开,目前尚无明确的宪法依据,但在部分法律或政策中逐渐有所体现。

《老年人权益保障法》第 7 条确定老年人福利义务的承担主体有“国家机关、社会团体、企业事业单位和其他组织”以及“基层群众性自治组织和依法设立的老年人组织”;第 16 条、第 18 条规定了个人对老年人的养老责任,如“家庭成员应当关心老年人的精神需求”和“经常看望和问候老人”。但是,该法仅规定了国家责任、社会责任以及家庭责任,却没有确定责任的比例分担。

2004 年国务院办公厅发布的《全面推进依法行政实施纲要》集中体现了国家辅助性理论在我国行政管理体制改革中的适用,即“凡是公民、法人和其他组织能够自主解决的,市场竞争机制能够调节的,行业组织或者中介机构通过自律能够解决的事项,除法律另有规定的外,行政机关不要通过行政管理去解决”,这遵循了“个人自治＞社会自治＞国家管理”的原则。

3. 自然灾害应对适用国家辅助性理论的条件

援引国家辅助性理论的目的有二。一是明确自然灾害应对中政府的有限责任。在职能转变背景下,政府应根据自然灾害应对中不同的行政状态调整救助责任的比例,适当地将部分责任交由其他社会主体履行。二是界定政府责任的界限。出于对我国薄弱的基层自治与恢复能力的考量,仍然承认政府履行灾害救助的基础责任与第一义

[24] [德]罗尔夫·斯特博:《德国经济行政法》,苏颖霞、陈少康译,中国政法大学出版社 1999 年版,第 114~115 页。

务,但仅限于为促使个人恢复常态。并且,这种援助应当逐渐从主动向被动过渡,要求个人责任为“尽最大能力范围”,与之对应着社会与政府的最小责任比例。

以《汶川地震灾后恢复重建条例》为例,该条例确定了重建规则,即“受灾地区自力更生、生产自救与国家支持、对口支援相结合”原则与“政府主导与社会参与相结合”原则,防止灾后重建过程中的给付过度或给付不足。该条例暗含的国家辅助性理论符合我国行政给付制度的特殊需求。我国基层社会的灾害应急与恢复能力较低,未形成成熟的自救规则,政府必须介入才能促使受灾地区高效恢复。另外,政府介入过多,也极易导致救灾机制社会化偏低,社会力量参与自然灾害应对的需求降低。

自然灾害应对机制引入国家辅助性理论,应充分考虑我国的本土环境,不可盲目借鉴或套用。一方面,我国福利制度与社会保障机制尚不健全,适用国家辅助性理论的制度环境与成熟条件尚在完善过程中。另一方面,我国仍处于经济社会发展水平不高、社会组织发展不平衡的阶段,政府将长期在社会管理与公共服务中发挥主导作用,其他社会主体不具备政府享有的权力优势、财力优势与理性优势。因此,借鉴国家辅助性理论并不意味着放任政府置身事外,而是在强调政府应对责任的有限性的同时,承认灾区社会治理的多元趋势。

为了正确借鉴该理论,有必要对我国适用国家辅助性理论的基础条件予以明确。

第一,我国自然灾害应对存在多主体的客观事实。从基本内涵来看,存在多个主体是国家辅助性理论成功运用于自然灾害应对实践的前提。倘若只需要政府承担全部的灾害应对责任,并且不允许其他主体的参与或介入,体现的是一种全面的、唯一的政府责任,也就不需要额外设定或引入一项协调机制进行斡旋,毕竟国家辅助性理论下的政府责任具有明显的补位性。因此,自然灾害应对实践应当是多主体从不同层面、不同立场的参与。具体而言,可以从两个维度满足多主体的要求。在横向维度上,要求除了政府作为公权力机关主动或消极承担自然灾害应对工作之外,还要求企业实体、事业单位(如公立医疗机构、高等院校)、非政府组织、基层自治实体、个人等以应对主体的身份在不同的应对阶段承担相应的责任。区分不同的权力场域,目的在于划分政府与其他主体之间的界限。在纵向维度上,着眼于政府组织内部的主体划定。严格来说,从中央到省级政府,再到乡镇政府等各级人民政府均应以我国宪法背景下的组织架构作为主体资格的法定限制。

第二,自然灾害应对的特殊性符合国家辅助性理论的适用情形。国家辅助性理论起源初期强调国家对个人"生存照顾"的全面覆盖,但是全社会覆盖导致的高税收与财政支出的结果,反而是很多国家决定进行福利改革的直接原因。与其培养公民对政府的依赖,不如建立一种制度促使公民有自己的能力以及能够形成自己的意见。但是,发展后的国家辅助性理论被要求适用在特殊情形中,例如,国家或地区陷入战争、自然灾害、公共医疗卫生问题等应急情况或特殊时期,无论政府是否宣布进入紧急状态,行政机关都可以行使应急或紧急行政权予以回应。公民个人的生命权、健康权、安全权、财产权等自然权利遭受损害或威胁,却无法通过自身能力躲避危险或恢复原状,那么解决公民日常的生存问题是国家补位责任的核心内容。

在我国,自然灾害属于法定的突发性公共事件,符合国家辅助性理论对特殊情况或时期的限定。并且,自然灾害的发生直接威胁或损害受灾地区公民的基本权利,这是政府承担应对责任的根本原因。一旦发生较大或复杂的自然灾害,个人提前预测、躲避灾害损失的可能性不大,丧失生活材料时维持基本生存难以实现。因此,政府给付的援助一般是暂时性的物质内容。在实践语境下,自然灾害应对满足上述条件才能适用国家辅助性理论。

第三,我国现行法律规范对"社会自治"的承认。国家辅助性理论适用的法定条件之一——社会自治获得宪法或法律的确认,因为充分的自治地位与能力是保障个人或社会团体进入公共社会治理的资格条件。只有较小单位能够在一定事务范围内进行规则性的、秩序性的治理,才能鼓励政府将更多的权力赋予其他社会主体。

我国《居民委员会组织法》与《村民委员会组织法》确立了基层自治制度;《行政许可法》明确列举了市场可以调节的事项可以不设定行政许可,这是对市场自治的直接认可;《汶川地震灾后恢复重建条例》也指出受灾地区"自力更生、生产自救"的要求,其中就包括个人、社会组织或低层级人民政府作为自治主体进行灾后自我重建与恢复。总之,我国在法律层面与实践层面均积极推动"社会自治"的多方位实现。

第四,自然灾害应对能力与水平有明显的差异,且必须遵循一定的规则。国家辅助性理论下的多主体(政府、社会团体、个人等)存在治理能力的优劣,这是决定各自履行责任先后顺序的前提条件。倘若个人、社会团体或国家在躲避、抵抗自然灾害或恢复社会秩序方面具有相等的能力或条件,国家或社会团体介入自然灾害应对的现实将不可能发生,补位主体条件缺失,补位责任便不会产生。因此,较高层级或较大主体介入自然灾害应对的前提是,较低层级或较小主体在能力上不能弥补灾害损失。前者的优势在于,财物储备、人员调配、资源配置、业务专业等一项或多项能够满足灾害应对的实际需求,且后者难以在短期内配备或补足。

二、政府应对责任分担模式的他国经验

日本和美国确立的自然灾害应对中政府责任机制,明确了救灾主体不仅包括中央政府、地方政府以及基层政府,还包括公共机构、社会团体以及居民个人。而且,个人自救以及社区应对往往优先于政治实体与社会团体。从两国自然灾害应急与救援实践来看,重大、特大自然灾害发生时,个人与社会团体积极参与自然灾害应对的行为对政府责任的分担作用尤为显著。

(一)日本共助支援系统对多中心治理的实践

没有一个国家强大到仅依靠政府的力量就能完全应对各类自然

灾害的袭击与破坏,日本也不例外。2002 年内阁决议的《结构改革和经济财政的中期展望》提出"志愿者、NPO 等的活动是有限的"和"公共部门的低效"等问题,解决策略则是坚持"民间能做的救灾民间解决、地方能做的救灾地方解决"的原则,以构筑"小政府"。于是,《平成 2014 防灾白皮书》论述道:"在今后的防灾对策中,居民、企业自己保护自己的'自助',地区社会相互救助的'互助',以及国家、地方公共团体等政府政策的'公助',三者基于适当的角色分工,使居民、企业、地区社区、NPO 及政府各司其职是必要的。"〔25〕

目前,日本正在努力建成一个"由政府、社会团体和个人组成的全社会防灾体系",即多元参与、协同应对的治理结构。日本"3·11"大地震之后,日本应对灾害风险的理念发生转变,认为将自然灾害损失程度降到最低,需从"防灾"向"减灾"转变意识,〔26〕那么自然灾害应对可以转化为一项平时性、常规性的行政模式,市民社会的主观能动性需发挥积极作用。阪神·淡路大地震促使日本从"基于政府"向"基于社区"的防灾减灾模式转型,以完善"自助、共助、公助"的自然灾害应对体系。所谓自助,是指"灾民依靠自己和家人的力量在灾害中保全自己";共助,是指"借助邻居、民间组织、志愿者团体等的力量,互相帮助从事救助和救援活动",据统计 3000 多个市町村自主防灾组织率约达 60%;〔27〕公助,是指"国家和地方行政等公共机关的援助、救援活动"。〔28〕

阪神·淡路大地震神户市灾害对策本部的资料显示,自治会活动主要表现为"和行政联络、摆困难、提要求","治安活动"和"分发救灾

〔25〕[日]梶秀树、[日]冢越功:《城市防灾学:日本地震对策的理论与实践》,杜菲、王忠融译,电子工业出版社 2016 年版,第 167~168 页。

〔26〕王德迅:《日本危机管理体制研究》,中国社会科学出版社 2013 年版,第 313 页。

〔27〕申瑞瑞、融燕:《日本自然灾害应急机制对我国政府的启示——以"3·11"大地震应急措施为例》,载《北京电子科技学院学报》2011 年第 3 期。

〔28〕周永根、李瑞龙:《日本基于社区的灾害风险治理模式及其启示》,载《城市发展研究》2017 年第 5 期。

物资”。在兵库区和东滩区参加救援物资派发的自治会分别有 106 个(72.6%)和 70 个(23.3%);在长田区和兵库区参加灭火的自治会分别有 49 个(24.6%)和 34 个(23.3%)。自治会的救助支援因应对内容和损害程度不同而有所差异。

北淡町共助支援系统在避难所设置和物资分配方面起到很大作用。早期志愿者服务以个人志愿救助为主,后来成立了北淡町志愿者事务局,根据支援内容分为避难所、物资、町役所前小组、板房综合服务队、爱心队、心理帮助和“你好小组”。共助支援系统之所以能在地震中顺利开展救助工作,是因为取得了町役所的基本信任,并达成一致的援助协议,促使共助支援与公助支援的紧密联系。[29]

事实上,“日本公民这种团结互助、通力合作的风险应对精神”在自然灾害响应与重建中的体现,受到日本政府的高度重视,并推广至自然灾害预防与减灾过程。[30] 从日本共助支援系统的发展来看,形成有效的协调机制是消除行政权力与市民社会之间相互猜忌的关键,据此构建灾害管理信息共享平台,在合作与信任的氛围中形成高效的自然灾害防治体系。

(二)美国社会应对机制对政府责任的分担

美国的社会应对主体主要由私营企业、非政府组织、公民组织以及公民个人组成,在各类自然灾害应对中发挥了不可替代的作用。例如,1927 年密西西比河的洪水灾害应对实践表明,联邦政府对私人企业提供的救灾资源表现出极强的依赖。发生“卡特尼娜”飓风时,“尽管有 19.5 万的居民没有通电,大约 2/3 的输变电与配电系统被损坏或冲毁,第二大的发电机组被洪水浸湿,但由于其他设施公司的援

〔29〕 伍国春:《灾害救助的社会学研究——印尼、中国、日本案例比较》,北京大学出版社 2014 年版,第 127~135 页。

〔30〕 赵成根、尹海涛、顾林生:《国外大城市危机管理模式研究》,北京大学出版社 2007 年版,第 12、321 页。

助,南方电力公司(Southern Power)仅仅在12天内就修复了电力系统”。[31] 再如,沃尔玛捐献了1800万美元和超过25个空地设施给受灾地区。[32]

关键事实是,美国几乎所有的通信与能源设施都由私人控制,而且拥有雄厚的经济实力,这一点与我国明显不同。因此,一旦发生自然灾害,没有这些私人企业的参与,救灾效果将大打折扣。《2006年卡特里娜飓风后应急管理改革法案》提出“私人灾害应急者”,涵盖在《港口安全法》(Safe Ports Act)中“必要服务提供者”的范围内,特别包括了“私人且盈利的实体”。因此,《斯塔福德法》禁止联邦机构拒绝或妨碍私人公用事业公司进入灾害区域。相反地,CI/KR(Critical Infrastructure and Key Resources)部门协调委员会要求,在规划与应急工作中,公共部门应与基础设施的私人所有者或运营者形成友好关系。为此,FEMA被授权可以同私人实体签订合同以实现其具体的应急功能或使用相应的设备。

同私人企业一样,NGO在自然灾害应对中也发挥了重要作用。国家意外管理系统(NIMS)认为,“应急者”应当包括联邦、州、区域、团体、附属区域、地方政府、非政府组织、私人企业组织、重要基础设施所有者与运营者,和其他组织、个人等。[33] 以红十字会为例,由美国国会授权的独立的非政府组织,维系着国内和国家减灾系统,其使命是“向灾民提供救济,帮助人们预防、准备和应对紧急情况”,在通常情况下,以提供食物、避难处、紧急救援、灾害福利信息以及分发救灾物资等形式参与救灾行动。另外,红十字会还是重要的慈善组织,能够

---

〔31〕 Transmission & Distribution, Southern Company CEO Shares Details of Successful Hurricane Katrina Response with Senate Committee, Available at http://tdworld.com/hurricane-katrina-relief/Southern-Company-response,最后访问日期:2017年11月8日。

〔32〕 Wal-Mart, Fact Sheets, Available at http://walmartstores.com/FactsNews/FactSheets,最后访问日期:2017年11月8日。

〔33〕 Daniel A. Farber, James Ming Chen, Robert R. M. Verchick, Lisa Grow Sun, *Disaster Law and Policy*, Wolters Kluwer, 2015, p. 203.

发起较大规模的慈善募捐,促使社会资本广泛参与灾害救济。

社会学文献普遍认为,幸存者本身才是自然灾害发生时真正意义上的第一应急者,因为一旦他们脱离危险就会开始帮助家庭成员和邻居,并且受灾范围外的人们也希望能参与到援助中来。

"9·11"事件之后,志愿者精神与当地居民逐渐受到关注。布什总统随后组建的市民服务队(Citizen Corps)是非常著名的公民组织,其目的是通过教育、训练以及志愿服务促使每个社区更安全、更强壮以及做更好的准备以应对恐怖袭击、犯罪、公共卫生问题以及各类灾害。通常情况,为加强个人责任意识,市民服务组织会要求居民制作家庭预防计划、准备灾害必需品装备、开展家庭健康与安全训练等。并且,也会要求个人参与到志愿服务活动中,如第一应急小组、减灾组织、社区安全组织等。

卡特里娜飓风发生之后,FEMA 倡导一种新的灾害理念"YOYO",意指"你应当对自己负责"。当然,居民被建议制定灾害应急计划并准备救灾物资,但从一系列的调查中反映出,这项工作并不是开展的完全如意。[34] 但是,社会学者对这些数据的调查与分析,对于后期强化个人责任意识有明确的指引作用。

总的来看,日本与美国在长期的自然灾害应对实践中越来越重视社会团体与个人的防灾减灾作用,原因是清晰地认识到政府(尤其联邦或中央政府)并不是万能的。即使享有其他主体难以比拟的资源与人员优势,固有的权力架构、组织体系与运行机制也会对应对行动的效率造成阻滞。近年来,遭遇的政府债务危机也导致其财政救灾方面的乏力,为此需要承认其他组织与个人在自然灾害应对中的主体地位,借此将风险与责任进行适度的转移,促使全民防灾责任体系的建

---

〔34〕 例如,仅有 57%的受访者准备了所有类型的应急物资,但其中也仅有 42%在应急包中准备了电筒。参见 Fed. Emergency Mgmt. Agency, Personal Preparedness in America: Findings from the Citizen Corps National Survey 7(2009), Available at http://www. ready. gov. /personal-preparedness-survey-2009[hereinafter Findings],最后访问日期:2017 年 11 月 9 日。

立。这一点值得我国借鉴,我国自然灾害应对机制尚不健全,“全能政府”向“有限政府”过渡阶段对其他社会主体的认可有所改变。在“政府主导、社会参与、个人自救”的灾害应对原则下,有效界定政府与其他社会主体的互动关系、明确各社会主体的自然灾害责任,有利于明晰政府责任的主导性与有限性。

第二节 政府与社会组织的责任划分

通常情况下,我国“社会组织”与“非政府组织”“非营利组织”等概念有差异,也存在共性。广义上,社会组织泛指一切组织,而有学者将其狭义解释为“与政治和经济组织相对应和区别的其他组织”,类型限定为“准行政组织”“事业单位”“公益组织”“中介组织”四类。[35]该定义以早期我国社会组织的发展现状为基础,若置于现在论及的“治理”的语境则略显局促。2006 年《关于构建社会主义和谐社会若干重大问题的决定》对“社会组织参与公共服务与社会管理”作出安排。2007 年党的十七大报告再次强调“发挥社会组织在扩大群众参与、反映群众诉求方面的积极作用,增强社会自治功能”。至 2012 年,党的十八大对“形成现代化社会组织体制”的要求以及 2017 年党的十九大报告提出发挥社会组织在社区治理体系建设中的作用,“加强实现政府治理和社会调节、居民自治良性互动”。以上政策文件表明,我国社会组织的发展进入新的战略发展时期。

由政府主导的自然灾害应对机制,社会组织的渗入是经济社会发展与人民自治意识崛起的必然趋势。2008 年“5·12”汶川大地震和 2013 年“4·20”芦山大地震的灾害应对中,各类社会组织从自发到有

---

〔35〕 张尚仁:《“社会组织”的含义、功能与类型》,载《云南民族大学学报》(哲学社会科学版)2004 年第 2 期。

组织地参与救援,发挥了对公民行动预期之外的作用。即使全国社会组织在数量、类型与规模上有大幅提升,就自然灾害应对的专业性与针对性而言,也只算刚开始起步,提升社会组织治理能力是构建系统、高效防灾减灾机制的重要部分。其中,首先,要解决的是,哪些社会组织具备应对自然灾害的资质;其次,参与自然灾害应对的社会组织应当承担哪些责任或义务;最后,如何实现政府与社会组织之间的互动,从而划定政府承担自然灾害应对责任的界限。

本节拟讨论的三类社会组织,分别是基层自治组织、非营利组织以及企业实体,代表了其他社会主体参与自然灾害应对的自治性、非营利性与服务性。

一、政府与基层自治组织的责任划分

据悉,汶川地震直接受灾地区主要为四川、陕西和甘肃的农村地区。[36] 尤其在基层政府机构遭到灾害重创、管理机制松散的情况下,对农村灾害应急、救援与恢复重建而言无疑造成了二次伤害。当前,我国农村社区的自救互救能力较低,尚未形成系统有效的农村地区防灾减灾工作机制,实践中社区减灾模式单一、参与程度低以及政府主导等问题不容忽视。根据一项数据调查显示,73.1%的农户认为镇政府没有采取任何灾前防御措施,而村委会的主要职责表现在灾情数据上报和争取救灾物资上。[37] 同时,也有研究表明,亲属关系与邻里关系在紧急救援阶段变得紧密且高效。“由多个核心家庭组合成一个联合家庭,共享食物、水、住所等物资”,以维持各自的基本生存需求。[38] 在基层政府职能缺失的情况下,基层自治组织参与自然灾害

---

〔36〕 王绍玉、徐静珍:《汶川地震引发的农村安全社区建设思考》,载《城市减灾》2009年第3期。

〔37〕 黄牧乾、吴剑辉等:《农村社区自然灾害管理多元主体参与现状研究——基于广州市从化区的调查》,载《科技经济市场》2016年第2期。

〔38〕 李路路、李睿捷、赵延东:《自然灾害与农村社会关系结构的变革》,载《社会科学战线》2015年第1期。

应对,对于降低农村或社区灾害损失有不可替代的作用。

2008 年,中共十七届三中全会通过《中共中央关于推进农村改革发展若干重大问题的决定》,要求“建立健全农村应急管理体制”,“加强农村防灾减灾能力建设”“提高灾害处置能力和农民避灾自救能力”。2014 年,中央 1 号文件提出“完善和创新村民自治机制,充分发挥其他社会组织的积极功能”,“可以开展以社区、村民小组为基本单元的村民自治试点”。可见,农村社区防灾减灾能力的建设与村民自治体的发展有重要关联。农村或社区参与自然灾害应对的主体有乡(镇)政府、村(居)民委员会、村小组、村民、民兵、社工以及其他团体。其中,村(居)民委员会起上连政府、下接村民的桥梁作用,在自然灾害应对的基层治理中不可缺失。

(一)自然灾害应对中村(居)民委员会的责任

强调村(居)民委员会的灾害应当责任,出于两点考虑:其一,村(居)民委员会是我国法定的基层自治组织,由《村民委员会组织法》与《居民委员会组织法》直接规定。根据法律规定,村(居)委员会有权管理本村(社区)的公共事务和公益事业,组织村(居)民进行生产建设与经济发展。即使在社会管理中的行政职能越发明显,村(居)民委员会也不属于行政组织范畴,享有的自治权能保障其在自然灾害应对工作中的灵活性与合法性,是维持村(居)民基本生存需求与本村(社区)恢复发展的宪法权力。其二,与镇政府相比,村(居)民委员会在自然灾害应对中的自治决策更具号召力。村(居)民委员会由村民大会民主选举产生,除了本身自带的政治色彩外,我国乡土社会蕴含的“权、理、情”也应运而生。基于人情与宗族纽带产生的信任有利于村(居)民委员会组织开展自然灾害防御、应急、救援以及恢复重建等行动。

鉴于村(居)民委员会具有的特殊身份——基层自治组织与行政协助(或受托)者,村(居)民委员会在基层自然灾害应对中应承担双重职责,即行政职责与自治职责。行政职责,是指村(居)民委员会根据法律授权在防灾减灾活动中因行使行政管理权限而承担责任,以协助乡镇政府应对工作为主。[39] 我国乡镇数量多,且发展不一,辖域内下设若干行政(自然)村或社区,具有实现自然灾害应对网格化的组织基础。乡镇政府乐意将灾害应对事务委托给村(居)民委员会,有时也通过行政命令要求后者实施防灾减灾措施。自治职责,是指根据行政村(社区)所处地域的自然灾害分布现状,由村(居)民委员会组织村(居)民开展灾害防治、应急活动等,以满足本村(社区)灾害防治需求。这项职责源自村(居)民自治的意思一致,授权村(居)民委员会行使自治权限,其中也包括组织、引导本村(社区)内的自然灾害应对工作以管理本村事务。具体的防治责任则由村(居)民委员会决定,并交由村(居)民大会或村民代表会议集体通过。如图 2-1 所示,村(居)民委员会承担自然灾害应对责任由两部分组成。

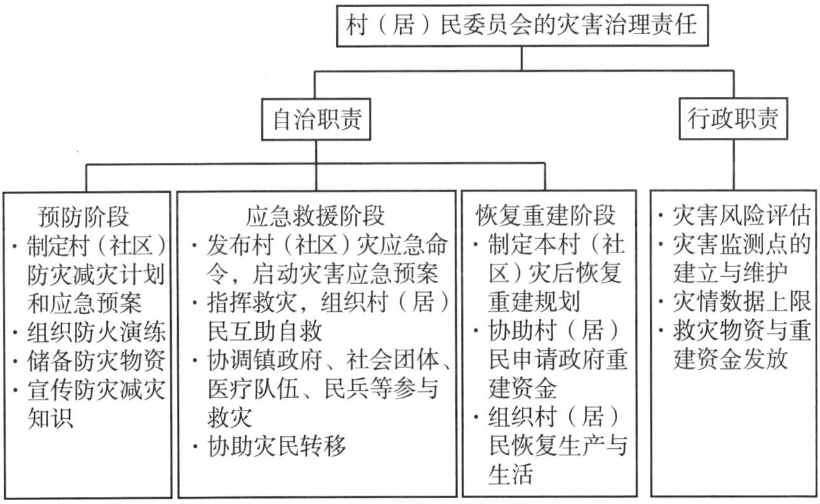

图 2-1　村(居)民委员会的应对责任

第一,行政职责的履行离不开村民委员会。通常情况下,乡镇政

---

〔39〕《村民委员会组织法》第 5 条第 2 款:"村民委员会协助乡、民族乡、镇的人民政府开展工作。"

府对所辖行政区内的自然灾害分布应随时掌握,如风险评估的原始数据、灾害监测点、灾情数据等,这是乡镇政府准确采取自然灾害应对措施的前提。灾害风险评估与监测点选取由乡镇政府派驻专业人员完成,村(居)民委员会积极配合,因后者对本村(社区)灾害分布现状与发生历史等情况掌握最多。对自然灾害有关情况和村(居)民事务的熟悉程度高,能高效促进多项数据的汇总与分析,如受灾人员、房屋损农作物损害等,并据此展开救援或帮扶工作。因此,将原属于乡镇政府的职权委托给村(居)民委员会,能够提高基层政府在自然灾害应对中的效率。

第二,根据自然灾害应对阶段的划分标准,可以将村(居)民委员会的自治职责设定为预防职责、应急救援职责以及恢复重建职责 3 个部分。预防职责体现在,村(居)民委员会采取防灾措施以提高村民减灾意识与救灾能力。根据灾害分布、人口分布、住房评估等掌握本村(社区)的灾害应对需求,制定本村(社区)内的防灾减灾规划与应急预案。具体而言,包括本村(社区)灾害响应级别及条件、启动程序、转移路线设计、避难场所建设与选取等;根据灾害发生频率开展定期或不定期的防灾减灾演练,如汛期来临之前有针对性地组织村(居)民进行逃生演练以应对洪涝、泥石流、滑坡等;加强防灾减灾知识的宣传,以提升自然灾害应对意识,如自备应急包、救灾物资储备等。应急救援职责可以表现为,先于政府发布应急决议,组织村(居)民开展自救;根据预先设定的逃生路线迅速转移,并协调各方力量展开后续救援。在恢复重建阶段,村(居)民委员会根据灾情与重建需求,制定本村(社区)恢复重建规划,协调村(民)民、政府、专家、社会组织等主体参与重建工作,并组织村(居)民申请灾后救助与重建资金等。

(二)政府与基层自治组织的互动

大多数村(居)民委员会把本村(社区)内的自然灾害应对事务视为“行政任务”,承担职责的出发点是完成“上级交代任务”,因为“近年来政府职能转变、部分法律法规授权”使村(居)民委员会在某些领域具备了独立的行政主体资格,[40]实践中对行政授权的范围予以扩大,以致村(居)民委员会的应对行为趋于行政化、功利化。

根据法律规定,乡镇政府与村(居)民委员会之间不是上下级行政隶属关系,而是指导与协助的关系。为纠正实践中乡镇政府的“过度越权行为”、村委会的“过度自治行为”与“依附行政行为”,[41]应当在理顺乡镇政府与村(居)民委员会法定关系的基础上,加强二者在农村自然灾害应对中的互动。从村(居)民委员会近年参与应急救援的表现来看,增强村委会的相对独立性是提升其防灾减灾能力的关键,因此需适当削减其承担的行政任务,并强化其对本村(社区)灾害防治的主观能动性。同时,村(居)民委员会与乡镇政府之间不存在“对抗性”关系,完全划清二者事务界限并不符合当前国家治理的要求,[42]因而承认村(居)民委员会的角色兼容性是厘清二者互动关系的前提。

在简政放权改革中,应突破乡镇管理体制改革的限制,将村民自治与国家管理有效衔接起来,促使国家政权与村民自治在农村自然灾害应对中的良性互动。具体做法是,“对县乡行政事务与村民事务予以划分,县(区)将必要的行政事务交由乡镇或街道办事处统筹,村民事务在自治范畴内由村民委员会管理”。[43]很显然,自然灾害应对并不能完全依赖某一级行政组织或自治体就能完成,角色兼容与事务交叉决定两种政权形式的并存与交互,表现为行政委托、行政指导以及协助行为。

其一,村(居)民委员会受乡镇政府的委托行使部分灾害事务管理权。行政委托,是指“行政机关委托行政机关系统以外的社会公权力

---

〔40〕 黄牧乾、吴剑辉等:《农村社区自然灾害管理多元主体参与现状研究——基于广州市从化区的调查》,载《科技经济市场》2016年第2期。

〔41〕 楼鲜丽:《村民自治下的乡镇政府与村委会关系研究》,载《新西部》(下半月)2008年第3期。

〔42〕 张丽琴、陈荣卓:《村委会独立于乡镇政府:或有的价值及可能的限制》,载《理论月刊》2009年第7期。

〔43〕 杨丹、徐继敏:《我国乡镇管理体制改革:现状、问题和思路》,载《四川师范大学学报》(社会科学版)2017年第1期。

组织或私权利组织,以该行政机关的名义行使某种行政职能、办理某种行政事务,并由该行政机关承担相应法律责任的制度”。[44] 根据《地方各级人民代表大会和地方各级人民政府组织法》第61条的规定,乡镇政府的职权包括文化、卫生、民政等行政工作,有关自然灾害应对的内容,如灾害风险评估、灾情预警、灾害救助审核、救助物资发放等,可以直接履行,也可以委托为基层自治组织行使,这是基层政府应对自然灾害的变通。

行政委托的实现应满足3个条件。首先,委托方与受托方主体合格,因为乡镇政府与村(居)民委员会分属行政主体与自治主体。其次,灾害风险评估、灾情预警维护、救助申请初审以及救助物资发放等受托事项属于乡镇应对自然灾害的职权内容,有权委托给其他主体,如村(居)民委员会。最后,委托事项由村(居)民委员会具体执行,是乡镇灾害应对行为的延伸,法律责任由乡镇政府承担。为保证村(居)民委员会防灾减灾的独立性与自主性,应在接受委托之前明确自然灾害应对的自治范围,以正确区分行政职责与自治职责。

其二,乡镇政府可以指导村(居)民委员会采取适当的灾害防治措施。所谓行政指导,是指“行政机关为谋求当事人作出或不作出一定行为以实现一定行政目的而在其职责范围内实施的指导、劝告、建议等不具有国家强制力且不直接产生法律效果的行为”,[45] 具备非强制性、示范性、专业性与选择性等特点。对村(居)民委员会而言,自治权存在一定的局限性,主要受我国乡村社会的封闭圈影响。本村自治事务大多为村民衣食住行以及集体经济组织发展,落脚于农民问题。具体到灾害防治这类事务,基层自治组织的认识与能力有限,较难在应对工作中体现针对性与专业性。并且,合同、外包等形式也不是我国

---

〔44〕 姜明安:《行政法与行政诉讼法》(第5版),北京大学出版社、高等教育出版社2011年版,第121页。

〔45〕 莫于川:《法治视野中的行政指导——论我国行政指导的合法性问题与法治化路径》,载《现代法学》2004年第3期。

乡村社会常见的治理方式，这一点与美国乡镇自治有显著差异。可见，乡镇政府对其进行行政指导便具有必要性。从预防到应急救援再到恢复重建阶段这一整个应对过程，结合本村（社区）自然灾害特点与灾害防治需求，村（居）民委员会应在乡镇政府的专业指导下选择采取应急演练、制定应急预案、村民自救、心理辅导等防灾减灾等措施。

其三，村（居）民委员会可以协助乡镇政府，这是法律明确规定的义务。“由于村委会对本村的情况比较了解，乡镇政府的行政工作如能得到村委会的协助，将会更加顺利。”〔46〕有学者认为行政协助的运用不太合适，这是无隶属关系的行政机关为执行公务的需要而相互之间提供便利与帮助的行为，鉴于村民委员会自治组织的特殊身份应当以委托行为视之。行政委托与行政协助有本质上的差异，前者是职能而非职权转移，后者是职权与职能均未发生转移。村民委员会的行政协助仅源自法律的直接规定，无论职权主体、行使程序以及行为后果均由乡镇政府直接承担。为此，自然灾害应对中的村（居）民委员会的行政协助受到限制。首先，协助事项限定为乡镇政府享有的自然灾害应对职权，超过这一权限的灾害事务村（居）民委员会可以拒绝；其次，协助程序由乡镇政府与村（居）委员会协商确定，不以行政命令为条件，但是应急状态下可以适当限缩后者的选择空间；最后，村（居）民委员会的协助仅限于法律事实，法律后果归属于乡镇政府。

通过明晰乡镇政府与村（居）民委员会在自然灾害应对机制中的关系，论证二者进行互动的必要性，有利于划分不同政权形式在基层灾害应对中的事权范围，从而确定基层政府的灾害应对责任。

二、政府与非营利组织的责任划分

“社会环境与制度环境的改善，公民社会理论的兴起，公民权利意

〔46〕 梁成意：《论乡镇政府与村委会指导协助关系之完善——关于〈村组法〉第五条的修改建议》，载《求实》2012 年第 11 期。

识的增强”,有效地促进了我国非营利组织的空前发展,朝着本土化与国际化、专业化与产品化、日常化与社会化、层级化与数字化等趋势进一步发展。[47] 截至2016年,全国共有社会组织70.2万个,相比上一年增长6%。其中,社会团体33.6万个,各类基金会5559个,民办非企业单位36.1万个。[48] 在我国,“第三部门”“非营利组织”“非政府组织”“志愿者组织”“公民社会组织”“慈善组织”“社区组织”等称谓在不同场合下均有使用,但侧重面有所区别。1998年国务院下设的社会团体管理局更名为民间组织管理局,促使“民间组织”的使用频率显著增高。[49] 本书使用“非营利组织”的概念,强调社会组织生存与发展的目的,即对社会价值或社会使命的追求。学者对“非营利组织”的界定有微小差异,有学者认为“非营利组织是由公民或者单位自愿组成,为了维护公共利益和扶助弱势群体,按照其章程开展活动的非行政性、非赢利性组织”;[50]有的学者主张“非营利性组织乃私法主体主导设立的非政府性、非营利性的组织,属私法组织”;[51]有的则认为“非盈利组织指在政府部门和以营利为目的的企业(市场部门)之外的一切志愿团体、社会组织或民间协会”。[52] 根据非营利组织特征描述,可以将其界定为同时具备组织性、民间性、非营利性、自治性与志

---

〔47〕 杨小强:《当代中国非营利组织的发展趋势》,载《中国青年政治学院学报》2013年第3期。

〔48〕 中华人民共和国民政部统计公报:《2016年社会服务发展统计公报》,载 http://www.mca.gov.cn/article/sj/tjgb/201708/20170800005382.shtml,最后访问日期:2017年11月20日。

〔49〕 唐晓强:《公益组织与灾害治理》,商务印书馆2011年版,第27~41页。

〔50〕 刘祖云、胡蓉:《中国社团的历史、现状及发展趋势初探》,载《学术论坛》2004年第1期。

〔51〕 伍治良:《我国非营利组织内涵及分类之民法定位》,载《法学评论》2014年第6期。

〔52〕 王名、刘国翰、何建宇:《中国社团改革:从政府选择到社会选择》,社会科学文献出版社2001年版,第12、17、166页。转引自唐斌:《中国非营利组织研究的新进展》,载《社会学研究》2005年第7期。

愿性的组织。[53]

公共危机的危害性决定了治理行动的公益性与慈善性，与非营利组织的行动目标与价值追求一致。实践中，仅依靠政府进行公共危机治理并不可行，发挥非营利组织在突发事件应对中的优势与作用成为当下危机治理的趋势。普遍认为，非营利组织参与公共危机治理具有专业优势、行动优势、资源动员优势、视角优势与细致化优势，能更好地发挥危机预警与宣传功能、社会动员与资源调度功能、稳定社会心理功能与关注弱势群体功能等。[54] 与政府相比，其非严格的组织结构与相对特殊的关注领域决定其行动的灵活性，在公共危机治理中能够给予不同群体关爱与救助。

（一）自然灾害应对中的非营利组织

近年来，非营利组织在自然灾害应对中的发展与活动受到广泛关注。据不完全统计，2008 年汶川地震灾害中，“参与、介入到地震灾区的公益组织有 400 余家”，如陕西妇女研究会、北京地球村环境教育中心等。非营利组织的优势在自然灾害应急救援中得到极大彰显，第一时间作出反应，协同不同类型的组织参与行动，并在灾后重建中深入灾区。[55] 实践表明，非营利组织与政府在自然灾害应对中的互动有更大的发展空间。

根据不同的划分标准，自然灾害应对中的非营利组织类型可以有多种表现。根据结构与任务维度的不同可以将非营利组织分为“旧结构旧任务”“旧结构新任务”“新结构旧任务”“新结构新任务”四类组织；[56] 根据组织背景以及与政府关系可以将非营利组织划分为“与政府关系密切且本土化程度较强”“与政府关系密切且国际化程度较高”

〔53〕 谢蕾：《西方非营利组织理论研究的新进展》，载《国家行政学院学报》2002 年第 1 期。

〔54〕 李书巧：《我国非政府组织参与公共危机管理研究》，载《理论月刊》2012 年第 6 期。

〔55〕 唐晓强：《公益组织与灾害治理》，商务印书馆 2011 年版，第 82~94 页。

〔56〕 See R. Dynes, *Organized Behavior in Disaster*, MA: Lexinton Books, 1970.

“与政府关系疏远但本土化程度很深”“与政府关系疏远但受国际影响深远”四类组织。[57]

也有学者根据非营利组织在灾害治理中的分工与功能定位，将其划分为运作型、协调型与资助型的三类组织。其中，运作型非营利组织在自然灾害应对中的专业化很高，因其产生与发展就围绕着特定的功能与定位提供专业化公共产品与服务；协调型非营利组织采取间接参与的途径，通常以信息共享、建构合作平台以及能力建设培训为服务内容，目的在于实现资源的有效整合；资助型非营利组织通常不直接参与救灾援助，而以金钱资助为主要参与形式，目的在于整合社会资本弥补政府救助的不足，且项目针对性极强。[58]

当然，也可以根据服务对象与内容的不同划分为侧重公共卫生、心理健康、特殊群体保障、物资发放、资金筹集、住房规划与重建等方面的组织类型，着重体现自然灾害救助的针对性。

本书在一定程度上较为赞成第三种分类方法，但非营利组织参与灾害应对的方式并非一成不变，其复杂程度决定其分类很难穷尽，自然灾害发生时极有可能因不同的救助需求产生新的组织类型。

（二）政府与非营利组织的关系

毋庸置疑，非营利组织在自然灾害应对中的地位与作用日益凸显，在不同应对阶段中体现的优势或地位可能超过某些政府作为，但是也面临一些制度障碍。首先，合法性问题亟待解决。《突发事件应对法》第 11 条规定“其他组织有义务参与突发事件应对工作”，实际上这是灾害应对的双重上位概念，但其并未明确非营利组织参与自然灾害应对的义务。《自然灾害救助条例》第 5 条列举的“红十字会、慈善会和公募基金会等社会组织”应当协助政府进行灾害救助。部分法律法规“鼓励”社会组织参与灾害应对。这样的规定模糊，缺乏制度设计

---

〔57〕 朱健刚、王超、胡明：《责任 · 行动 · 合作——汶川地震中 NGO 参与个案研究》，北京大学出版社 2009 年版，第 16 页。

〔58〕 唐晓强：《公益组织与灾害治理》，商务印书馆 2011 年版，第 97~145 页。

与细则规定，导致非营利组织“可以参加也可以不参加”。非营利组织的法律地位不清晰，导致其在实际运作时易遭到政府或民众的排斥或抗拒。其次，现有管理制度与监督机制使非营利组织逐渐丧失灵活性。目前，尚有大量“草根”组织游离于管理机制之外。严格的许可条件与双重管理体制提高了非营利组织的准入成本，同时接受政府组织的干预，使我国非营利组织的行政性与官僚化特征越发明显，内部结构与外部环境的双重压力导致非营利组织在灾害应对中容易暴露自身缺陷。另外，缺乏统一的行动规则，各组织之间行动分散、各自作业，导致灾害应对事务的分工不明。

鉴于此，依仗非营利组织主导自然灾害应对的做法，在我国没有制度支撑与实践借鉴。相反，由政府发挥主导作用、非营利组织承担协助责任，是当前可取的灾害应对路径。自然灾害应对主要是政府的职责，非营利组织在功能与目的上无法替代政府，因为宪法规定由政府履行救助职责以确保公民在贫困、年老、疾病或其他特殊情况下予以帮助。而且，国家与公民之间传统的依附关系决定了公民对政府的信任程度，最为无助时仍然期望政府行动，而非营利组织的身份认同未获得公民长期的信任基础。另外，政府的资源获取与调配能力加深了这份信任。

然而，主导作用并不意味着政府“全责”的可持续与可实现，因为公共资源有限使政府的负担与关注均有所侧重。比如，自然灾害防治与救助的规划往往将重心放在灾害易发地区、受灾严重地区以及灾民需求高的地区，也会随着自然灾害发生时间的推进，而调整政府应对的重心。这预示着非营利组织的应对空间，如何设计并提供公共服务与公共产品是其参与自然灾害应对的核心。可见，政府与非营利组织在角色与功能上具有互补性，只要做到合理分工便能展开高效的自然灾害应对。

非营利组织的协助与补充责任体现在三个方面。一是行动上的协助。非营利组织防灾减灾行动可以分布在不同应对阶段，组织的自治性与行动的灵活性可以有效规避行政体制所致的行动滞后性。非营利组织可协助政府或单独展开备灾行动,与基层政府或农村(社区)签订辅导协议形成长期合作,训练防灾预警与应急演练。不受过多程序限制,非营利组织可随时启动应急计划,如物资的募集与发放、医疗卫生紧急服务、道路恢复、废墟清理等。另外,精神卫生的恢复重建可以由非营利组织协助完成,因为政府救援的重心是灾民的基本生活保障,而不同群体的心理问题与精神状态可能受到忽视。二是自然灾害信息分享平台的构建。非营利组织能及时获取灾情信息并合理处理,引入信息技术手段以协助筛选预警信息,防止政府信息不透明或遗漏导致的应对延迟。那么,促使政府与非营利组织在信息管理上达成合意,由非营利组织参与建设并管理信息平台,政府提供资金支持与监督保障。三是救助资金的补充。公共财政是政府承担自然灾害应对的资金来源,引入社会资本能有效降低财政负担,通过募集应灾物资、捐款等形式实现。

(三)政府与非营利组织的互动

为推进政府与非营利组织实现最大程度的优势互补,政府应转变治理理念,积极引导非营利组织的参与,加强二者的合作与互助。实践中,政府与非营利组织的合作广泛存在于公共服务领域,如“紧急情况下的临时合作”“双方制度化的长期合作”“日常事务的协调沟通性合作”“为某一特定公共服务目标而建立的组织化合作”。学者将二者之间的互动模式分为“协同增效”“服务替代”“拾遗补阙”。[59] 通常情况下,公共危机处理中“弱制度化协同”是一种非正式合作关系,各自保留权力、互享信息、必要沟通协调,但不互担风险,这种合作关系往往在危机解除时终止。

吸纳非营利组织参与,并与政府保持长期、制度化的合作,是一种

---

〔59〕 汪锦军:《公共服务中的政府与非营利组织合作:三种模式分析》,载《中国行政管理》2009年第10期。

较为理想的互动模式,可以考虑两种方式予以推动。一种是通过双方签订合同确认非营利组织的契约主体身份,能够达到长期合作的目的。一般可适用于备灾阶段与恢复重建阶段,将具有特定服务对象或目的的内容以合同外包或项目委托的形式交由非营利组织,如定期防灾知识宣传、防灾能力提升、灾害信息分析、灾区文化重建等。合同确定的权利义务可以协商变动,所表现的灵活性有利于双方依据灾情变化及时调整自然灾害应对措施,形成高效、有序的协作关系。另一种则是在规范确定双方合作的权利义务,能形成规范化、稳定性强的制度或机制,双方在灾害应对中的资源分配与责任得以固定,这种方式适用于政府或非营利组织不能单独完成的应对任务。

三、政府与企业的责任划分

从1916年芝加哥大学克拉克(J. Maurice Clark)率先提出"企业承担社会责任中的一大部分",到企业社会回应、企业社会表现、利益相关者理论,再到最终的企业公民理论,企业社会责任思想有相对完整的发展历程,[60]但是至今尚未对企业社会责任的定义形成统一的认知。

欧盟将企业社会责任定义为"企业在自愿的基础上,将对社会和环境的关注融入其商业运作以及企业及其他利益相关方的相互关系中"。美国国际商业委员会则认为"企业社会责任是指公司对其社会角色所负担的责任,主要涉及公司商业道德、环境保护、员工待遇、人权和社会公益行动等问题"。在"责任铁律"原则下[61],企业社会责任是指特定时期社会对企业应该肩负义务或承担责任的特定期望。通识采行"企业公民"理论,将企业同时假想为"经纪人"、"社会人"与

---

〔60〕 侯怀霞:《企业社会责任的理论基础及其责任边界》,载《学习与探索》2014年第10期。

〔61〕 戴维斯(K. Davis)于1960年提出"责任铁律"原则,即"企业的社会责任必须与企业的社会权利相称"。

“道德人”，三种身份承担的责任有先后顺序：首先是经济责任，关注股东、企业员工等利益相关者；其次是社会责任，关注当地社区建设与生态环境的维护；最后是道德责任，一般行为要旨与弱势群体帮扶、灾难群体救助与慈善捐助相关。〔62〕

（一）自然灾害应对中的企业社会责任

在美国，企业在自然灾害应对中承担较多的责任。掌握能源与基础设施的实体往往具有私有性质，必然会介入自然灾害应对的某个特殊阶段，也因其迅速反应而受到政府的特别关注与支持。

日本的企业责任在自然灾害应对中表现形式多元。一方面，除了捐赠物资以外，“结合受灾地需求开展志愿活动，包括提供服务、开放设施、企业员工的志愿活动以及直接参与紧急救援行动”。通常情况下，日本企业具有较强的危机意识，通过建立危机管理机制、制定防灾规划与危机管理规程、开展备灾活动等措施提高企业自身的防灾减灾能力，在实现自救的同时及时参与社会救助。〔63〕 另一方面，便是灾害保险对政府财政的分担。自 1966 年日本国会颁布《日本地震保险法》与《日本地震再保险特别会计法案》后，经过长期的灾害应对实践，日本已经建立了相对完善的以地震灾害保险为主体的巨灾保险体系。〔64〕 在再保险制度的制约下，保险公司、地震再保险公司以及政府均应当承担一定比例的理赔责任。一旦灾害发生，投保人根据灾害损失向保险公司请求赔偿时，保险公司与政府会承担相应比例的赔偿责任（如表 2-1 所示）。这种再保险制度在很大程度上降低了保险公司的风险，并保障居民的基本利益，同时也分担一部分的政府责任。

〔62〕 李彦龙：《企业社会责任的基本内涵、理论基础和责任边界》，载《学术交流》2011 年第 2 期。

〔63〕 杨安华、田一：《企业参与灾害管理：日本应对 3·11 地震的实践与启示》，载《江海学刊》2016 年第 1 期。

〔64〕 本书主要对日本地震保险制度进行简单评述，其他灾害类型保险不提及。——笔者注

表 2-1　震灾保险中保险公司与政府的赔付比(2008 年)〔65〕

总损失额(亿日元)	保险公司负担(%)	政府负担(%)	说明
M<1100	100	0	初级巨灾损失:全额赔付
1100<M<17300	50	50	中级巨灾损失:超过 1100 亿元的部分案比例赔付
M>17300	5	95	高级巨灾损失:最高赔付 55000 亿元,超过 17300 亿元的部分按比例赔付

我国企业参与自然灾害应对的步调正在加快,自 2008 年南方雪灾后,先后经历了汶川大地震、芦山大地震,取得一定程度的发展。2008 年南方冰雪灾害发生时,中国移动调动所有可利用资源全力抢修通信设备和线路;原保监会要求简化理赔程序,在合理范围内赔偿灾害损失。〔66〕在汶川大地震中,企业积极参与的行为可圈可点,以捐款、物资帮助、灾害救助以及媒体宣传与引导等为主要表现形式。〔67〕芦山大地震发生后,私营部门开始以自发组织的形式参与自然灾害救助,百度、腾讯等互联网公司开展数据共享方面的合作,出租车、租车、物流等领域的企业为地震救援与恢复重建发挥重要作用。企业参与自然灾害应对的进步体现在"捐赠逐步规范化""逐步专业化""回应逐步精细化""逐步重视可持续性""逐步走向合作化"。〔68〕

企业承担自然灾害应对责任是其保障可持续发展的内在驱动,也是推进国家治理现代化的必然趋势。一般认为,除了政府与非营利组织基于公共利益的参与以外,企业更应发挥其优势作用——资源配置

〔65〕 姚国章:《日本灾害管理体系:研究与借鉴》,北京大学出版社 2009 年版,第 204 页。

〔66〕 张宁:《突发事件下企业应承担的社会责任研究》,载《桂海论丛》2008 年第 5 期。

〔67〕 许佳君:《论巨大自然灾害中的企业社会责任——以汶川地震为例》,载《河海大学学报》(哲学社会科学版)2009 年第 1 期。

〔68〕 杨安华、韩冰:《灾害管理中的企业参与:从汶川地震到芦山地震的演进》,载《中共四川省委党校学报》2017 年第 1 期。

的能动性与主观性,形成以“输血”与“造血”并举的责任分担模式。

但是,问题仍然存在。其一,不同性质的企业表现差强人意。国有企业与私营企业大多选择以资金或物资捐赠的形式参与,且国有企业明显多于私营企业。这种参与模式单一,易导致攀比现象滋生。其二,我国企业危机管理意识薄弱,未形成规范化的防灾规划传统,防灾减灾能力偏低。一旦自然灾害发生,部分企业也会成为受灾者,缺乏自然灾害应对常识,既难自救,也无暇承担其他灾害责任。其三,企业缺乏主人翁意识,主观意识造成其灾害应对的缺位。《突发事件应对法》规定了“公民、法人或其他组织”有义务参与突发事件应对工作,其中“法人”应当包括私营企业,但我国自然灾害应急管理体制未明确将其纳入应对主体范畴。并且,企业受“经济责任优先于社会责任、道德责任”的长期影响,通常保持“旁观者”的姿态,因而发生自然灾害时认为自己首先是“自保者”,然后才可能是帮助者,很少以应对主体的身份出发成为“责任者”。因此,学者提出应当通过立法或政策导向,加强企业参与灾害应对的制度环境营造,同时基于战略优势提升企业的灾害应对能力,促进企业参与的深度化与广度化。[69]

(二)企业与政府的互动

仅依靠我国行政组织承担自然灾害应对责任,是造成我国自然灾害防治水平提升困难的主要原因。随着简政放权改革的推进,引入市场机制与社会参与,是积极调动全社会灾害治理的重要途径,为此需积极引导政府与企业的互动。加强企业应对自然灾害的能力与水平,根据受灾地区发展与受灾者恢复的特殊需求,可以归纳出 4 种互动模式,清晰地反映了企业承担自然灾害应对责任的内容。

第一,常规“输血”模式,适用于自然灾害应急与救援。发生自然灾害时,企业可以向受灾地区输送救援物资、捐赠现金或支票、鼓励志

---

〔69〕 杨安华、韩冰:《灾害管理中的企业参与:从汶川地震到芦山地震的演进》,载《中共四川省委党校学报》2017 年第 1 期。

愿者参与救援等，这种方式常见且易操作。因具有短期性、及时性与补充性等特征，对满足救灾队伍与灾民的暂时的生活需求有积极影响。与政府调配物资相比，企业捐赠物资或划拨救助资金的程序相对简化，及时调动企业资金投入自然灾害应对的限制较小。企业“输血”行为因公益性与慈善性往往能获得企业高层的一致支持，一定程度上为政府的应急救助起到补充作用。

第二，开启“造血”模式，适用于灾后重建阶段的长期援助。恢复重建工作涉及人口转移安置、灾民生活秩序恢复、灾区经济秩序重建等，而政府具备“计划性”的重建措施一般在伤情处理、心理干预、基础设施恢复等方面能发挥较大实效，但推动灾区可持续发展的根本在于灾民就业问题的解决。〔70〕 在资源配置上享有独特优势的企业，能在政府鼓励与市场机制的共同刺激下投入社会资本为受灾地区或受灾居民创造就业机会，以尽快恢复或提升受灾个体自给自足的能力。因此，政府需要制定激励政策推动企业参与灾区重建机制的完善，并新设各类“招商引资”的项目实现受灾地区与企业的有效衔接。

第三，政府购买公共服务。传统的救助服务由政府提供，但随着政府治理理念的转变，政府购买公共服务的做法也逐渐推广至自然灾害应对中来。比如，我国台湾地区“9·21”大地震后，政府以直接资助、委托承办、项目支持等形式向社会福利机构购买精神服务项目，针对失依老人、儿童、单亲家庭、残障人士等开展心理辅导。〔71〕 在这种合作关系中，政府是服务购买者兼政策制定者，设置公共服务目的、规则与内容；企业是受灾地区的服务提供者，遵照政府制定的服务规则与双方协议提供定向服务。

比较常见购买方式有项目委托与服务合同。前者一般通过招投

〔70〕 李云雀：《企业参与灾害人口迁移安置的行为表现》，载《重庆社会科学》2016年第7期。

〔71〕 刘斌志：《政府购买社会工作服务模式探讨》，载《陕西行政学院学报》2008年第3期。

标方式进行,适用于重建灾区的基础设施建设、住房建设等项目,政府一般对招投标项目保留所有权,由企业参与竞价提供建设与维护服务,以最合理的重建成本向灾区受益者提供最优的基础服务。后者则适用于单一性、专业性强的服务项目,如精神服务、公共卫生、文化生活等,不涉及企业的委托经营权,而是直接由受托企业向受灾地区或居民提供服务。例如,灾害残余物的清理需要政府投入大量人力、物力与财力,直接向企业购买专项服务,利用其专业技术与人力资源能保证灾后清理工作的高效完成。

第四,灾害保险机制的引入。灾害保险制度在我国尚未发展起来,保险公司通常将自然灾害作为不可抗力的免责条款。一旦遭遇重大、特大灾害,受灾个人或组织难以通过保险条款向保险公司要求损失赔偿。实际上,这项制度却成为域外多个国家分担灾害损失的常用方式。美国与日本的灾害保险制度相对完善,在部分自然灾害风险较大的区域会采取强制性或优惠性政策督促居民参与巨灾保险计划。我国政府应积极探索灾害保险机制的建立,从风险控制与危机治理的层面上促进保险业与自然灾害应对的适当融合,并明确个人、企业与政府在这些机制中的责任分担比例。

第三节　政府与公民的责任划分

根据法律法规的规定,公民应当在自然灾害中承担应急与救助义务。例如,《突发事件应对法》直接规定为"公民义务",《自然灾害救助条例》规定个人可以在鼓励与引导的条件下参与捐赠与志愿者服务,《汶川灾后恢复重建条例》也规定公民参与灾后恢复重建工作。实践中,公民参与自然灾害应对的程度会受个人体征因素(如性别、学历、职业、收入)、物资供给、信息环境、心理环境(社会关系、政府公信力、应急教育与心理辅导)等因素的影响。[72] 但是,公民参与的积极程度越高,政府采取应对措施的成效会越大。

一、公民参与自然灾害应对的基础

首先,公民参与救灾工作,源自主观需求,或称为“生存的本能”。弗洛伊德将人格理论分为本我、自我与超我,其中由本我发展起来的各种需求需要适应现实限制与约束。美国心理学家马斯洛提出了著名的需求层次理论,认为人的本能逐渐表现为生理上的需要、安全上的需要、感情上的需要、尊重的需要与自我实现的需要。其中,饥、渴、衣、住、性等身体需求是维持基本生存需求与推动人类行动的动力,人类所有的器官、能量等得以满足均为追求相对安全的生存环境,以抵抗来自恶劣环境、事业或财产丧失、职业病、严酷行为等带来的生存危机。自然灾害对人类造成的损害可以表现为对生命健康的直接威胁与损害,以及对人类赖以生存的自然环境与社会环境的严重破坏。即使在过去没有明确国家责任的情况下,人类也会基于生存的本能与自然环境进行抗争,通过积极储备粮食、人口迁移等形式保证基本生存与家族延续。

其次,社会治理转型是公民参与自然灾害应对的制度背景。社会发展遵循社会形态进阶的一般规律,社会治理经历了个人责任阶段、有限责任阶段、强国家责任阶段以及现阶段内多元治理阶段。其中,政府与公民个人的角色定位与责任大小总是呈此消彼长的关系,直至现阶段公共行政理念转变与公民意识增强,使政府、社会、市场与个人均应在社会治理中承担相应的责任,且形成权力制约与责任互补的格局。我国从计划经济时代向市场自治的转型对社会治理提出了新的要求,公民应当转变对公权力机关的依附思想,促使公民参

[72] 张鼎华、程亮、李嘉莉、范旭:《突发电力灾害过程中公民行为的影响因素分析》,载《广州大学学报》(社会科学版)2016年第6期。

与社会自治能力的提升。于灾后社会治理而言,公民参与不可或缺。公民对政府的预期是推动政府积极应对的内生动力,政府对公民的引导是优化政府应对结构的客观基础。

最后,公民参与是对政府应对措施的补充行为,拥有独特优势。自然灾害应对事务呈多元化、复杂化与动态化等特点,往往因信息获取途径的匮乏、科层体制的复杂、救灾程序的严苛等原因致使政府决策与执行的效率低下,因此,仅有政府应对自然灾害俨然无法满足受灾地区的即时需求。相反地,公民个人是灾害信息资源的占有者与传递者,对灾害应对的及时反馈有助于政府应对策略的调整与完善。并且,“危急时刻发挥公民自救互救的及时性、就近性、广泛性的优势”,对分摊灾害应对所需成本以及弥补政府自身力量不足有关键作用。〔73〕

二、公民应对自然灾害的责任形式

有学者认为,突发事件中的公民义务分为一般公民义务与特殊公民义务,前者指向报告或通报、高度关注、服从以及自救互救义务,后者则指向负有特定职责或从事特殊职业的人员的行为。〔74〕也有学者在分析突发公共卫生事件中的责任关系时,认为个人的责任应当包括“服从责任、自我保护责任、约束自己行为责任等”,个人应“转变完全依赖政府的观念,积极参加社会医疗保障体系”。〔75〕根据自然灾害应对中各主体之间的关系,可以将公民的灾害应对责任分为自救责任、互助责任与配合责任。

公民个人的自救责任是指公民在自然灾害应对的各阶段有保护

---

〔73〕 龙献忠:《善治视野下城市型水灾害防治中的公民参与》,载《湖南科技大学学报》(社会科学版)2013 年第 5 期。

〔74〕 郝耀文、张汉霖等:《突发事件中公民的应急义务》,载《城市减灾》2011 年第 1 期。

〔75〕 徐继敏:《突发公共卫生事件中政府、社会组织和个人责任研究》,载《探索》2003 年第 4 期。

自己不遭受损害的义务。在自然灾害预防阶段,公民应当在社区或当地政府的防灾规划下准备应急物品包括食物、饮用水、手电筒、医疗包等;公民自建、翻修、扩修居住房屋等(通常农村住房或小产权房居多)应当遵守国家或地方有关建筑物抗震、防火、防洪等要求的法律法规或行业基准;个人或家庭应在防灾演练的基础上制定灾害逃生路线。公民在接到政府或社区有关灾害信息通报时,应及时确认个人或家庭应灾准备情况,必要时应自行转移至避难场所。一旦启动应急响应,应尽可能利用身边条件保护自己与家庭成员,尽可能将灾害信息传递给外界并积极寻求救援,参与到避难场所的寻找与搭建中,以保障基本的生存可能。进入恢复重建阶段后,公民对于灾后重建选址、社会规划、房屋建设、市政基础设施等涉及居住保障的重大决策应积极参与讨论、表决,并参与当地经济复苏计划的制定与运行,通过谋求就业途径保障生活与生产的正常秩序。

公民的互助责任是指公民在自然灾害应对的各阶段应发挥团结互助的精神,积极帮助他人免受灾害损失的义务。这项责任通常与道德约束、宗教信仰、家族理念紧密联系,一般在社区邻里或血缘家族中有突出体现。例如,灾害发生时,多个家庭会基于社区纽带或血缘关系组成临时大家庭,在食物、住房、信息等方面形成短期的共享关系。目前,互助责任一般以志愿者理论为支撑,即针对某一特定灾害防治主题成立志愿者组织,成员自愿加入,在一定地域内帮助自己和他人进行灾害预防、生命救援等。具体而言,公民个人参加社区或村集体组织的防灾减灾志愿者组织,协助完成防灾知识宣传、防灾演练、人员撤退、物资发放、帐篷搭建、道路清理等;灾区之外的志愿者组织通过直接参与救援、募集救灾款项、捐赠物资、心理干预、产业经济指导等活动援助受灾地区。

公民的配合责任是指公民在自然灾害应对的各阶段有积极配合政府、企业、社会组织等其他主体的义务。"配合"意在强调个人的特殊身份,不具备任何公权力或社会权力的色彩,通常可能集聚受害者、受益者以及责任者的身份于一体。不过分强调其在特殊情况下的责任强度,是为了充分保障对其基本权利的救济,尤其在灾害应急与救援中,往往要求政府及时、迅速展开行动,放大政府行为效果的同时对其他主体行为则有所限制。在这种情况下,个人应当服从政府的应急安排。为避免二次灾害的损伤,政府、学校等社会组织可以根据应急需求临时性限制公民、学生等的自由通行等。

确认公民应对自然灾害的责任是进一步确认政府与个人责任界限的前提。我国政府与公民之间的应对责任存在先后履行的顺序,这是适用国家辅助性理论的结果。公民个人率先在能力范围内履行自救责任,必要时应当积极帮助和配合其他主体参与灾害应急、救援与恢复重建。当公民遭受的灾害损失超过其承受能力,或无法依据自身资源恢复原状时,需要其他社会组织的介入与援助。但是,政府并非在灾害应对全过程中仅承担有限的补充责任,相反地,其主导作用在不同阶段均有所体现,只是表现形式不同而已。例如,在预防与恢复重建时政府责任的有限性较为突出,通常体现为组织、引导、适当资助等形式,而在应急阶段则以灾民需求为导向、政府行动为核心、社会参与为补充。

小　结

自然灾害应对是一个动态的治理过程,政府在每一个阶段的责任形式随角色变化而调整。从“介入”到“参与”,甚至适当条件下的“退出”,符合政府治理创新的基本精神。转型时期的中国具备发展福利多元社会的条件,这并不会影响市场经济的发展。实际上,福利政策下推动的自然灾害应对既是“多中心治理”理论下的“新生儿”,更是国家社会保障体制的具体体现。在公共行政中强调多中心治理,突出政府、社会团体与个人在自然灾害应对中的主体地位,福利思想的贯彻能保障政府履行第一顺位的社会保障责任。但是,要转变“全能政府”的传统行政理念,借鉴“国家辅助性理论”的精髓是划定政府、社会组织与个人应对自然灾害的权责与位阶的关键点。

长期以来,我国自然灾害应对被视为一项复杂且综合的民生工程,由政府主导防灾、减灾与救灾是常态,短期内扭转社会对政府的依赖局面不太现实,缺乏一种贯彻始终的法治责任理念。清晰地认识这一点,是完善自然灾害政府责任机制的关键。本章论述了政府与基层自治组织、政府与非营利组织、政府与企业实体以及政府与公民个人之间的关系,分析自然灾害应对中村(居)民委员会、非营利组织、企业以及个人承担的责任范围与形式,并对政府与其他社会主体的互动模式进行探索,既有利于划定政府责任,也有助于剖析自然灾害共治格局形成的基础。如能通过制度化、程序化的方式明细政府的自然灾害应对责任,创新政府治理模式、丰富社会参与机制以及强化个人责任意识,方能充分发挥政府责任在自然灾害应对中的效能。

第三章　自然灾害应对中政府责任的范围与类型

自然灾害应对中政府责任的范围与类型，既与其他场域主体承担的责任范围存有关联，又关系到政府间自然灾害责任的划分与法律调整范畴的界定。

自然灾害应对是一个复杂的、综合的、变化的过程，政府权力运行的状态与效果，随着应对时间的推移应有所调整，常规行政到应急行政再逐渐回落至常规行政，必然导致灾害应对措施的变动与差异。也就是说，政府会根据不同应对阶段的行政状态调整其事权范围与责任方式。一旦对政府的灾害事权范围进行限定，就可以依据应对措施关联的行政状态划分政府责任的类型，并明确责任对象与适用条件。

第一节　自然灾害政府责任的范围

如何科学、合理地界定自然灾害应对中政府责任的范围，是灾害行政法学的核心命题，其决定了政府灾害应对行为的作用界限,即设定政府行为的限制。第二章讨论的“灾害共治中的政府责任”,是在国家治理语境下讨论不同场域的应对主体行为与互动从而界定政府责任的边界,区分政府与其他社会主体在自然灾害应对中的作用,是横向上实现政府权力的限制。本章则在行政权力场域内,依据时间轴线界定政府应对自然灾害的事权内容,并不等同于前述政府与市场、社会等其他场域主体的责任区分,而是依据政府行政状态的更替界定并区分不同应对阶段的政府责任。根据行政状态与政府应对的不同,可区分为预防、应急与救济、重建等不同阶段的政府责任。

一、自然灾害预防阶段的政府责任

政府的预防责任,是指在常规行政状态下政府通过开展日常防灾管理活动,以达到防止自然灾害对居民或社区造成损害的目的。自然灾害危及人类安全或生存环境,如果不积极采取预防措施,政府将在灾害发生之际疲于应对。为防患于未然,政府应在常规行政状态下未雨绸缪,尽早采取自然灾害防御措施,并衔接于日常的行政管理活动中。

学者认为,常规行政通常具有两种功能,即“通过积极防范来降低突发公共事件的概率”与“辅助紧急行政的应急处理以维护或恢复遭破坏的公共秩序与公共安全”。通常,可以将突发事件出现之前的预防措施与结束之后的善后处理措施,以及应急中可能动用的其他非应急措施均划归为常规性行政措施。[1]

政府在承担灾害预防责任之前,需要回答这样的困惑,即预防措施作用于自然灾害还是人与社会?换言之,政府行为是预防灾害的发生还是预防灾害发生对人类造成的损害?如果是作用于自然灾害本

〔1〕 应松年主编:《突发公共事件应急处理法律制度研究》,国家行政学院出版社2006年版,第45页。

身,那么常规性的预防手段应围绕自然灾害环境与孕灾因子发生作用,可以人为干涉并减少灾害环境的孕育以及孕灾因子的产生。例如,山体水土的保持是预防滑坡的重要手段,如植树造林。当山体滑坡发生在人烟稀少的区域,对人类社会环境与生命健康未造成损害,植树造林这一措施是否可称为预防措施,并纳入政府应对自然灾害的责任范围? 毕竟,这种假设下不存在受灾体。当然,如果预防措施是为了防范自然灾害对人类造成损害,即对人发生作用力,而政府与居民作用力着眼于对防范灾害对人类造成的损害,即针对人发生效力,那么就会产生某种行政法律关系,确定为政府履责行为是可行的。鉴于此,政府预防责任的目的应当是,采取常规行政措施来预防自然灾害对人类的损害并保护居民的基本权利。如下所述,对基本特点的归纳有利于进一步明确预防责任的适用情形。

(一)政府通常采取常规性行政措施进行防灾管理

政府的灾害预防行为一般以常规性措施为主,由政府所处的公权力状态所决定。首先,在无突发情况发生的前提下,政府的日常防灾管理应当遵循行政组织内部的权力运行机制,即“自上而下”的领导与命令和“自下而上”的服从与汇报。也就是说,政府在预防阶段的行政权力不能突破行政体制的界限,上级政府直接干预与下级政府越级上报的做法原则上不被常规行政接纳。因此,所谓的“常规性”意指对我国科层制权力运行轨迹的遵从。其次,常规性行政措施应当是每一级政府组织依靠自身能力足以实现的,即在权责利一致的原则下,各级政府组织享有的防灾管理权限与实现的服务职能应足以支撑预防措施的实施,并达到较为理想的防治效应。最后,采取或维持这类措施是日常防灾管理不可或缺的组成部分,行政强制性不太突出,有时甚至需要相对人事先的认可或配合,或以物质奖励的方式刺激相对人的反应。但就政府而言,采取预防措施却是强制性的职责,目的是减轻灾害应对的事后责任或风险。

(二)政府行政措施以预防为直接目的

预防,意为“预先做好事物发展过程中可能出现偏离主观预期轨道或客观普遍规律的应对措施”，即“预先做好应急的准备”。我们认为，政府在该阶段采取的行政措施应当首先以“防患于未然”为直接目的，因为自然灾害的发生虽然可以通过卫星等高新科技技术进行预测，但是否最终发生、何时发生、发生的程度与地点以及破坏性等问题均属于未知范畴。假如自然灾害不会发生而未采取任何减轻或消除损失的行动，那么灾害突发将造成不可估量的损失。

因此，常规性措施以灾害的发生为前提，即假设某一特定或某类自然灾害已经发生——通常根据对孕灾环境的监测与孕灾因子的掌握进行判断，政府应当采取何种措施才足以最大限度地降低灾害损失。当然，自然灾害属于概率性事件，即使政府进行全方位预测与防备，也可能因灾害影响过大或方法不合理等因素而使预防效果大打折扣。其根本原因在于，预防措施毕竟是人为干预行为，对尚未发生的自然灾害而言，灾害防治的作用效果仍然有限，是否足以阻止灾害发生抑或消减灾害影响，并无定论。

（三）政府预防措施针对人实施

对于大多数自然灾害而言，政府干预很难有效阻止自然灾害，因为无法准确获知灾害的发生时间、发生规模或发生速度，对社会秩序造成的破坏也是事先无法预估的，因此，预防措施一般以人为作用对象。一方面，政府灾害应对的根本目的是保障人的生命、健康与安全，如果离开了对人与社会的关注，则任何措施均会失去实践意义。另一方面，预防措施并不能阻止灾害的发生，相反地，只要面向人类社会的预防措施能够被合理、适时地实施，便能最大限度地发挥效用，充分实现防备行为的实践价值。

（四）预防措施应在灾害尚未发生之前采取

从时效推进来看，政府采取预防措施一定是在自然灾害尚未发生之前。一旦自然灾害发生，政府行政状态就由常规向应急转化，由此衍生的行政措施的目的明确。当对自然灾害发生信息预估准确时，预防措施的效益范围将覆盖全部或大部分灾害影响范围；当错误预估或完全偏离预测轨道时，政府行为将部分或完全不可能达到防御效果。可以这么认为，自然灾害的发生意味着预防措施的终止。但是，需明确的是，自然灾害的可能性与预防的必然性是政府在预防阶段承担责任的前置条件。如果某一特定自然灾害或某类灾害确定不会发生，政府就没有必要在常规行政中实施防灾管理措施。

二、自然灾害应急与救济阶段的政府责任

政府的应急与救济责任，是指在紧急行政状态下，政府通过采取非常规性措施以承担对公民基本权利的保护责任与对社会秩序的维护责任。紧急行政最直接的特点便是政府能及时启动应急机制，并有针对性地实施应急管理措施。通常情况下，紧急行政的启动有三种方式，包括"自动启动"、"行政机关自行决定并实施应急措施"与"依据权力机关或其他有权机关的决定而启动"，[2]无论是哪一种方式紧急性与及时性均应得以体现。与预防阶段不同的是，政府的应急行政措施可以不按照科层制下的权力运行规则实施，本级政府或上一级政府作出应急决定并不是裁量权使然，而是对自然灾害性质与等级的判断。因此，进一步分析应急措施的实施要点将有助于明确政府应急与救济责任的实现方式。

（一）政府应急与救济措施的客体是人类生存权、财产权与社会秩序

《突发公共事件应对法》将自然灾害确定为"突发公共事件"的一种类型，除了社会介入因素较弱以外，同样兼具"大""急""公"三个特性，强调作为突发性事件所体现的公共属性——维护公共利益，保障受灾居民的生命权、财产权并维护受灾地区的公共秩序。

从应急实践来看，抢救受灾群体的生命是第一要务。无论是发动解放军、消防官兵搜救生还人员，还是转移安置并发放救灾物资，抑或

[2] 应松年主编：《突发公共事件应急处理法律制度研究》，国家行政学院出版社 2006 年版，第 57 页。

是医护人员的抢救等，均是对受灾个体生命权、健康权的保障。此外，自然灾害同时也破坏公共秩序。公共秩序的形成需要居民长期生活达成默契并获得认同，当自然灾害对人类生存构成威胁或损害时，仅依靠其残损的自治力进行修复的作用微小，至于灾后社会是否存在都属未知。此时，仰仗政府的应急行为强行干预对公共秩序的修复进程，从外部输送救灾资源能在较短时间内促使灾区社会的修复。

（二）政府应急措施呈现多样性

自然灾害应急管理涉及多种利害关系，采取的应急措施是多种行政行为的集合，故呈现多样性。

其一，基于对生命权的救济与维持，行政救助是灾害应急初期的主要行政行为。当自然灾害"突然"发生或超出灾区社会的应对能力时，居民或社区丧失自救能力；政府却能及时、迅速调动储备物资，动员其他政府部门或社会主体参与应急救援。既有法律规定了政府履行行政救助的职责，一般要求实施人员搜救、发放救助物资、临时安置住房等措施以实现受灾群体的生存保障。

其二，基于对社会稳定的控制与对社会秩序的恢复，实施行政强制、行政征用是常用的应急手段。政府可以实施临时交通管制，强制封锁救援的交通要道，或者要求车辆限制通行，以保证生命线畅通，也可以强制要求受灾个体临时性地集体安置或迁移，便于政府提供基本生存需求的公共服务，甚至可以基于救援需求，对私人住宅、建筑物、物资等个人财产或集体财产临时征用或征收，但需提供行政补偿方案。

其三，政府在救援中会提供一定的行政指导或行政协助。行政指导对传达政府应急处理意图、实现紧急行政目标有重要意义，包括上级政府对下级政府的内部指导行为，如上级政府根据掌握的灾害信息与自身优势指导下级政府开展应急活动，以及针对社会公众的外部指导行为，如政府要求公共医疗机构指导灾区居民对身体健康与心理卫生的判断等。行政协助也是运用频繁的应急方式，如同级政府之间请求应急援助与职能部门之间协助救援等。

(三)应急与救济措施的实施应有所限制——充分且必要

在紧急行政状态下,政府的应急管理需要依靠强制力保障才能得以实现,非常规的强制行为却缺乏常规性、制度化的程序规则予以约束,极易导致应急措施的滥用。为此,需要对政府实施应急管理措施设定限制。首先,只有当应急措施的主体、权限、范围、方式等要素与灾害事件的要素匹配时,才具备启动应急响应、实施应急措施的条件。其次,应急措施的作用范围不能超出灾害影响范围,即应当足以阻止灾害影响的扩大,但实施应急管理措施对其他主体造成的负面影响应有所控制。此外,实施应急措施的必要性体现在,应急措施的强制力越大公民自由削减越多,启动与实施程序越完备紧急行政权越理性。因此,应当根据自然灾害情况与影响程度判断采取应急措施的必要限度,要求其符合比例原则,即在公共利益与个人权利之间促成相对的平衡。[3]

三、自然灾害重建阶段的政府责任

政府的恢复重建责任,是指从紧急行政向常规行政过渡的状态下政府通过采取非常规与常规并举的行政措施,进而承担起促进个人生存与发展能力恢复以及灾后经济社会修复的责任。实践中,灾后恢复是一个覆盖政治、经济、文化等多种要素的长期命题,地方当局往往根据恢复需求制定短期、中期与长期的重建规划。这表明政府在权力状态更替中会逐渐调整角色与责任。与前述阶段不同,其他社会主体的参与热情与程度因应急需求被积极调动,需要政府提供足够的空间履行恰当的社会责任,这个时期的政府责任更加强调基础性与有限性,即有限的社会保障责任。

〔3〕 应松年主编:《突发公共事件应急处理法律制度研究》,国家行政学院出版社 2006 年版,第 84~85 页。

（一）行政状态的过渡决定政府角色与责任的调整

恢复重建阶段的政府权力并非一成不变，这与灾害预防与应急有显著区别。自应急阶段转至恢复重建时期，紧急行政状态不会立即消失，政府在短期内仍会主导恢复重建的进程，制定重建规划并采取重建措施，表现出较强的强制性。重建初期，政府行为的目的是，通过积极介入并主动干预加快灾区社会的恢复进度，以短期规划的形式予以体现。一旦受灾地区的秩序（生活秩序与重建秩序）趋于稳定后，政府会适当减轻强制措施的运用频率与范围，而灾区政府的日常管理能力也得到修复，逐渐过渡到常规性的灾害管理状态是必然。

政府一般比较集中地关心受灾严重地区，且援助方式以物质保障为主，至于心理、特殊群体、文化建设等其他需求则有所忽视，此时大量涌现的社会组织在一定程度上弥补了政府行为的空白。新增重建"合作者"，促使政府将部分灾后重建事权委托或以其他方式交由社会组织承担。于是，受灾者自治能力与受灾地区社会秩序逐渐恢复后，政府的灾害应对则作出适当让步。比较理想的状态是，由个人与社会履行日常防灾减灾的主要义务，政府退至次位并承担补充责任。

（二）重建阶段的政府责任应是基础的且有限的

重建阶段是政府与社会恢复相对理性的重要时期，没有维护生命权的迫切需求，政府会根据灾区实际需求提供匹配的公共福祉服务。政府承担的重建责任，既不能违背道义与法律设定，又需为社会参与提供充分且必要的空间。根据宪法与法律的规定，这项责任强调基础性——促使公民个人基本生活能力的恢复，据此采行的公共福祉项目以基本权利保障为核心内容。另外，行政状态的变迁带来政府责任的调整，要求责任分担模式有所改变。多元主体之间最易在重建期形成制度化的合作，以促进公共利益与私人权益的相对平衡。政府应尊重灾民或灾区社会的重建诉求，适当削减干预型重建措施，充分发挥公民与社会组织的创造力，促进灾后恢复重建自治能力的提升。

第二节　自然灾害政府责任的类型

区分政府自然灾害预防、应急与救援、重建等阶段的政府责任,主要受行政状态调整的影响,并不意味各阶段的政府责任完全独立,相反政府所采取的应对措施亦会发生性质竞合。在时效推进中剖析行政状态的更替以限定政府责任的范围,为自然灾害应对责任的类型化划定边界。为此,本节未遵照阶段责任的区分标准,而是依据行政行为及所涉法益将政府应对责任划分为物资储备责任、生命安全保障责任、住房保障责任、资助责任等职责型责任,以及补偿责任与赔偿责任等后果型责任,就定义、作用、形式以及救济可能性等内容进行阐述。

一、救灾物资储备责任

纵观历代皇朝防灾史,仓储备荒是典型的预防措施,是古代封建农业国家维持正常运转的保障,为政府组织减灾、救灾提供了丰厚的物质基础。在针对唐代关中水旱灾害的赈济中,正仓、永丰仓、太仓、义仓与常平仓均发挥了不同程度的救灾作用。[4] 不过,近现代仓储制度多表现为灾后粮食救济。随着对自然灾害研究的细致深入,不同类型的自然灾害对救灾储备的需求有所不同。

2008 年我国南方大部分地区发生低温雨雪冰冻灾害,约 20 个省份均遭受不同程度的低温损害,造成死亡人数 129 人、失踪人数 4 人、紧急转移安置 166 万人;农村受灾面积高达 1.78 亿亩,绝收 2536 万亩;房屋倒塌 48.5 万间,损害房屋 168.6 万间。[5] 这场灾害造成的

〔4〕 潘明娟:《汉唐关中自然灾害的政府应对策略研究》,中国社会科学出版社 2013 年版,第 118~129 页。

〔5〕 参见民政部网:http://www.mca.gov.cn/article/zwgk/mzyw/200802/20080200011960.shtml,最后访问日期:2017 年 12 月 26 日。

损失主要表现为交通运输瘫痪、电力设施毁损严重、电煤供应告急、工业企业停产、农业林业遭受重创以及居民生活影响不便等。[6] 政府的灾害应对行为可圈可点，但仍然暴露出我国应急管理机制存在的漏洞与不足，特别是政府救灾物资储备体系不能适应我国应急管理的需求。例如，救灾物资储备的种类单一，主要是棉、单帐篷，而衣服、食物、饮用水、照明与取暖等不在储备单中；救灾物资储备量明显不足；仓储布局不平衡导致因调运困难而迟滞救灾。实践证明，建立从中央到地方的救灾物资储备体系，对于我国应对自然灾害并降低灾害损失有重要意义。[7]

在既有规定中，《自然灾害救助条例》（2010 年）在“救助准备”专章中要求国家建立“自然灾害救助物资储备制度”，中央由民政部会同财政部、发展改革部制定救助物资储备规划与储备库规划，地方上由设区的市以上人民政府与灾害多发县政府设立救助物资储备库。此外，《中央级救灾储备物资管理办法》（2002 年）对我国救灾储备物资的采购、管理、调拨、使用、回收与责罚等作了统一规范，并设定了地方申请中央物资储备援助的相关条件；《中央救灾物资储备库管理暂行办法》（2012 年）对“救灾物资储备库”进行界定，并明确了民政部、省级人民政府民政部门分别作为业务领导与承担主体的职责范围。

地方政府根据灾害应对需求出台了规章，对本省物资储备管理进行规范，例如，《四川省救灾物资管理办法》扩大了救灾物资储备中心的建立任务，在《自然灾害救助条例》的规定上明确“自然灾害多发的乡镇（街道办事处）和远离乡镇的边远村落建立救灾物资储备点”；《山东省救灾物资储备库管理办法》则严格遵循上位法的规定，并在物资入库、出库与管理方面设定严格的程序。

---

〔6〕 张平：《国务院关于抗击低温雨雪冰冻灾害及灾后重建工作情况的报告》，载《全国人民代表大会常务委员会公报》2008 年第 4 号。

〔7〕 郝时远主编：《特大自然灾害与社会危机应对机制》，社会科学文献出版社 2013 年版，第 21 页。

截至2015年,民政部在北京、哈尔滨、合肥、福州、郑州、成都、拉萨、兰州、乌鲁木齐等地设立了19个中央救灾物资储备库,各省(自治区、直辖市)和多灾易灾的地市、县(区)设立了本级救灾物资储备库,基本形成"中央—省—市—县"四级储备体系。[8] 为了充分发挥救灾物资储备库在灾害应对中的重要作用,对政府的物资储备责任应有更为细致的反思与考量。

(一)明确落实各级政府救灾物资储备的主体责任

《关于加强自然灾害救助物资储备体系建设的指导意见》(2015年)(以下简称《物资储备指导意见》)首次提出,应根据我国基本国情将储备体系延伸至乡镇一级,形成以"中央—省—市—县—乡"为基本结构的救灾物资储备体系,积极发挥乡镇与社区的补充功能。市、县、乡等基层政府是自然灾害应对的地方责任主体,乡镇(或街道办事处)对于灾害预防准备的程度影响地方政府的救灾效率。因此,有必要在乡镇甚至灾害多发的行政村、社区设立储备点,以提高基层政府的应对能力。同时,鉴于我国财税制度的运行规律,在确立中央与地方救灾物资储备职责的基础上赋予乡镇一定的财政权或通过其他支付方式保障储备资金的来源。

(二)与社会主体合作并积极探索物资储备方式

社会主体的参与为政府履行储备责任的履行提供了多元化的途径,尤其在预防阶段纳入企业与个人有利于完善"政府储备为主、社会储备为辅"的救灾物资储备机制。各省应根据区域特点、救灾需求、储备能力等积极拓展多种储备方式,如协议储备、企业代储、生产能力储备与家庭储备等。中央应加强与基本生活需求相关的各类实物储备,保障中央储备库的核心调配职能;省级政府则兼采实物储备与能力储备的方式,提高应急物资的后续支援效力;基层政府则应加强家

[8] 参见民政部等九部门联合印发的《关于加强自然灾害救助物资储备体系建设的指导意见》(2015年)。

庭物资储备的推广与覆盖,以实物储备为主要形式。

(三)根据灾害应对需求丰富储备物资种类

在很大程度上,预防阶段储备的物资是为应急与救援中提供保障灾民基本生活需求的物资而服务的,应避免实践中救援物资单一的弊端以促使应急救灾的全面化与高效性。当然,自然灾害应对中存在不同的政府职能划分,决定了从中央到地方各级政府储备物资的种类也存有差异。根据《物资储备指导意见》的建议,对于具有需求量大、价值高、定制要求、生产周期长等特点的物资,如救灾帐篷、棉衣、棉被、简易厕所等,可以由中央进行储备;省级政府可以在中央储备的基础上,根据区域救灾特点储备如简易帐篷、净水器、淋浴房、应急灯等价值较高的物资;市县级政府则可储备毛毯、毛巾被、凉席、蚊帐等价值较低的物资;乡镇、社区或村舍则可根据行政管辖内的人口数量、灾害分布特点等储备相当数量的棉衣、棉被、应急救援工具以及应急食品、饮用水等物资。分级、分类储备救灾物资体现了我国物资储备体系的高效性与及时性。

(四)细化政府物资储备管理责任

政府建立自然灾害救助物资储备制度,经过规划、组织、实施等过程,在全国范围内从中央到省、市、县、乡分别设立储备库,甚至延伸到部分村舍或社区,维系并运行这样庞大的储备库体系需要各级政府细化责任范围、明确履责程序以及严格履行责任。其一,救灾储备物资的采购应依照《政府采购法》规定的程序,区分物资种类分别适用公开招标、竞争性谈判、单一来源采购、询价等方式,不得滥用采购预算经费。其二,救灾储备物资的管理包括入库、保管、出库、质量安全监测等,实行封闭式的专库管理方式,要求任何程序均应有完备的凭证手续。其三,救灾储备物资的调拨必须与自然灾害发生直接相关,先启用灾害地的储备库,在不足以应对灾害需求的情况下,再向上级或中央申请储备援助,提交书面申请详细阐述事实与理由。其四,省级民政部门与其他地方民政局负责对物资使用实施指导与监督,并在灾害应对结束后收回、清洁与整理可回收物资。

二、生命安全保障责任

自然灾害对人类生命安全造成的威胁或损害最为显著,死亡与受伤人数能直接反映灾害的损害程度与影响范围。例如,2008 年南方低温雨雪冰冻灾害造成 129 人死亡、4 人失踪;2008 年“5 · 12”汶川大地震造成四川、甘肃、陕西、重庆等省(区、市)69227 人死亡、17923 人失踪、374643 人受伤;[9] 2017 年四川茂县高位塌方造成 62 户 100 余人被掩埋,截至 6 月 27 日已造成 10 人死亡、73 人失联。[10] 根据《国家自然灾害救助应急预案》的规定,死亡人数是重要的划分标准,依据死亡人数超过 200 人、100 人以上 200 人以下、50 人以上 100 人以下与 20 人以上 50 人以下,再配以其他灾害影响条件,可以将国家自然灾害救助应急响应分为Ⅰ、Ⅱ、Ⅲ、Ⅳ四级机制。

可见,无论是预防、应急救援抑或恢复重建,政府均应当以保障公民的生命安全与基本生存为基础责任。首先,公民基本权利与政府保障责任有紧密相关性。这是本书最初探讨的政府责任正当性的基础关系,即公民统治权力委托给国家,由政府具体行使公权力。由于公民对自身权利维护的需求,要求配以公共权力的政府应当对权力的授予者承担保障其基本权利并提供相关公共服务的责任。生命权则是最为重要的公民自然权利之一,政府理应在其遭到外在威胁或危险的情况下提供安全保障服务。其次,个人生命权的维护是灾区社会恢复与再发展的前提。此处强调责任的“基础性”,意在重视个人生命权的宪法意义,以及政府保障义务的重要性。那么,政府在自然灾害中对生命权的救助应当包括两个层面:一是生命的救治;二是生存的维系。

---

〔9〕 中华人民共和国国土资源部:《国土资源部汶川特大地质救灾重建志》,海洋出版社 2013 年版,第 2 页。

〔10〕 国家减灾网:http://www. jianzai. gov. cn//DRpublish/ztzl/0000000000024385. html,最后访问日期:2017 年 12 月 27 日。

只有同时做到以上两点,政府才能在后续灾后重建过程中顺利实施社区复兴规划。最后,死亡人数与受伤人数能直接反映灾害严重程度进而影响政府救灾措施的实施。对各类自然灾害造成死亡人数与受伤人数的统计与分析,是行政当局建立防灾减灾机制的基础数据,这也直接决定了我国政府防灾规划的导向。

政府一般通过以下行政措施履行生命安全保障责任:

(一)生还人员的搜救与医治

由当地政府会同军队、医疗机构对自然灾害中生还人员进行搜救与救治。通常情况下,当地政府应立即组织基层应急队伍开展自救互救,并协调当地解放军、武警、民兵、预备役部队等组成救援队,运用吊车、生命探测仪、无人机、搜救犬等搜救工具抢救尚有生命迹象的受灾者,必要情况下也会请求上级政府支援。灾害发生地的公立医院具体承担伤亡人员的救治义务。在医疗设备与技术允许的情况下,县级以上卫生部门与医疗机构应当派驻足够的医护人员进入灾区临时组建的医疗点,与上级医疗机构或医疗志愿队伍形成配合,提供现场紧急医疗救治,并现场向救援队与志愿者宣传必要的医疗救助知识。同时,加强对救护车、医疗器械、药品和血浆的组织调度,确保受伤人员的及时医治,最大限度减少伤员致死、致残。此外,当地医院还应做足灾害应急准备,为转入伤病员提供必要的、持续的医疗救助服务。

(二)紧急转移受灾群众并妥善安置

在灾害预警与发生之时,当地政府应及时协调基层应急队伍与相关部门紧急转移村(居)民,最大限度减小人员伤亡。当地人民政府、基层自治组织一旦接到灾害险情报告,应当根据灾害实际情况采取动员或强制的方式进行紧急转移。通常情况下,积极动员受灾害威胁的个人或家庭按照预先设定的逃生路线转移到安全地带,但应当在逃生路线未遭破坏的情况下实施。遇到情况紧急时,地方政府可以发布强制实施命令,要求当地居民及时、迅速转移,如灾害发生地在短时间内会发生持续性二次灾害或较大影响次生灾害的情况,基层自治组织应协助乡镇政府或灾害临时指挥中心强制灾民转移。

(三)及时调拨储备资金与物资以保障基本生活需求

灾害发生时,个人或家庭的应急储备量难以支撑长时期的基本生活需求,政府应主动承担主要的生命维系之义务。首先,应由当地政府(市、县或乡镇)与部分灾害多发的行政村或社区率先启用救灾物资储备库或储备点提供价值较低且易储备的食品、饮用水,暂时供应灾民基本生存的必需品。其次,当灾害影响范围超过当地政府储备量时,向上级政府提出申请,请求支援帐篷、棉被、救援工具、应急灯、医疗救助包、应急厕所等应急物资。财政部、民政部核定灾情后确定启用全国范围内相邻的中央级救灾物资储备库,紧急调拨、运输生活救助物资,必要时下拨中央自然灾害生活补助资金,并指导、监督基层政府应急措施的实施与救灾款物的使用。

三、住房保障责任

除了对人类生命安全的威胁与侵害,特大自然灾害破坏人类居住环境直接影响人类生产与发展。例如,2008 年低温雨雪冰冻灾害造成房屋倒塌 48.5 万间,损害房屋 168.6 万间;“5·12”大地震造成 1993.03 万人失去住所。2007 年至 2016 年,地方政府为解决灾区住房问题就住建类与项目建设领域分别出台了 121 件、48 件规范性文件,涉及农村房屋修复、新建房屋、住房质量等内容,以期通过临时政策的指导提供暂时或长期的住房保障服务。

实际上,我国法律法规明确规定了政府的住房保障责任,如《防震减灾法》规定由国务院或地震灾区省级政府组织灾害评估,以此为依据展开过渡性安置工作;《自然灾害救助条例》第 18 条规定由受灾区人民政府采取多种结合方式进行过渡性安置。这些法律规定只设定过渡性安置这一做法,对安置对象、安置方式与安置程序均未规定,至少法定的住房保障责任并不准确。不过,我们可以从美国住房保障条款的相关规定中获得一些启示。

美国《斯塔佛德法》(Robert T. Stafford Disaster Relief and Emergency Assistance Act)第 408 条对政府提供住房保障设定了相关程序与条件。申请者首先得满足如下条件:(1)在联邦层面宣布的灾害领域发生了未投保(或保额不足)的损害;(2)美国公民或合法居住者;(3)灾害发生时居住在受损房屋内;(4)因为灾害破坏无法靠近或居住在房屋内。[11] 当受害者提出申请,联邦应急总署随即安排人员对房屋受损程度进行勘察。[12] 勘察符合条件的,申请者将受到来自联邦应急总署的支票用以支付公寓或移动住房的开销,当然也需要定期确认其"持续性需求"。勘察不符合条件的,应在作出拒绝决定时同时告知理由,以及其向总署提出申诉[13],随后总署才会作出最终决定。[14]

根据第 408 条的规定,联邦政府提供的灾害住房保障服务包括暂时性住房援助、房屋修复援助、房屋替换援助、永久性住房建设等。其中,暂时性住房援助可以分为两类,联邦提供资金给受害者用以支付替代性住房的租金等,或者由联邦政府购买或租赁暂时性住房交由受害者使用。房屋修复援助以补助金形式呈现,用于私人所有居住场所的修补以及采取相应措施减少将来损失可能性;联邦提供补助金用于私人替换既有房屋,但前提是应当购买了洪水保险;联邦政府也可通过提供补助金或直接开展房屋建设项目,以向受灾群体提供永久性或半永久性的保障性住房。[15]

《斯塔佛德法》的住房保障条款对联邦政府的住房保障责任进行

---

〔11〕 See Federal Assistance to Individuals and Households, 44 C. F. R. 206. 110 (2006); U. S. Gov't Accountability Office, supra note 3, at 57.

〔12〕 See U. S. Gov't Accountability Office, supra note 3, at 10–11.

〔13〕 See FEMA, Help After a Disaster: *An Applicant's Guide to the Individuals & Households Program* 10 – 11 (2005), available at http://www. fema. gov/pdf/assistance/process/help_after_disaster_english. pdf; cfi 42 U. S. C. ? 5i89a(c) (2000) (authorizing the executive to "issue rules which provide for the fair and impartial consideration of appeals").

〔14〕 Damian Williams. Sheltering Deprivation: FEMA, section 408 Housing, and Procedural Redesign. The Yale Law Journal, Vol. 116, No. 8 (Jun. ,2007), pp. 1883–1893.

〔15〕 See the section 408 *of Robert T. Stafford Disaster Relief and Emergency Assistance Act.*

了相对详细的规定，尽可能全面周到地向受灾者提供居住环境方面的关怀与照顾。我国虽然不可能完全借鉴美国的做法，但立足于现有过渡性安置与恢复重建规划的实践基础，仍然可以通过立法细化中央政府与地方政府的住房保障责任，增强法律规定的可操作性。

（一）设定灾害住房保障的适用范围与总体条件

《自然灾害救助条例》第 18 条到第 20 条有关灾民安置的条款构成我国政府承担住房保障责任的法律基础。原则上，发生自然灾害时，无论特大、重大或一般，居民正在居住的房屋（自有或租赁）遭受损失，确需政府相关部门援助的，可以向受灾当地人民政府提出补助申请，政府可以选择多种方式以确保受灾者的居住安全。鉴于此，可以更加清晰地设定住房保障责任的履行条件：（1）房屋损失由法定的自然灾害所致；（2）住房保障对象应是具有当地户口或合法居住证明的居民；（3）发生灾害时受灾人员正居住于该房屋内，且无其他替代性住房可供暂时或长期居住；（4）自然灾害对房屋造成的损害可以修复、难以修复或具有安全隐患的，以此决定援助类型；（5）原则上由灾害发生地的政府履行住房保障职责，必要时请求基层自治组织协助，超出负担范围时可以请求上级政府或中央政府转移支付；（6）可以由受灾人员本人提出申请，也可以由村民小组、居民小组提出，交由村（居）民委员会评议并报送乡镇政府、街道办事处审核，由县级人民政府民政局审批。

（二）规定住房保障服务的类型与相关标准

受灾地区当地政府提供的住房保障服务包括但不限于以下类型：

1. 过渡性安置

《防震减灾法》《自然灾害救助条例》等法律法规对过渡性安置作了简洁明了的规范。一是采取“就地安置与异地安置、政府安置与自行安置相结合”的安置模式，充分发挥政府的动员与调控功能，根据灾害情况灵活实施灾民安置措施。二是过渡性安置的选址有具体要求，即交通便利、便于灾区恢复生产与生活、避开次生灾害发生的地点。三是对过渡性安置住房提出居住要求，即满足受灾群众基本的安全与生活需求。安置住房规模应根据受灾规模与具体选址来确定，配以必要的基础设施和公共服务设施，加强安置点的灾害预防与卫生防疫。四是过渡性安置点的建设应符合环境影响评价的要求。

2. 修缮受损房屋

政府可以采取两种方式对受灾个体或组织提供房屋修缮服务。一是由受灾个体或组织对自有房屋、租赁房屋或其他形式住房进行修缮，对于因灾毁损部分支付的费用可以请求政府补助，由当地政府审核通过后向申请者支付相应的补助金，这种方式一般以资金为主。二是由当地政府集体组织修缮以达到统一的住房防灾标准；对于自行修缮存在困难的，可以由当地政府直接提供修缮服务。

3. 重建房屋

政府提供房屋重建的援助服务，适用于两种情形。其一，不存在迁址、能在原址或就近重建的情况下，可以由政府直接选定施工企业建设住房，也可以由居民自行重建但仍依靠政府的重建资金与物资。其二，需要整体迁址重建的，应当由当地政府承担主要的重建责任，制定永久性住房安置规划，政府出资通过招投标方式确定住房新建项目，对受灾者进行统一安置。

（三）采取住房强制性措施

政府采取的强制性措施一般是针对住房安全质量提出的，即无论是由政府主导或组织重建、修缮的房屋，还是由受灾个人自行处理的房屋，均应当满足必要的基本的居住安全需求。首先，安置性住房或重建住房的选址应避免重大灾害发生地、次生灾害易发区，政府通过甄选灾害环境来控制房屋的外部安全危险系数，对于存在明显灾害威胁的选址政府应强制集体迁移。其次，房屋本身质量应具备防灾减灾的基本功能，比如，由开发商修建的统一住宅、村民自行建设或修缮的房屋等均应当符合国家关于住房抗震的设计标准，由具有资质的第三方机构进行质量安全验收。

四、政府出资责任

政府出资责任几乎贯穿整个自然灾害应对过程,除相应的行政强制、行政指导、行政协助等具体行为以外,在预防、应急救援与重建等阶段均涉及中央或地方各级政府的财政支出。事实上,公共财政实力是否雄厚决定了政府应对自然灾害的范围与效率。实际上,一旦发生自然灾害,“由谁出钱”负担防灾减灾全过程的开销是灾害责任体系的核心命题之一,至于谁来分担、如何分担、分担标准等均是衍生问题。

因此,仍应当回到政府承担自然灾害责任的正当性来剖析。公民是统治权力的所有者,授权或委托国家代为行使,并由政府作为权力执行机关具体负责公民社会的公共管理,并担负相应的服务责任。为维持国家的正常运转,在公民一致决定下由政府代为收取税费构成公共财政的基础。税费缴纳是每个公民的基本义务,也是其实现基本权利和公共福祉的物质保障。总之,政府基于权力契约应当履行对公民的“生存照顾”义务,而公民履行税费缴纳义务为政府履行责任提供物质保障基础。

现代法治针对社会治理的探讨进一步明晰了治理责任的主体关系,直接反映在政府责任的确认上。原则上,政府在灾害应对过程中有关居民生存与发展的援助均应承担出资责任。但是,多中心治理与国家辅助性理论显示,政府承担的给付责任应有所限制,既是政府对自身能力综合评估后的结论,也为其他主体参与灾害应对提供契机。因此,在确定政府承担主要的出资责任时,应该考虑到其他主体的适当分担,由此反推政府出资责任的适用范围与承担比例。总体来看,政府的出资责任主要体现为四种类型,但不受此限。

(一)财政支撑救灾物资储备体系的运转

政府通过建立各级救灾物资储备库以履行预防阶段内的物资储备责任,这建立在各级政府财政预算的基础上。各级储备库采购与储备的救灾物资应体现相应价值与难易程度,这正好与各级财政预算和支出形成对应关系。支撑“中央—省—市—县—乡”五级储备体系并配以部分社区或村舍储备点的协助,背后势必有政府强大且雄厚的财政实力作为支撑——有且仅有政府能在资源掌控与配置方面支撑全国灾害应对的物资储备体系。

各级财政对物资储备体系的支撑体现在:其一,由政府拨付储备库建设款项,包括选址、建设以及可能产生的拆迁与补偿费用等;其二,灾害救助物资的采购依托政府的财政预算,即每年各级政府均应在财政预决算表中就年度物资储备作出专项处理报告,根据不同层级政府的储备要求体现预决算内容的差异;其三,物资储备体系的正常运转包括常规行政下的日常维护与紧急行政下的应急调拨,均在政府财政的支出范畴内。

(二)救助金、救助物资的发放

以救助金、救助物资发放为依托载体的政府出资责任可在应急与重建阶段得以充分的呈现。处于应急阶段,政府的出资可以表现为两种方式,一是从灾害救助物资储备库中紧急调拨、运输自然灾害救助所需应急物资,包括食品、饮用水、衣被、取暖设施、帐篷、应急工具等;二是在物资储备有限且需求超出当地政府财政预算范围时,依靠上级政府转移支付,由省或中央拨付相当数量的专项灾害救助金,以弥补救灾储备物资的不足,救助金可能直接发放到受灾个体,也可能用于采购临时物资。进入恢复重建阶段后,政府的出资形式随重建规划的落实而发生本质变化。重建早期,政府可直接向受灾个体发放救助金、救助物资以支持其自我修复行为,这是比较重要的帮扶形式。但也可能逐渐将这种救济方式转化为地方扶贫政策,以灾害扶贫的形式呈现,将受灾个体作为重点扶贫对象给予不同程度的补助。

(三)重建资金的拨付

灾后重建与恢复是一个长期且综合治理的应灾阶段,对政府出资责任有更细致全面的要求。首先,与其他出资类型相比,中央与省级政府拨付到地方的重建资金占比较高,因为重建领域覆盖面广泛,不再局限于维持暂时性的居民生存需求,更要促进灾后社会的恢复与受灾个体的长期发展。其次,重建资金的投入是一个长期过程,很可能呈现逐渐递减的趋势。因为重建早期受灾社区与个人几乎丧失了所有的恢复能力,急需来自外部的政府援助以保障基本的生存;但是,重建规划的落实与成熟促使受灾个体自治力的修复,进而要求政府帮扶力度逐渐减小。最后,政府的灾后出资责任呈现多元化特点,可以直接提供补助金,也可以采取招投标或对口支援的方式建设安置住房。纵向央地政府之间出资责任的关系需要厘清,由上级转移支付与本级财政共同负担城市规划建设所需资金;由灾害发生地的市、县政府出资重建或修缮城市基础设施与公共服务设施,如供水、供电、燃气、排水等管线设置以及公园、医疗机构、教育机构、车站等公共场所重建等;制定优惠政策包括金融贷款折扣、税费减免等,积极引导工业、商业等商家入驻,为受灾地区提供更多的就业机会。

当前,学者对政府重建资金的拨付行为与相关制度持批评态度,并不是否认政府的出资责任,而是指责其科学性、合理性与规范性问题,如重建资金结构单一、社会资源参与度不深、事权与支出责任划分不清晰、预算管理制度模糊、重建制度缺乏稳定性等。[16] 为进一步优化我国政府重建资金拨付结构,应结合国务院《关于推进中央与地方财政事权和支出责任划分改革的指导意见》与《基本公共服务领域中央与地方共同财政事权和支出责任划分改革方案》的指示精神与划分原则,促成中央与地方灾后重建财政事权与支出责任的规范化与法律化。根据灾后重建的实际需求、当地政府财税总量以及各级政府事权范围,确定受灾地区各级地方政府资金拨付比例与总量幅度,以及中央专项资金拨付限额。

---

〔16〕 李明:《我国重特大灾害灾后恢复重建财政事权与支出责任变迁》,载《经济研究参考》2017年第40期。

（四）推行灾害保险的市场分担模式

自然灾害保险制度在我国尚处于萌芽阶段，灾害损失由保险公司承担赔付责任的情况并不常见。一是我国保险业明确将自然灾害列为不可预见的事件加入免责条款，即使居民对房屋、家具等进行财产投保，也不会因自然灾害而获得保险公司的赔偿。二是我国居民保险意识不强，将损失风险向社会分散的理念未获得广泛认同，即使推行灾害保险也很难在短期内实现预期效应。

然而，国家对巨灾保险发展的鼓励与实施已经在一些国家取得成效，这为我国提供了域外经验的视角。在推行灾害保险发展的进程中，应当建立一套相对完善的财政分担制。这类保险具有公益属性，创建灾害保险类型或者保险公司不应以盈利为主要目的，由政府实际补贴其为此承担的灾害损失便具有合理性基础。政府的分担方式可以表现为：创建公益性灾害保险公司或推出公益性灾害保险类型，由政府财政提供主要的资金支撑；或者建立再承保制度，将灾害损失的风险分散至各类保险公司与政府之间，当达到一定的损失程度时，由政府直接出资承担相应的损失。

五、灾害补偿义务

学者在研究灾害财政补偿制度时，从农业粮食补助为切入点，将政府补偿的功能延展至灾害预防、损失补偿与生存发展，对财政补偿的运用类似于行政救助的概念，是较为广义上的灾害补偿义务。〔17〕狭义上的灾害补偿义务，应当是行政补偿在自然灾害领域的具体适用。所谓行政补偿，是指因行政主体的合法行为给行政相对人的合法权益造成损害的，由政府承担填补损失的责任。需指出的是，合法行政行为是由国家行政主体及其工作人员为实现国家行政目标的行为，产生

〔17〕 李林、汪丽萍：《自然灾害的财政补偿调研与实证研究》，载《农村经济》2011年第4期。

补偿的原因是行政行为致损——行政相对人为公益抑制个人权益。

行政补偿类型可以分为法定补偿与裁量补偿、事前补偿与事后补偿、直接补偿与间接补偿、有约定补偿与无约定补偿、政策性补偿与非政策性补偿等。行政补偿在自然灾害领域的运用多以现有法律法规的规定为依据。根据《突发事件应对法》第12条和第63条、《防洪法》第7条、《地质灾害防治条例》第31条、《自然灾害救助条例》第15条等相关规定,政府的灾害补偿义务应满足如下条件。

其一,发生在自然灾害应对中的征用、占用、调用等政府行为。2004年《地质灾害防治条例》规定只有在发生占用、调用行为且无法归还的情况下才由政府给予相应的补偿。2007年《突发事件应对法》与2010年《自然灾害救助条例》均对此作出了相应的调整,规定只要紧急征用后均应当及时归还,同时给予适当补偿。换言之,政府的补偿是针对灾害应对中的征用行为,无论是否归还或者造成损失。另外,需要明确的是,政府的征用行为出于救灾需求的目的,即具有完全的公益属性,征用对象为对救灾有益的物资、设备、设施、房屋、土地、交通运输场地等合法财产。

其二,政府补偿分为行为补偿或损失补偿。根据《自然灾害救助条例》的规定,只要因救灾需要发生了紧急征用行为,政府就应当对该行为承担相应的补偿义务。如果未造成任何财产损失,政府的补偿仅针对征用行为作出。同时,《突发事件应对法》预设了征用造成财产损失的情况,此时补偿范围还应包括征用行为实际造成的损失。当前规定未涉及是否可以预先约定补偿内容,但是从道义层面来看是可行的。因为,与一般的政府征用不同的是,因自然灾害应对实施的征用行为具备紧急性与公益性,与人的生命与生存产生直接关联。

其三,一般以金钱补偿为主要形式。法律规范确定的灾害补偿形式单一,而实践中的做法比较多元化,通常以金钱补偿、返还财产、恢复原状等为直接形式,并以减免税费、增加工资、安排就业、分配住房等为间接形式。但是,政府补偿义务的承担不以返还财产为前置要件,能够返还财产的必须返还,不能返还的则给予财产价值相当的金钱。

其四,补偿对象为被征用、占用或调用相应财物的合法所有者、使用者。灾害应对中的征用对象是单位或个人的财产,可以是私人合法所有或使用的财产,也可以是公共机构或社会组织合法所有或使用的物资、场地等。征用行为暂时性中止了所有者、使用者对财产权的控制,因此,政府理应就具有损益性质的征用行为对合法所有者、使用者进行补偿。

六、灾害赔偿责任

2017 年 6 月 24 日,四川省阿坝州茂县叠溪镇新磨村新村组富贵山发生高位垮塌,塌方量约 800 万立方米,造成 62 户 100 余人被掩埋,堵塞河道约 2 公里。灾害发生后,从中央到四川省、茂县人民政府均作出了及时反应,积极开展应急救援工作以降低灾害损失。四川省民政厅与财政厅紧急下拨 500 万元自然灾害生活补助资金,国务院财政部与民政部下拨中央自然灾害生活补助金 2000 万元,主要用于灾区群众紧急转移安置、过渡性生活救助、倒损住房恢复重建以及抚慰金发放等救灾支出。[18] 社会各级对灾害发生的原因却各执一词,尤其对于当地政府是否具有预见可能性存有争议。客观上茂县山体滑坡是多方原因共同作用所致,在避灾上存在相当难度。但是,在积极采取预防措施的情况下也发生多起成功化解地质灾害的案件。可以明确的是,当地政府存在失职表现,未就灾害环境进行全面有效评估,以至于未提前实现强制性转移;也未提前与气象部门就汛期灾情进行合理监测与预估,导致预警机制失灵。

在常规行政中,政府灾害管理的不作为或不充分作为,极可能加

〔18〕 国家减灾网:http://www.jianzai.gov.cn//DRpublish/ztzl/0000000000024385.html,最后访问日期:2017 年 12 月 27 日。

重灾害损失的影响范围,这种情况下是否可以追究政府的侵权赔偿责任?《地质灾害防治条例》第40条、《突发事件应对法》第63条、《自然灾害救助条例》第29条等规定将政府不作为、瑕疵作为等行为的责任划分为政治责任与刑事责任。对政府或部门不履行法定职责的,要求"责令改正";对直接责任人员通常给予一定的行政处分。刑事责任则一般适用于灾害管理中行政机关人员"截留、挪用、私分或者变相私分自然灾害救助款物、捐赠款物"或"滥用职权、玩忽职守、徇私舞弊"等职务行为。但是,对于能否对政府行为行使赔偿请求权的问题则未作规定。

行政赔偿,是指国家行政机关及其工作人员在行使职权的过程中侵犯公民、法人或其他组织的合法权益并造成损害,由国家承担赔偿责任的制度。[19] 在我国,在自然灾害领域适用行政赔偿制度以追究行政机关责任的案例几乎没有。即使法院立案,通常会将自然灾害认定为"不可抗力",政府作出辩解,主张已经穷尽所有预防与预警手段仍不足以降低灾害损失以获得法院支持。

但是,日本则出现一系列的自然灾害赔偿案例,聚焦于政府对于自然灾害的预见可能性理论,以论证政府是否需承担公法上的责任。比如,多摩川洪灾事件、名古屋县道山体滑坡致死案中,法官对于政府管理者很难预测灾害发生具体信息这一事实进行了肯定,但是这并不能直接否认其预见可能性,只要其未预先采取必要的避免措施即是管理上的失职,进而明确了国家不作为侵权的责任。预见可能性的适用前提是,否认自然灾害完全作为不可抗力存在这一事实。如果因自然现象所导致的灾害存在预见的可能性,相关的治理者存在采取必要措施规避灾害损失的义务,那么行政侵权的赔偿请求权便具有可能性。

学者总结认为,盖然性的预见可能性标准成为日本在自然灾害领

---

[19] 姜明安:《行政法与行政诉讼法》(第5版),北京大学出版社、高等教育出版社2011年版,第551页。

域实现追责的公法意义上的标杆。盖然性标准，是指当出现通常意义下的预见可能时，就要求行政主体作出预见，如果行政主体由于没有预见而没有采取措施时，法院可以认定其行为违法。同时，再辅以历史观测记录、前兆、过去的类似灾害、事前的预测值等要素用以判断政府灾害管理是否可能预见并采取相关防灾减灾措施。[20]

此外，还应当对违法的灾害管理行为进行认定。遵从一般违法行为的三段式认定模式，即行政主体具有相关的灾害管理义务、在能力上能够履行该项义务、结果并未采取相关措施——要么完全不作为，要么作为不充分。[21]

在四川茂县高位塌方事件中，灾害发生地处于汶川地震辐射区域内且连日来多发强降雨，多种自然现象的共同作用极易诱发多发性灾害。从归因为"天灾"的态度可推断，政府尚未采取或者未充分采取合理有效的监测手段以致错误估计灾害损失。实际上，政府对于提前采取预防与预警措施有明确的法律义务——监测、排查、紧急转移等，并且均在管理能力范围内，而最终发生的损害影响远超出当地政府预期。为此，受灾个体可以作为灾害管理不作为的行政相对人向法院提出赔偿请求之诉。

小　结

自然灾害应对中，政府通常在常规行政与紧急行政中进行切换，不同行政状态在时间推演中无明确的分界线，这并不影响对政府应对责任的范围进行界定。相反地，正是这种政府权力状态的更替促

[20] 杜仪方：《政府在应对自然灾害中的预见可能性》，载《环球法律评论》2017 年第 1 期。

[21] 杜群、黄智宇：《论自然灾害管理不作为的国家侵权责任》，载《中国地质大学学报》（社会科学版）2015 年第 6 期。

使了政府应对责任范围的清晰化。本章对责任范围的界定是同时采用时效推进与行政状态双重标准完成的，可以划分为政府的预防责任、应急与救援责任、重建责任。

复杂的灾害应对过程通常是多种性质的行政行为交互作用的。本章根据行政措施与所涉法益的不同，将自然灾害应对中的政府责任化为六种主要类型，分为物资储备责任、生命安全保障责任、住房保障责任、政府出资责任、灾害补偿责任与灾害赔偿责任等。当然，这种分类方式并未完全囊括所有的政府责任形式，因为“智慧＋”时代与法治时代的到来为自然灾害应对带来了更多挑战，对政府的行为理念与方式也提出了新的要求。

第四章　“央—地”政府应对自然灾害的责任划分(一)：基础理论与改革实践

政府组织形态与责任配置问题，是有效划分自然灾害应对中“央—地”政府责任的两个重要命题。从中央到地方设置不同层级的政府，首先，需要解决机构设置的问题，用以明确自然灾害应对的责任主体。其次，如何在中央与地方政府之间分配权力与责任，是进一步明晰各级政府应对责任的核心。遗憾的是，绝大部分文献集中研究了中央与地方的关系以及财政权的配置，却对其他治理领域的关注不多。从现实来看，将央地权责配置的基础理论运用于自然灾害应对责任的纵向划分，对于建立一个高效、科学的自然灾害应对机制有重要的理论意义与实践价值。

为此，第四章与第五章将着眼于“央—地”政府之间灾害应对责任的划分研究。具体而言，将探讨支撑央地责任划分的理论基础与改革背景，立足于我国在应急管理体制上的创新与探索,窥视美国、日本等国家的灾害管理体制经验,以助力于完善我国自然灾害应对中纵向府际之间的责任划分机制,清晰界定各级政府组织的灾害应对责任内容。

第一节 “央—地”政府划分自然灾害应对责任的必要性

在基本概念的选择适用上,学者认为“分权”的使用容易产生不太恰当的联想,如“联邦制”“地方自治”等概念,而运用“权力配置”则相对中性一些,当然这也是研究中央与地方关系的核心所在。〔1〕本节采用“划分”一词试图从相对中立的视角出发对责任配置进行探讨,我国是单一制的集权国家,“区域政府的任何权力都是中央政府的授权”,〔2〕灾害应对中涉及的问题不单纯是权力配置,还有责任的划分与承担。当然,学术研究对于“分权”、“分工”或“权力配置”等概念的理解与使用应当持中性立场,这对进一步优化我国特殊领域的央地责任划分有重要意义。

一、必要性:分权治理构成的理论支撑

1. 政府分权理论的发展

在世界政治体制发展与变革中,政府分权治理是一种必然趋势,在各个国家中有差异化的表现。例如,发达国家将财政分权视作低成本公共服务的政府重组工具,发展中国家则是为了摆脱政府治理无效、经济发展缓慢的困境,而经济型国家则将财政分权作为经济体

---

〔1〕 刘志欣:《中央与地方行政权力配置研究》,上海交通大学出版社 2014 年版,第 10~14 页。

〔2〕 王振民:《中央与特别行政区关系——一种法治结构的解析》,清华大学出版社 2002 年版,第 134 页。

制转型的有效途径等。[3] 分权,是指通过分散行政权、中央对地方权力下放以及授权代理等形式将权力、责任和资源从中央转移到行政基层。[4] 从发展的眼光来看,政府的分权维度已经拓展为政府体制内部的纵向结构性分权与横向功能性分权,以及与政府之外其他场域的横向分权。

政府分权治理结构与地方政府偏好的相关理论构成是纵向上央地权责划分的基础。第一代政府分权理论“强调地方政府提供公共产品的配置效率”。中央与地方如何分权与居民偏好有关,地方政府拥有的信息优势便是分权的基础。中央为何在公共物品的供给上缺乏优势?因为“中央政府缺少充分的信息来显示居民偏好”,中央政府与地方政府辖区内的居民距离较远不利于信息的传递,并且在国家层面“缺乏一个有效的竞争机制”同中央政府形成制约与竞争关系。当然,中央与地方政府“在提供公共物品方面存在最优边界”,也就是职责的边界线。因为对于某些跨区域的公共产品,实际上超出了地方政府的能力范围,也只能由全国性政府负担。第二代政府分权理论则“强调中央政府对地方政府的分权促使地方政府经济增长”,集中体现在政府之间的财政分权。为了加快地区市场化进程,财政分权的创举是地方政府的激励机制,前提是必须有明确的制度安排,即“一个明确的政府层级体系”“中央与地方权力的明确划分”“中央对地方的承诺”“地方辖区负责制”以及“各级政府硬的预算约束”。[5]

2. 自然灾害应对中政府分权的需求

其一,地方政府的信息优势是推动灾害应对地方化的关键。及

---

〔3〕 张为杰:《分权治理、地方政府偏好与公共政策执行机制研究》,中国社会科学出版社2016年版,第66页。

〔4〕 Dennis A. Rondinelli, “Government Decentralization in Comparative Perspective; Theory and Practice in Developing Countries”, International Review of Administrative Science 47 (1981), pp. 133-145. 转引自[美]G. 沙布尔·吉玛、[美]丹尼斯·A. 荣迪内利编:《分权化治理:新概念与新实践》,唐贤兴、张进军译,格致出版社、上海人民出版社2013年版,第5页。

〔5〕 张为杰:《分权治理、地方政府偏好与公共政策执行机制研究》,中国社会科学出版社2016年版,第20~24页。

时、迅速获取灾害信息并正确分析与使用之，是政府高效履行自然灾害应对责任的必备条件。如图 4-1 所示，中央政府处于行政组织架构的最高位置，享有完整的行政权力与财政资源，理应具备最充足的灾害应对条件。实践中，中央政府通常行使自然灾害应对的决策权，宏观调控各受灾地区的应对供需。也正因其所处的法律地位，使决策权、调控权的行使受到限制。中央政府在作出应对决策前，必须对受灾地区的灾情掌握准确，否则极易错失灾害应对先机，抑或对地方政府作出不当应对导向。与自然灾害关联的信息，如各地自然灾害分布特征、灾害风险评估、灾害影响范围、灾害伤亡人数以及后续反馈等，一般从基层自治组织收集汇总至乡、镇政府或街道办事处，再逐级上报，最后汇总至中央政府。自然灾害信息在自下而上传递过程中可能出现遗漏、错误、被删除等情形，最终导致中央政府所掌握的数据缺乏准确性、真实性或客观性。

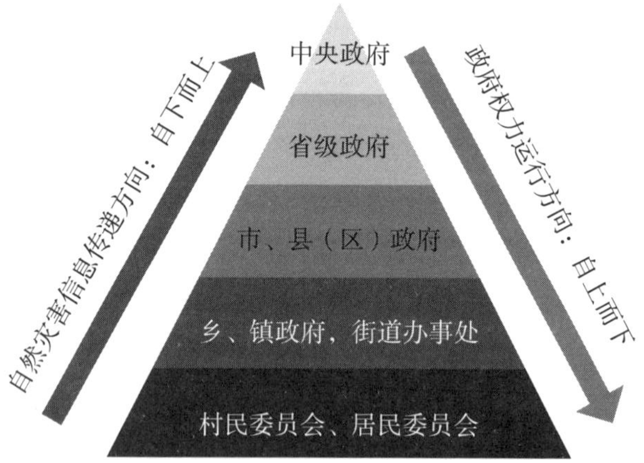

图 4-1　自然灾害信息传递与政府权力运行方向对比

但是，地方政府却具有极大的信息优势。除了公民个人与家庭外，乡镇、街道办事处等基层政府组织是第一手信息的获取者与掌握者。向上传递的层级越少，灾害信息真实性越高，灾害应对措施的及时性越强，以便地方政府因地制宜地实施灾害应对政策。当自然灾害信息与灾害应对权力匹配时,地方政府才能更好地发挥综合防灾减灾的效能。

其二,“权、责、利”下放是地方政府保障灾害应对服务质量的制度保障。政府分权一般有四种主要途径,分别是“从中央部委到地方层面的责任分权”“为完成特定工作向自治实体的权力委托”“将权力和资源下放到地方政府”以及“将责任转移至非政府组织”。[6] 本书探讨的纵向府际之间的责任划分问题指向前述第一种方式与第三种方式的结合,同时涉及权力、责任与资源的下放,在地方上实现权、责、利的一致性。

需强调的是,所涉权力同时包括经济管理权与社会管理权。经济管理权下放到地方政府,是促进地方经济增长的激励手段,促使地方经济总量的增加是提升地区公共物品数量、保障公共服务质量以及提高社会管理效率的重要手段。在自然灾害应对中,社会管理权体现在地方政府实施区域性防灾减灾策略的自主权、启动自然灾害应急管理机制的决策权、提供自然灾害社会保障服务的分配权等。只有地方政府享有适当的自主权,才可能及时调配应急力量与资源,以保障自然灾害应对的高效性。

其三,中央政府是灾害应对的最高权力者与最终责任者。在我国,从省到乡镇一级的整个地方政府组织所享有的行政权力均来源于中央政府的依法授权,地方政府管辖的行政区域由被授权的权力与资源范围所决定。发生重大、特大自然灾害时,灾害损失程度超过地方政府被授权的范围,上一级政府随即承接包括灾害发生地在内的所有受灾地区的应对事务。

决定自然灾害应对体制的关键是,中央与地方政府之间的领导关系与隶属关系。1982 年《宪法》第 3 条第 4 款规定,“中央与地方的国

[6] [美]G. 沙布尔·吉玛、[美]丹尼斯·A. 荣迪内利编:《分权化治理:新概念与新实践》,唐贤兴、张进军译,格致出版社、上海人民出版社 2013 年版,第 166 页。

家机构职权的划分，遵循在中央的统一领导下，充分发挥地方的主动性、积极性的原则”。此条文将中央对地方的领导关系作了原则性的设定，这种领导关系作用于央地政府及职能部门之间的职权划分事项。并且，在《宪法》第89条关于“国务院职权”设定中将领导的内容进行细化，即“国务院……统一领导全国各级国家行政机关的工作，规定中央和省、自治区、直辖市的国家行政机关的职权的具体划分”。可见，即使实践中依托地方政府采取自然灾害防治措施，但地方政府更多是以执行者的身份开展灾害应对工作，而沿着公权力向上溯源，最终还是中央政府作为决策者承担完整的自然灾害应对责任。

二、从控权行政向配权行政的转化：分权改革提供的实践支撑

我国行政法的发展离不开行政模式的更迭与创新，从“控权行政”向“配权行政”的转化与过渡，衍生了各种分权改革类型，围绕着我国财政权、管理权、机构设置、权力优化等内容展开，开创了我国行政法治的新治理时代。探索央地之间关于“权力—责任—资源”的合理配置路径，为我国纵向府际之间自然灾害应对责任的划分提供了充分的试验基础。

（一）从“财政体制改革”到“财政事权和支出责任划分改革”的推进

1. 央地财政体制改革的发展与趋势

中央与地方政府之间关于财政权力的博弈直接影响地方治理的责任承担。财政体制改革是政府分权改革中最主要的类型之一，隐射了纵向府际之间权力与利益的分配关系，并寻求中央集权与地方积极性的平衡。为此，有必要简要梳理我国财政体制改革的发展进程，剖析改革中所体现的分权治理的内涵与顾虑，审慎确定“央—地”政府之间的灾害应对责任。

第一阶段（1958～1978年）内，中央与地方的财政分权陷入“放权—混乱—授权—活力不足”的困境，尝试在经济管理领域实现权力下放，主要涉及计划权、企业管辖权、物资分配权、投资与项目审批权

和财政税收权。[7] 这个阶段的财政体制改革经历着“分权—集权—再分权”的循环,从1958年确定“以收定支、分级管理、分类分成、五年不变”的基本策略到1968年的完全集权与高度集中收支模式,再到1977~1978年在江苏和四川分别进行分权试验,特点是围绕收入分配进行改革,而地方支出始终停留在地方层面。

第二阶段(1978年至今)内,财政分权是改革开放以来最为重要的改革之一,经历了“划分收支、分级包干”“划分税种、核定收支、分级包干”“财政大包干”“分税制”四次改革。前三次改革均取得不同程度的成绩,对提高地方政府发展经济的积极性发挥了重要的推动作用,但改革中的不规范行为也引起学界的广泛诟病。

1994年推行的分税制改革基本沿用原有事权划分范围,但使中央与地方的支出责任得以明确,重新划定中央与地方的税收种类,可以分为中央税、地方税以及共享税。整体来看,财政税收权与支出责任表现为相反的权力运行方向,即收入集权与支出分权。当然,分税制改革实际上“只是处理了中央与地方的财政体制问题,并没有解决省级以下政府间的财政体制问题”。[8] 实践表明,省级以下基层政府在公共物品供给能力与事权范围不匹配的现状反映了当前财税体制的问题。

具体来看,区域经济发展需求与公共物品供给的层次性是推动财税制度改革的关键,落脚点应当是居民的需求。不同区域的居民对公共物品需求不同,那么公共物品体现出的区域差异性与限制性自然决定了资源配置职能划分的需求。同时,财税制度的改革反映了中央与地方政府利益调整的变迁过程,旨在不断通过财税权的下放与集中,形成促进地方政府治理的激励机制与约束机制。整体而言,财政体制改革呈分权化趋势,与国际趋势相符,这为提高地方政府治理自主性与积极性预先作了制度安排。

---

[7] 吴敬琏:《当代中国经济改革》,上海远东出版社2004年版,第47~48页。

[8] 张为杰:《分权治理、地方政府偏好与公共政策执行机制研究》,中国社会科学出版社2016年版,第67~82页。

2. 央地财政事权与支出责任划分改革的推进

自2016年以来，我国就开始推行央地财政事权与支出责任划分改革，以国务院发布的《关于推进中央与地方财政事权和支出责任划分改革的指导意见》为标志。《指导意见》再次明确了中央政府在财政事权确认和划分上的决定权，要求“最大限度减少中央对微观事务的直接管理”，同时，确认省级政府的部分确定权，限于省以下各级政府支出责任的划分。如表4-1所示，《指导意见》对事权与支出责任的划分体现得较为原则性，采取“列举＋概括”的方式将中央政府、地方政府以及中央与地方政府共同承担的财政事权特点加以总结，并确立了依事权确责任的基本原则，可以通过各级财政、专项转移支付、比例支付等形式体现。

表4-1 国务院印发《关于推进中央与地方财政事权和支出责任划分改革的指导意见》(2016年)

类别	中央政府	地方政府	中央与地方政府共同承担
财政事权	国防、外交、国家安全、出入境管理、国防公路、国界河湖治理、全国性重大传染病防治、全国性大通道、全国性战略性自然资源使用和保护等基本公共服务	受益范围地域性强、信息较为复杂且主要与当地居民密切相关的基本公共服务	体现中央战略意图、跨省(区、市)且具有地域管理信息优势的基本公共服务
支出责任	中央财政安排支出；委托事项，由中央专项转移支付	自有财力安排；一般性转移支付弥补不足；委托中央机构行使的，地方政府负担	体现国民待遇和公民权利、涉及全国统一市场和要素自由流动的，按比例或以中央为主；对受益范围较广、信息相对复杂的，按比例或中央适当补助；对中央和地方有各自机构承担的，各自承担；对中央承担监管、规划、标准等职责，地方承担执行职责的，各自承担

2018 年 1 月,国务院办公厅出台《关于印发基本公共服务领域中央与地方共同财政事权和支出责任划分改革方案的通知》,暂时选定基本卫生计生、基本医疗保障,基本就业服务、基本养老保险、基本住房保障、义务教育、学生自主、基本生活救助 8 个大类、18 个事项作为中央与地方共同财政事项(见表 4-2)。该通知确立“中央与地方按比例出资分担”作为主要的支出责任方式,比例方式体现为确定比例、确定额度、适当补助、视情况确定。如表 4-3 所示,在指定的 7 个共同财政事权范围内,将 31 个省(直辖市、自治区)划分为五档补助区域,中央与地方政府自第一档至第五档分担的比例依次为“8 : 2”“6 : 4”“5 : 5”“3 : 7”“1 : 9”。需注意的是,改革通知强调了责任划分是“一个动态调整、不断完善的过程”,即使是确定的比例或数额也会随经济社会发展有所调整。并且,不同分担比例较为充分地体现了差异化分担的特点,以及中央向财政困难但公共服务成本高的地区适当倾斜,以促进全国范围内基本公共服务的实质化均等。

表 4-2 基本公共服务领域中央与地方共同财政事权范围

基本卫生计生	基本就业服务	基本养老保险	基本住房保障
基本公共卫生服务; 计划生育扶助保障	基本公共就业服务	城乡居民基本养老保险补助	城乡保障性安居工程
义务教育	学生资助	基本生活救助	基本医疗保障
公用经费保障; 免费提供教科书; 家庭经济困难学生生活补助; 贫困地区学生营养膳食补助	中等职业教育国家助学金; 中等职业教育免学费补助; 普通高中教育国家助学金; 普通高中教学免学杂费补助	困难群众救助; 受灾人员救助; 残疾人服务	城乡居民基本医疗保险补助; 医疗救助

表 4-3　基本公共服务领域部分事项中央分担方式

类型	中央分担比例	适用范围	适用事项范围
第一档	80%	内蒙古、广西、重庆、四川、贵州、云南、西藏、陕西、甘肃、青海、宁夏、新疆	中等职业教育国家助学金、中等职业教育免学费补助、普通高中教育国家助学金、普通高中教育免学杂费补助、城乡居民基本医疗保险补助、基本公共卫生服务、计划生育扶助保障 7 个事项
第二档	60%	河北、山西、吉林、黑龙江、安徽、江西、河南、湖北、湖南、海南	
第三档	50%	辽宁、福建、山东	
第四档	30%	天津、江苏、浙江、广东	
第五档	10%	北京、上海	

此外,国务院办公厅分别在医疗卫生领域、科技领域、教育领域与交通运输领域相继出台中央与地方财政事权和支出责任划分改革方案,〔9〕分别确定中央财政事权范围、地方财政事权范围以及中央与地方共同财政事权范围,进一步细化各类事项,确定支出责任主体与中央分担比例。改革实践表明,清晰划定央地之间重点领域的事权与责任是现实需求,目前比较重视中央在基本公共服务领域的主导作用,多数具体事项由中央承担或中央与地方共同承担支出责任,少数体现地方特征或地方自主性的事项由同级财政支出。

2019 年 11 月 5 日,中国共产党第十九届第四中全会审议通过了《中共中央关于坚持和完善中国特色社会主义制度　推进国家治理体系和治理能力现代化若干重大问题的决定》,该决定提出“健全充分发挥中央和地方两个积极性体制机制”的要求,再次重申理顺中央与地

〔9〕 参见《国务院办公厅关于印发医疗卫生领域中央与地方财政事权和支出责任划分改革方案的通知》(国办发〔2018〕67 号);《国务院办公厅关于印发科技领域中央与地方财政事权和支出责任划分改革方案的通知》(国办发〔2019〕26 号);《国务院办公厅关于印发教育领域中央与地方财政事权和支出责任划分改革方案的通知》(国办发〔2019〕27 号);《国务院办公厅关于印发交通运输领域中央与地方财政事权和支出责任划分改革方案的通知》(国办发〔2019〕33 号)。

方权责关系的重要性,中央事权范围应适当强化,中央与地方共同事项应减少,以促使地方在权责明晰的情况下享有更多自主性。

(二)地方行政体制改革:事权沉降的多元路径

城镇化进度的加快,基层社会对社会管理权与公共服务的需求已经发生极大转变,使我国经济社会发展与行政体制之间的矛盾越发凸显。深究下来,与我国行政组织体制与职权配置机制有直接关联。为此,推行地方行政体制改革,聚焦于政府机构重组与职能转变,实现省以下地方政府公共权力的科学配置,是提升基层政府社会事务治理能力与水平的关键。

地方行政体制改革各有侧重。例如,“省直管县”改革着眼于省、市、县三级政府之间的权力关系与县级政府的职能问题,乡镇管理体制改革重塑基层政府的法律地位与治理体系,大部制改革则通过机构撤并与重组促成地方治理的扁平化,村民自治改革强调基层政权的互动,以推动基层治理的法治化。总之,府际关系、权力配置与职能重构等是改革的重要内容,为准确划分“央—地”政府应对责任勾勒组织架构。

1.“省直管县”改革:省以下府际关系的优化

“省直管县”,是指在政治、经济、文化等一个或多个领域由省直接对县体制以及与之相关的管理活动的总和。[10] 2009年中央一号文件提出“依法探索省直接管理县(市)的体制”,财政部相继颁布《关于推进省直接管理县财政改革的意见》,随后在浙江、湖北、安徽、吉林、上海、天津、山西、辽宁、山东、福建等省与直辖市铺展开来。浙江省推行“省直管县”改革,是基于该省长期县财省管的实践基础的,目的是解决“市管县”体制带来的制度弊端——市级政府对财政的严卡与截留导致县乡公共服务类财政支出减小,[11]要求政府职能应由不同政府

---

〔10〕 周湘智:《我国省直管县(市)研究中的几个问题》,载《科学社会主义研究》2009年第6期。

〔11〕 周贤润:《“省直管县”研究:评述与展望》,载《云南行政学院学报》2015年第4期。

承担，即明确县乡的社会管理与公共服务职能。

“省直管县”改革的核心是对“省市县府际关系的调整与优化”，涉及：(1)省以下政府间财政分配关系，明确划分省级政府与县级政府的支出责任，部分领域的财政支出可以直接略过市级政府，削弱市级政府对市以下政府的财政管控；(2)权限下放关系，尽量赋予试点县与设区市相同的经济社会管理权限，直接表现为审批事项的下放与审批程序的简化；(3)公共行政关系，即行政领导关系、条块关系的直接变革。[12]

“省直管县”改革已经取得多方面的成绩。第一，以省市县为主的科层体制得以重筑，扩大基层政府的事权范围。将过去“省—市—县”的逐级领导关系变更为“省—县”的垂直领导关系，组织结构趋向扁平，随之增加基层政府的事权内容。第二，县级政府的“财—事”匹配程度有所提升，刺激基层经济社会的发展。下放市级管理权限表明，县级政府受市级政府的约束减小或消减，基层政府自主决定社会管理的空间增加。相对独立的行政地位应与公共财政资源对等，否则行政权力将因物质保障制度的缺失或不足而被上级政府架空。县级政府就财政事权与支出直接向省级政府负责，便是对事权下放的有力保障。第三，政府职能分离与府际关系调整基本趋于一致，有利于公共服务职能的沉降。县级政府应当是社会管理与公共服务的主要承担者，而宏观调控与市场监管等职能应交由省级政府或中央政府承担。改革对县级政府服务职能的确认以及财政关系的梳理，为职能转变创造了良好的外部条件。第四，对市县关系的重新审视，增强了县级政府的积极性与自主性。“市管县”体制常以领导与监督的形式存在，县级政府因监督受限往往缺乏自主性，推进改革将县级政府从传统市县关系中解脱出来，有利于促进市县之间的发展平等，并增强基

---

〔12〕 韩艺、陈婧：《省直管改革政策中的府际关系——基于22个省的改革文本分析》，载《北京行政学院学报》2017年第1期。

层治理中地方政府的良性互动。

2. 乡镇管理体制改革:公共服务职能下沉

乡镇管理体制改革,是近年来我国行政管理体制改革的重点,尤其在“十二五”期间,全国各地进行了积极探索与实践。中央与国务院出台的文件明确指出,清晰划分各级政府之间的事权范围,将面向基层且由地方管理更方便的社会经济管理权限一律下放至基层。从各地实践来看,“理顺市、县、乡基层政府之间的权责关系,清晰定位乡、镇或街的主体功能”,是推进乡镇管理体制改革的目的。

其中,“扩权强镇”改革与“简政强镇”事权改革具备典型性。“扩权强镇”改革是通过培育“中心镇”的方式下放部分权限到乡镇一级。按照城市发展的标准,确定中心镇的规模、定位、功能与辐射范围,通过依法交办、委托、延伸机构等形式下放经济类核准与审批权、市政设施与社会治安等社会经济管理权限。“简政强镇”事权改革采取分类改革的模式,分别赋予强镇、特大镇、中等镇与一般镇相配套的职能与权限。行政审批权与行政执法权是主要下放的权力类型,同时推进乡镇财政权与事权的配套,以提升乡镇政府的综合治理能力。

总体来说,推进乡镇管理体制改革,基本达成了两点共识。其一,乡镇是创新社会管理机制和加快城镇化进程的基本载体,不仅应当保留相当数量的乡镇或街道办事处,而且应当赋予与其社会经济发展水平相匹配的行政管理权限,并明确界定其公共服务职能;其二,促进地方各级事权制度化与法律化是改善乡镇法治化现状的基本手段,以优化基层行政组织和提高基层治理能力。[13]

3. 大部制改革:地方行政组织扁平化

大部制,是指“在政府的部门设置中,按政府综合管理职能,将那些职能相近、业务范围趋同的事项相对集中、整合,合并至一个政府部

---

〔13〕 杨丹、徐继敏:《我国乡镇管理体制改革:现状、问题和思路》,载《四川师范大学学报》(社会科学版)2017 年第 1 期。

门管理，进而组成超级大部的政府组织体制”。[14] 学者梳理了我国中央大部制经历的七个阶段，分别为摸索、探索、发展、深化、稳定、稳中有进以及整合试验阶段，[15] 始终围绕着“职能整合”与“机构重组”推进改革。

宪法与地方组织法对行政机构的职责设定形成当前网状的行政管理体制，这种体制暴露出职能不清、权力冲突、成本过高、效率偏低等弊端。但是，地方政府更加强调行政执行力，条块关系的地方政府接受双重领导，很难提高政府治理能力，为此推动大部制是改变当前“瓶颈”现状的突破口。[16] 国内外形势下的行政生态环境[17] 要求大部制改革能够促成“职能整合、行政职权与组织调整、运行机制顺畅与法制保障‘四位一体’的行政系统”生成。大部制改革的推行，应做到整合各级政府职能、行政职责分化与集中配置、撤并或新设行政组织机构、形成纵向与横向的权力制约机制。[18] 需明确的是，大部制改革不是重新构筑一套行政组织体系，而是首先意识到当前政府组织结构的形成基础存在先天不足，即在“工业化社会低度复杂性与低度不确定性条件下建立”起来的，随后再采取措施对之进行调整，以契合国家治理现代化的要求。

强调大部制改革的作用，基于两方面的考虑。一是对扁平化结构

---

〔14〕 张创新、崔雪峰：《当前中国大部制改革研究述评》，载《成都行政学院学报》2009年第4期。

〔15〕 陈科霖：《大部制改革：历史回顾与路径前瞻》，载《云南社会科学》2014年第3期。

〔16〕 徐继敏：《地方政府机构改革中如何推进大部制》，载《四川大学学报》（哲学社会科学版）2008年第5期。

〔17〕 学者分析，我国行政生态环境由国际与国内两大要素组成，国际化与WTO的加入促使除外交部门之外的其他中央部委以及地方政府加强了国际交流，并且西方行政改革尤其大部制改革的推动，对于我国传统行政管理体制与手段有了新的要求；同时国内建设法治政府与服务政府的迫切需求，推动政府在人权保障诉求中对现有组织结构予以反思。参见吴贤静：《论大部制改革的行政生态与建构路径》，载《广西社会科学》2014年第4期。

〔18〕 吴贤静：《论大部制改革的行政生态与建构路径》，载《广西社会科学》2014年第4期。

的认可。扁平化结构强调政府组织简化,核心是政府职能的归类。执行力几乎是所有基层政府行政行为的核心,体现为社会管理与公共服务职能的实现。扁平化程度越高,意味着基层行政行为执行力越大,那么行政效率便能得到有效保障。二是基层政府治理模式创新的要求,即有足够的行政权力、科学的权力制约机制、高质量的公共服务产品与现代化的治理手段。国家治理现代化要求治理理念、治理主体、治理结构、治理关系以及治理能力均有所调整,[19]当前对简政放权力度的加大对此形成呼应,执行权与审批权等经济社会管理权限的下放伴随着机构与人员的精简与基层政府职能的凸显,从政府内部向市场、社会的放权是基层政府治理主体扩容与关系转型的前提。

4. 村民自治试点:基层政府治理的补充

追溯村民自治的起源,产生于家庭联产承包制和公社解体,由1982年《宪法》对此进行确认。随着城镇化向农村推进,农村集体土地国有化和市场化导致村民自治赖以存在的经济基础弱化,“基层民主自治从‘村民自治’向‘居民自治’转变”,村民自治固有的封闭性有所动摇。具体改变有:(1)从“集体经济组织成员”向“城市居民”的身份转变;(2)从“集体土地”向“城市生活”的事务转变;(3)市场主体、社会组织的渗入。

2014年中央一号文件提出,“深入推进村务公开、政务公开和党务公开,实现村民自治制度化和规范化。探索不同情况下村民自治的有效实现形式,农村社区建设试点单位和集体土地所有权在村民小组的地方,可开展以社区、村民小组为基本单元的村民自治试点”。为进一步推进村(居)民自治,应当“通过体制改革与制度创新,充分发挥村民民主自治的能力,将农村内生活力与国家发展力有机结合起来,以实现农村民主自治与国家行政管理的有效衔接并以此推动国家政权

[19] 李丹阳:《国家治理现代化治理视野中的大部制改革》,载《学术研究》2016年第3期。

与农村社会的良性互动”。具体做法是,对县乡行政事务与村(居)民事务予以划分,县(区)将必要的行政事务交由乡镇或街道办事处统筹,村(居)民事务在自治范畴内由村(居)民委员会管理。以“服务下沉与参与上升的联动方式”,促进政府职能转变和行政组织优化,引导基层自治社会的发展。

综上所述,地方上推行的行政体制改革丰富了政府分权改革的内容与途径,为“央—地”之间实现自然灾害应对责任的科学划分提供了先导性的实践经验。

首先,行政组织的优化是科学、合理划分自然灾害应对责任的框架基础。“省直管县”改革调整省、市、县三级政府组织的财政与事权配置关系,乡镇行政管理体制改革强调县与乡的权力配置问题,大部制改革着重强调政府机构的重组与优化,村民自治试点对两种基层政权形式的区分与互动进行梳理。改革表现出的一致性,体现在对省以下各级政府组织的权力关系、责任关系以及利益关系进行审慎思考,而权力、责任与利益也正是实现自然灾害应对地方化应予以回应的核心部分。地方分权改革对行政组织实现整体优化,实际上减小了划分自然灾害应对责任的阻力,如何科学地、合理地、规范地实现央地应对责任的划分能够被重点关注。

其次,政府职能转变有助于明确地方政府应对自然灾害的责任。管控型政府在权力把控上有侧重,而多次地方改革的目的是“放权”——无论是上级政府对下级政府的纵向放权还是政府内部向市场、社会的横向放权,实际上都是服务型政府对行政权力需求的内在驱使所致。灾害应对不要求地方政府拥有过多与之不匹配的行政权力,而“服务”才是其应当发挥的基础职能,这是政府的社会保障责任所决定的。

(三)应对责任机制的创新:雅安模式

“4·20”芦山地震后形成了“雅安模式”,采行“中央放权—地方主导—群众自治”的应对方式,将中央政府、四川省政府与市县政府在灾害应对中的作用与责任予以明确,同时在恢复重建阶段要积极引导企事业单位、社会组织、村(居)民开展重建工作,从而促成灾后重建的共治格局。

“雅安模式”是对我国近年来自然灾害应急管理体制的反思,同时也属一项机制创新,探索行政组织与基层自治组织之间形成的合力作用,形成“自上而下”与“自下而上”交互运行的应对权力轨迹。分析表4-4可知,“雅安模式”形成的责任划分机制由两个部分组成。一是中央与地方各级政府的责任分担方式确定为中央统筹与地方为主相结合,即中央履行灾后重建责任的形式以政策安排、财政支持为主;而地方政府的应对责任则更具执行性,细化为科学选址、规划设计、建设管理、资金补助、政策扶持、社会动员、灾情汇报等。二是政府主导与居民自救相结合,将农民、社会资本等纳入重建工作,以加强基层居民自我恢复、自力自救的主动性与积极性。

表4-4 “4·20”芦山地震后政府责任划分的相关规定

文件名称	规定内容
《国务院关于印发芦山地震灾后恢复重建总体规划的通知》(国发〔2013〕26号)	1. 中央财政统筹现有各类资金,实行总量包干,分年安排,支持灾区恢复重建。 2. 四川省要通过调整支出结构集中财力用于灾后恢复重建。引导社会捐赠资金在规划框架下认建或承建恢复重建项目。 3. 市、县政府统筹优化财政资金使用,通过贴息等方式,发挥财政资金的杠杆作用,吸引更多社会资金参与重建
《国务院关于支持芦山地震灾后恢复重建政策措施的意见》(国发〔2013〕28号)	1. 中央统筹,总量包干。根据灾害损失规模、灾后恢复重建需求和地方财力等情况,统筹现有各类财政资金用于灾后恢复重建,对地方实行总量包干。 2. 地方为主,各方支援。“国家支持、社会援助、群众互助、生产自救”结合起来,充分发挥受灾地区主体作用,做好自力自救、自身恢复、自我图强,推动灾后恢复重建进程

续表

文件名称	规定内容
雅安市抗震救灾指挥部《关于印发〈雅安市抗震救灾工作指导组职责及近期重点工作〉的通知》(雅指办〔2013〕14号)	以县(区)为主体,指导组负责督促、协调所在县(区)抗震救灾工作

第二节　一个契机:应急管理部的建立

我国应急管理事业起步较晚,现代意义上的应急管理是在2003年“非典”(SARS)事件发生后才逐渐有所发展。我国早在党的十六大报告中便作出了“完善突发事件应急管理机制”的安排,以“非典”事件应对为转折点,同年召开的党的十六届三中全会再次重申应急管理的重要性,遂明确提出“建立健全各种预警和应急机制,提高政府应对突发事件和风险的能力”。[20] 2005年,党的十七大报告中进一步扩展了应急管理事业发展的范围,除了重大疾病、突发公共卫生事件外,自然灾害、事故灾难、食品安全事件、社会安全事件的预防预警与应急处置也应纳入突发事件应急管理体制建设中。自应急管理部成立以来,国家治理体系现代化的发展对应急管理体制的优化提出新理念、新要求,促使我国应急管理事业进入一个全新的发展时期。

一、应急管理部的由来

2018年3月,《深化党和国家机构改革方案》经中国共产党第十九届中央委员会第三次全体会议通过,方案第三十项提出“组建应急管理部”,在提高国家应急管理能力和水平的基础上,形成“统一指挥、

〔20〕 转引自蔡立辉、董慧明:《论机构改革与我国应急管理事业的发展》,载《行政论坛》2018年第3期。

专常兼备、反应灵敏、上下联动、平战结合的中国特色应急管理体制”。同时,第十三届全国人民代表大会第一次会议批准《国务院机构改革方案》,决定组建应急管理部,并实行双首长制,对其他部门或机构涉及应急管理的职能与权责统一划归应急管理部一并行使。自此,应急管理部的成立开启了我国应急管理事业发展的新纪元,为完善中国特色应急管理体制提供了契机。

(一)深化机构改革以前的应急管理体制

学者将2018年机构改革以前的应急管理体制发展历程概括为从“单一灾害管理”向“专门机构管理”再到“部门协调管理”的过程。改革开放以后,应急管理的发展共经历四个时期,分别是“1978—1992:单一灾害管理+部门协调机制”“1992—2003:单一灾害管理+党委协调机制+部门协调机制”“2003—2013:枢纽机构抓总+部门协调机制”“2013—2018:国安委+党政同责+部门协调机制”。[21] 也有学者将应急管理体系的演化过程简单地分为第一代应急管理体系与第二代应急管理体系,前者以分灾种管理为主要特点,而后者侧重于综合化管理的观察。在第一代应急管理体系中,形成不完整单部门负责制、临时指挥部机制、外生性减灾机制、重大自然灾害的中央兜底机制等具体的工作机制;第二代应急管理体系开始注重全过程治理体系的建立,形成事前单部门负责、事后政府负责的统一做法,并兼用综合协调机制与责任下沉机制落实应急管理的属地责任。[22]

这一发展历程的推进,与我国城镇化进程的加快、市场经济体制的确立、环境污染加剧、社会安全需求增加以及国家治理现代化推进有密不可分的关联。每一时期应急管理的需求各有侧重,对行政组织与职权配置的要求也存在差异。归纳而言,可以表现为以下三个特点。

---

〔21〕 高小平、刘一弘:《应急管理部成立:背景、特点与导向》,载《行政法学研究》2018年第5期。

〔22〕 张海波:《新时代国家应急管理体制机制的创新发展》,载《学术前沿》2019年第3期(上)。

其一,应急管理机制适用对象由单一向多元转变。新中国成立以来,我国就面临严峻的灾害防治形势,遭受的自然灾害损失逐年增加,伴随经济社会的发展呈现有增无减的趋势。党和国家重视人民的生命健康与国家的经济发展,故应急管理机制的建立早期始终围绕着自然灾害的防治与救助展开,多以水灾、旱灾、地震灾害为主。随着城镇化与工业化进程的推进,传统自然灾害之外的灾害事件屡有发生,发生数量与频率引起社会各界的重视。2005 年 1 月 26 日,国务院第七十九次常务会议通过了《国家突发公共事件总体应急预案》,确立了四类突发公共事件可以启动应急响应机制,分别是自然灾害、事故灾难、公共卫生事件、社会安全事件。2007 年 11 月实施的《突发事件应对法》对四类事件适用应急管理机制的合法性予以确认。至此,我国应急管理体制适用对象的格局基本固定。

其二,应急管理主体分散且职责碎片。法律确定的应急管理部门主要是依托我国行政组织架构成立的县级以上各级人民政府,包括国务院及部委、地方人民政府及职能部门等,同时中国人民解放军、中国人民武装警察部队和民兵组织应依法或依命令参加应急救援和处置工作。实践中,受历次政府机构改革的推动,各类应急管理机构应运而生,最终形成"以行政组织为主,依托应急管理办事机构、议事协调机构和联席会议制度"的应急协调机制。

以自然灾害管理为例,实施的基本领导体制是"党政统一领导,部门分工负责,灾害分级管理"。[23] 在中央,除国务院发挥领导职能外,还设立了国家减灾委、国家防汛抗旱总指挥部、国家抗震救灾指挥部、全国抗震救灾综合协调办公室等,国务院民政部、财政部、自然资源部、生态环境部、住房和城乡建设部、交通运输部、水利部、农业农村部、林业局、地震局、气象局等部门或机构在国家减灾委员会的协调下

---

〔23〕 国家减灾委办公室:《中国自然灾害管理体制和政策》,中国社会出版社 2006 年版,第 14 页。

承担相应的灾害应对职责。地方上,除了各级人民政府外,还设立应急管理办公室,以及联合其他相应的职能部门参与自然灾害应急救援。

整体来看,纳入应急管理体制的主体具有不同的法律性质,如行政主体、军队、临时机构、内设机构等。并且,应急管理的职责分散,一般由相关领域的主管部门承担,但突发事件通常跨涉多个领域,组建临时机构对各主管部门的应对权责进行整合。因此,应急管理实践始终反映了不同程度的问题,如应急资源分散化、应急装备建设重复、应急建设队伍专业化差等。

其三,应急管理职能从事后应对向事前预防过渡。没有常设的、综合性应急管理机构,加之职责分散在各职能部门中,导致应急管理职能通常在灾害发生之时与之后才能有所体现,这也是早期我国应急管理多集中在突发事件处置方面的原因。“突发事件应对是一个包括预防与应急准备、监测与预警、应急处置与救援、事后恢复与重建四个环节在内的管理过程”,学者如是表述。[24] 但是,全过程应对的实践价值逐渐得到重视,并在《突发事件应对法》中予以确认。该法明确了突发事件应对工作的基本原则为“预防为主、预防与应急相结合”,并建立重大突发事件风险评估体系,以减少此类事件的发生与影响。并且,对突发事件应对的全过程进行设定,分设“预防与应急准备”“监测与预警”“应急处置与救援”“事后恢复与重建”专章规定,明文要求建立“突发事件应急预案体系”“突发事件监测制度”“突发事件预警制度”等以预防为主的工作机制。

(二)组建应急管理部带来的变化

应急管理部的组建,“将有效贯通防灾减灾、安全生产、应急救援等领域的应急管理工作”,“有助于解决应急能力不平衡不充分的难

---

〔24〕 钟开斌:《中国应急管理的演进与转换:从体系建构到能力提升》,载《理论探讨》2014年第2期。

题,最大限度地满足人民群众日益增长的安全需求”。〔25〕 回顾应急管理事业的发展历程,应急管理部成立后,在机构设置、职能配置、治理理念、法治化方面带来的转变对完善我国应急管理体制与机制有重大理论价值与实践意义。

首先,应急管理相关机构实现重组。《深化党和国家机构改革方案》明确将中国地震局、国家煤矿安全监察局纳为应急管理部的部署单位。如图 4-2 所示,在机关司局、议事机构、部署单位与派驻机构四个组成单元中,机构改革以前的 3 个指挥部、2 个委员会均被划入应急管理部的统一管理体系内。此外,下设 22 个机关司局,除办公厅、人事司、机关党委等行政管理内设机构外,多以风险规制、灾害防治、安全生产、应急救援等业务机构为主。

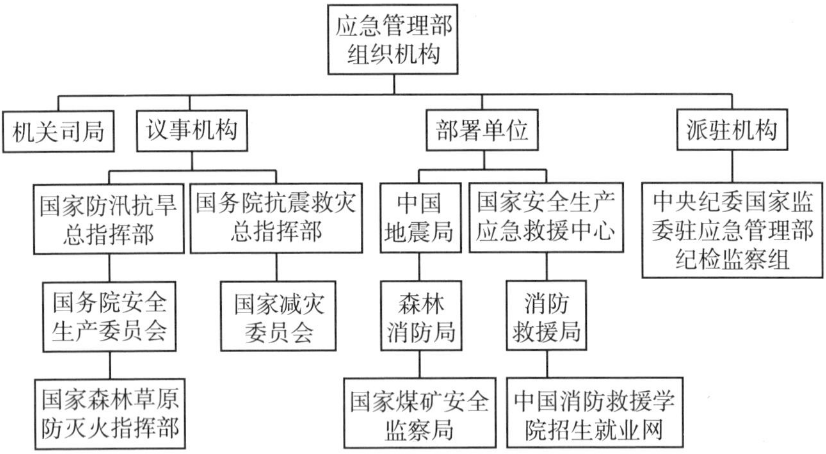

图 4-2 应急管理部的组织架构

其次,应急管理职责整合。应急管理部“整合先前分散在 13 个部门、机构的应急管理职能”,基本完成全灾种管理的职能统一。〔26〕 部

〔25〕 滕五晓:《新时代国家应急管理体制:机遇、挑战与创新》,载《学术前沿》2019 年第 3 期(上)。

〔26〕 高小平、刘一弘:《应急管理部成立:背景、特点与导向》,载《行政法学研究》2018 年第 5 期。

分机构职权完全归入应急管理部,如国家安全生产监督管理总局、中国地震局;部分职能部门的应急管理职责、灾害防治职责纳入应急管理中统一运行,如国务院办公厅、民政部、国土资源部、水利部、农业部、国家林业局等,这是职责整合中的主要构成部分,还有一部分属于自然灾害应急管理中的协调职责,原则上全部纳入应急管理部的议事协调单元。应急管理部成为承担预防、预警、应对、救援、救助等全过程应对职责的中央组成部门。根据部门设置初衷,应急管理部应统一承担的职责包括以下内容。(见图 4-3)

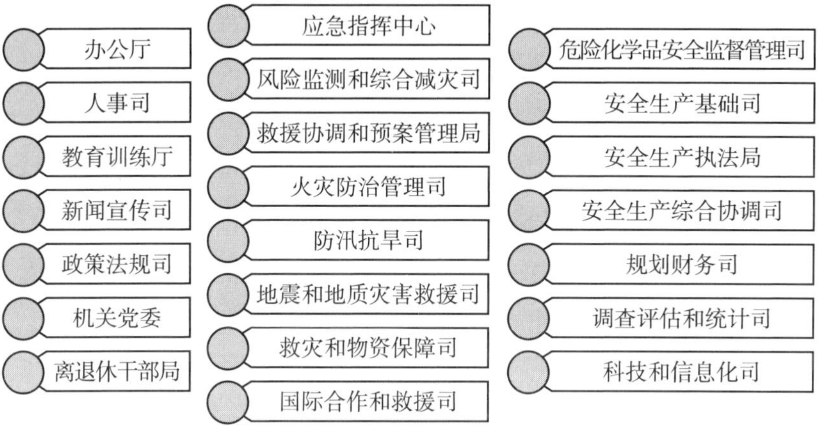

图 4-3 应急管理部组成之机关司局

(1)履行组织制定应急行政管理规划的职责;

(2)履行组织制定国家总体应急预案的职责;

(3)履行指导应急救援和灾害防治,指导各地区各部门应对突发事件工作的职责;

(4)履行建立灾情报告系统并统一发布灾情职责;

(5)履行统筹应急力量建设和统一调度物资储备职责;

(6)推动应急预案体系建设和预案演练,组织灾害救助体系建设职责;

(7)承担国家应对特别重大灾害指挥部工作的职责;

(8)负责安全生产综合监督管理和工矿商贸行业安全生产监督管理的职责。

最后,应急管理的理念发生转变,从单一灾害管理向整体性治理过渡。所谓“整体性治理”,是指承担应急管理职责或者履行应急管理义务的各类公私主体相互配合,协同预防、应对和处置突发事件的活动。[27] 可以从三个层面来阐释应急管理部成立后带来的理念转变。一是治理主体的格局发生“由点及面”的变化,即自中央到地方纵向上的行政组织与同级行政部门之间、国家行政组织与其他社会主体之间形成的网格,应急管理部应处于突发事件应对的核心,由其承担组织、协调、指导其他治理主体参与应急管理事务的职责。二是治理对象的多样性变化。应急管理部的成立,“从政府最高层面上消除了灾种分割管理的状态”,使多灾种综合治理成为可能,但是仍需打破“灾种分治思维定式”,[28]意识到灾害类型的多元化、关联性与社会性,实现全国各种灾害事故的集中治理。三是治理过程从“灾害应急”到“灾害应对”转变,即实现全过程监测、应急与救助的应急管理。

二、应急管理职责的划分

应急管理部成立以来,中央政府层面对应急管理职能与职责的整合,涵摄整个应急管理体制的创新。在优化应急管理体制的进程中,新一轮的国家机构改革立足于我国基本的行政组织架构,考虑到应急管理的职业化需求,强制完成了从“分权”向“集权”整合的阶段,逐渐淡化功能性结构的应急职能分散效应。并且,呈“金字塔”式向基层政权实体配置应急管理权责,逐渐增强结构性应对能力。

---

[27] 戚建刚、乌兰:《应急管理部的行政法建构——基于整体性治理理念的分析》,载《北京行政学院学报》2018年第5期。

[28] 郑功成:《应急管理部:从灾种分割管理走向灾害综合治理》,载《中国减灾》2018年第7期(上)。

(一)分权向集权整合:功能性效能强化路径

我国《宪法》赋予国务院享有领导全国各领域内行政管理事务的权限,涉及“经济工作和城乡建设、生态文明建设”,“教育、科学、文化、卫生、体育和计划生育工作”,“民政、公安、司法行政等工作”。为更好地履行行政管理职责,设置各部和各委员会,并将前述各领域所涉事项分割到各部委,促使行政职能在横向结构的分割中得以功能强化。发挥功能性结构的行政效能,前提是各职能部门因“事”设权,因“权”履责,这是立足于行政权力运行于常规行政模式的基础上的。例如,民政部的职责体现在执行中央关于民政工作的方针政策,促进我国民政事业的长足发展,涉及社会组织管理、社会救助、基层自治、地名管理、婚姻管理、殡葬管理、特殊群体权益保障、慈善事业、社工等,在民生事业发展中的管理或服务行为可被视为民政部的专业职责。

与其他行政管理事项不同,自然灾害应对既要求政府履行常规行政下的防灾减灾职责,又要求政府具备紧急行政时应对突发事件的高效处置能力。实际上,灾害防治、救援等职责分散在各职能部门,由此形成灾害应对分权格局,本身在日常防灾减灾管理事项的完成度上就很难保证。当面对重大、特大自然灾害时,自中央到地方各级人民政府均负担多方面的压力,有来自受灾地区与受灾个体的紧急救助需求,也有来自社会各界包括媒体、学者等提出的质疑与期待。其中,因职权分散导致的沟通成本一直是历次灾害应对中首先解决的问题,保证各职能部门有序地、恰当地履行救灾职责,是各级政府设置长期或临时综合协调指挥中心的直接原因。

应急管理部的成立终结了我国灾害应对分权的时代,开启了“新集权”的纪元,对我国自然灾害应急管理体系的完善有重大意义,仍然立足于我国功能性结构的效能架构上,即职能部门各有所长,负责专业性的行政管理事务。其他职能部门并未因应急管理部的组建而遭

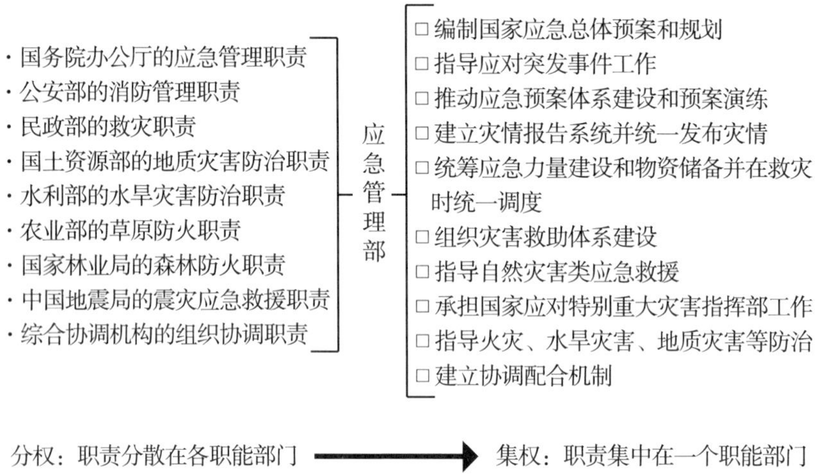

图 4-4　灾害应对职责的调整方向

到撤销,而是将各部门并不擅长的灾害应急与救援事项分离出来,交由应急管理部进行职责整合、归类与细化。灾害应对职责从分散到集中的整合,赋予了应急管理部全新的生命张力。(见图 4-4)一方面,“灾害”的界定更加多元,即应急管理部履行应对职责的事件应同时包括各种形式的自然灾害或人为灾害。另一方面,实现“灾害应对”的全过程治理,改变了过去职能部门仅在应急或恢复阶段介入的格局,从整合的职责分类来看,覆盖了预防、预警、应急、恢复各应对阶段。

(二)“金字塔”式的配权路径:责任沉降

应急管理职责的划分体现的是一条全新的配权路径,即如何促使应急管理职责向基层政府下沉。在既有的财政事权与支出责任划分的基本模式下,并没有简单采用“中央政府事权”“地方政府事权”“中央与地方共同事权”的划分方法,而是在划定各级应急管理部门的职能后,不但要明确其对本行政区域内的应急管理职责,还需进一步细化上级要求的具体职责。其所呈现的“金字塔式”的配权路径,体现在两个方面。

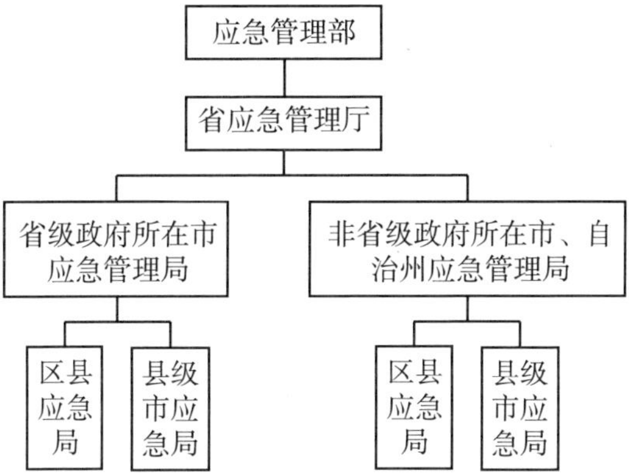

图 4-5 我国应急管理组织架构

其一,从中央到地方逐级设立应急管理部门,为职责下沉创造组织条件。(见图 4-5)

自新一轮国务院机构改革以来,地方纷纷出台省机构改革方案以推动地方各级政府的机构改革,通过“三定规定”与“权责清单”的共同作用实现机构重整与职责调整。随着应急管理部的设立,31 个省、自治区、直辖市均在省一级政府组建应急管理厅,履行应急救援、防灾减灾、安全生产等职责。并且,职责调整基本与国务院机构改革方案中对应急管理部的设定保持一致。以四川省应急管理厅为例,整合了省政府办公厅、省公安厅、省民政厅、各类灾害防治机构的灾害应对职责。[29]

此外,县级以上(区、县、地级市、州、市等)各级人民政府均设立本级人民政府所属的应急管理局,与上级应急管理局、下级应急管理局之间形成垂直的行政隶属关系。如表 4-5 所示,所统计的浙江省杭州、宁波、湖州、嘉兴、绍兴、金华等市已经设立市一级的应急管理局,并且下辖内所有区、县或县级市纷纷组建了应急管理局,具体承担本级人民政府的应急管理职责。

〔29〕 载四川省应急管理厅官网:https://yjt.sc.gov.cn,最后访问日期:2020 年 3 月 20 日。

表 4-5 浙江省部分市、区应急管理部门设立情况

单位:个

城市	下辖区县	区县应急管理局
杭州市	13	13
宁波市	10	10
湖州市	5	5
嘉兴市	7	7
绍兴市	6	6
金华市	9	9

其二,应急管理职责以细化的方式下沉至基层政府的应急管理部门,梳理纵向应急管理部门的职责便可知一二。表 4-6 中,由应急管理部、四川省应急管理厅、成都市应急管理局和成都市武侯区应急管理局构成的纵向应急管理体制清楚地表明了各级应急管理部门的职责分工。

表 4-6 以四川省为例的纵向应急管理职责清单(部分)[30]

部门	编制应急预案的职责	物资储备与调度职责
应急管理部	组织制定国家总体应急预案的职责	履行统一调度物资储备职责
四川省应急管理厅	负责组织、指导应急预案体系建设; 建立完善事故灾难和自然灾害分级应对制度; 组织编制综合应急防灾减灾预案和安全生产类、自然灾害类专项预案; 负责应急预案衔接工作; 组织开展预案演练并落实; 推动应急避难设施建设	制定应急物资储备和应急救援装备规划并组织实施; 会同省粮食和储备局等部门建立健全应急物资信息平台和调拨制度,在救灾时统一调度

〔30〕 制表说明:所涉行政组织的职责来自应急管理部、四川省人民政府、成都市人民政府与成都市武侯区人民政府的官方网站,最后访问日期:2020 年 3 月 17 日。

续表

部门	编制应急预案的职责	物资储备与调度职责
成都市应急管理局	负责组织、指导本市应急预案体系建设; 建立完善事故灾难和自然灾害分级应对制度,组织编制全市综合应急防灾减灾预案和安全生产类、自然灾害类专项预案; 负责应急预案衔接工作,组织开展预案演练并落实; 推动应急避难设施建设	制定应急物资储备和应急救援装备规划并组织实施; 会同市发改委(市粮食和储备局)等部门建立健全应急物资信息平台和调拨制度,在救灾时统一调度
成都市武侯区应急管理局	负责组织、指导本区应急预案体系建设; 贯彻执行事故灾难和自然灾害分级应对制度,组织编制全区综合应急防灾减灾预案和安全生产类、自然灾害类专项预案; 负责应急预案衔接工作; 组织开展预案演练并落实; 推动应急避难设施建设	制定应急物资储备和应急救援装备规划并组织实施; 会同区发改局(区粮食和物资储备局)等部门建立健全应急物资信息平台和调拨制度,在救灾时统一调度

就编制应急预案的基本职责而言,应急管理部自成立之日起便享有,前者是由国务院办公厅移交给应急管理部的。表述上,首先指明了全国范围内的应急预案应当在中央层面进行编制,而省级、市级或区级的应急预案则对应同级人民政府的应急管理部门。除此之外,与应急预案相关的分级应对制度、专项预案制度、预案衔接机制、预案演练活动等则被细化至地方应急管理部门的职责清单中。至于应急管理部承担的物资储备与调度职责下沉至地方政府时,为强化该项职责的实践性,进一步明确为物资储备、装备规划、物资信息平台等具体事项。

无论如何,应把握两个基本原则。一是各级应急管理部门职责的设定,回应同级政府的应急定位,如应急管理部具有应对全国范围内突发事件应对的视野,省应急管理厅则立足于对省域内灾害综合治理的实际需求。二是“责任沉降”意味着细化,目的是便于同级政府采取切实有效的应对措施,因此,“实践性”是衡量下沉的主要标准。

第三节　自然灾害应对责任机制的他国经验

不断完善的自然灾害责任机制是日本与美国取得防灾减灾较大成绩的重要原因。府际之间的灾害应对责任由法律明确,既避免职责交叉与推诿的发生,又促进政府责任的制度化与透明化,对于推动我国"央—地"政府灾害应对责任的划分有重要的借鉴意义。

一、日本自然灾害应对责任机制

在日本,在中央一级设立防灾会议,与防灾大臣共同制定全国防灾减灾规划,自中央到都道府县、市町村均可设立灾害对策本部,实现统一指挥灾害应急与救灾的目的。

(一)日本灾害应对责任机制的基本情况

日本由三级政府组织构成行政体制的基本结构,即"中央政府—都道府县—市町村"。其中,中央由15个省厅、3个专门委员会及47个都道府县组成,各省厅直接由中央政府领导。地方主要分为两级政府,都、道、府、县是相互独立、相互平行的第一级地方政府,市、町、村则是都道府县管辖范围内的相互平等的第二级地方政府。第二次世界大战之后,地方政府获得宪法条款与《日本地方自治法》赋予的自治权限,实行地方自治制。《日本地方自治法》规定了地方自治的基本原则、组织框架及行政准则,更加明确了地方实体与中央政府的关系。但是,由于资金来源与政策方向均受制于中央政府,并未形成完全的独立自治体,[31]这实际上为日本形成独特的灾害应对责任机制埋下了伏笔。

基于行政组织的现有结构,日本"形成了三级政府各负其责,各自

[31] [日]滕五晓、[日]加藤孝明等编著:《日本灾害对策体制》,中国建筑工业出版社2003年版,第13页。

承担相应的权力和义务,以市町村为主体,上下联动、纵向配合为特点的三级应对机制”。[32] 具体体现为,中央建立中央防灾会议,制定全国防灾基本规划;地方依据《日本灾害对策基本法》的规定,在中央防灾会议的指导下成立地方政府防灾会议,制定地区防灾规划;当灾害发生时,各级政府根据灾害规模的大小设立灾害对策本部,统一指挥和调度防灾救灾工作。

中央防灾会议是自然灾害应对中最高的行政权力机构,由日本内阁总理大臣担任会长。同时,在内阁设立防灾大臣专司灾害管理职责,包括编制各种国家灾害管理计划、统筹协调制定风险减少的基本政策、负责收集和传播灾害管理信息、执行紧急措施等。

特殊情况下,中央也会采取特殊手段应对自然灾害的突发情况。一是遭遇非常灾害或紧急灾害且超过地方政府的应急能力范围时,由日本内阁总理府临时设立“非常灾害对策本部”或“紧急灾害对策本部”,分别由日本国务大臣和内阁总理担任本部长。并且,非常灾害对策本部可以在灾区设立,负责配合当地政府设立的灾害对策本部。二是设立具有时效性的专门调查委员会,以满足防灾救灾的特殊需要,一旦完成任务即解散。目前,中央防灾会议内设过 9 个专门调查会,如东海地震对策专门调查会、历史灾害教训总结调查会、灾害管理信息共享专门调查会、防灾相关人才培养和使用专门调查会、东南海—南海地震相关专门调查会等。[33]

地方上,根据《日本灾害对策基本法》的规定,设立都道府县防灾会议和市町村防灾会议,由会长和委员组成,会长由地方行政长官(知事或市町村长)担任,委员则由地区内行政机关和公共机关负责人和学者组成。地方防灾会议依据中央防灾基本规划的要求,制定并实施适合本地区的防灾规划,灾害发生时收集灾情资料并采取紧急应变措

---

[32] 宋金文:《日本地震灾害确权与政府在救灾中的作用》,载《党政研究》2017 年第 2 期。

[33] [日]滕五晓、[日]加藤孝明等编著:《日本灾害对策体制》,中国建筑工业出版社 2003 年版,第 43~46 页。

施。当发生跨区域灾害时,在都道府县或市町村应设立"防灾委员会协调会",共同处理跨区域的灾害应对事务。"3·11"大地震后,《日本灾害对策基本法》于2012年修法新增"大规模灾害跨区域联动应对机制的建设"条款,于2013年修改灾害援助条款以强化跨区域避难对策。[34]

(二)日本灾害应对责任划分的可取之处

1. 法律明文规定是日本政府履行灾害应对责任的必要条件

自然灾害应对的府际关系如是表述,即中央承担法定主导责任、地方自治体实际承担灾害风险管理和灾后重建的基本任务。《日本灾害对策基本法》设置各级政府组织的权力与职责,同时需要不同阶段、不同侧面的法律规定辅以支撑与完善。

根据《日本灾害对策基本法》和《灾害援助法》的相关规定,"中央—都道府县—市町村"三级政府的应对职责与事权范围得以明确。中央政府则有权设置"非常灾害对策本部"或"紧急灾害对策本部",并由此向地方发出相应防灾救灾指示,指定行政机关发出紧急措施的请求与指示等。同样地,基本法规定了都道府县的职责与事权范围,且与市町村进行了明确区分。例如,向国家或地方支分局提出派遣员或实施紧急措施的请求,发出命令从事、合作与保管的命令;向市町村长发出采取紧急措施或提供援助的指示灯。市町村是直接的防灾责任主体,负有保护居民生命财产安全的义务。除法律赋予的自治权外,市町村可以设置灾害对策本部,优先使用通信设备,排除扩大灾害危险的设备、物件,劝告、指示避难搬迁,设置警戒区域,临时使用、收用域内建筑与土地,向居民发出紧急措施的命令,向市町村长、都道府县知事提出援助要求,无偿使用公共财产等。

2. 特殊情况下通过立法确定各级政府的责任分担比例

为维持应对责任体制的稳定和应对机制运行的有序,各级政府每年均会在普通预算中设置灾害专类,以备紧急应对之需。一旦灾害影

---

〔34〕 宋金文:《日本地震灾害确权与政府在救灾中的作用》,载《党政研究》2017年第2期。

响超过预算范围,也会新增或补充预算,用于灾后重建与复兴。实际上,有关恢复重建的事项仍在不断探索与完善中,有关财政分配、复兴计划以及受灾居民生活恢复等并无专项法令予以细化,因此,《恢复重建基本法》的呼声很高,尤其对中央与地方财政支出的负担比例亟须法律明确。

然而,中央与地方财政支出的负担方式并非无章可循,当遭遇特大型或复合型灾害时也会寻求合法途径以保障援助工作的有序推进,常采用出台临时法令的方式实现。比如,"3·11"东日本大地震之后颁布的《东日本大地震特别财政援助法》规定公共土木设施等恢复重建的国库财政援助比例(如表4-7所示)。此外,也通过其他一些财政援助法令来紧急应对大规模灾害,如1950年《农林水产设施灾后修复事业费国库补助暂定措施法》、1951年《公共土木设施灾后恢复事业费国库负担法》、1962年《针对巨大灾害的特别财政援助法》以及1972年防灾涉及的集体迁移促成事业有关的国家财政上的特别措施相关法、1973年灾害慰问金发放等相关法等。

表4-7 东日本大地震公共土木设施等责任分担比例[35]

类别	公共土木设施等	废弃物处理	福利设施、公共设施
责任分担比例与适用事项	当灾害费用超过本县标准税率收入比40%时,由国库负担80%~90%;当灾害费用超过本市町村标准税率收入比20%时,由国库负担80%~90%	当灾害费用超过市町村标准税率收入比10%或20%时,由国库分别负担50%~80%、90%	福利设施:老年人全天护理中心、老年人短期照料设施、低费养老院、地区综合援助中心、残疾人援助设施、护理老年人保健设施 公共设施:警察设施、市町村临时建筑、消防设施、保健所、公立火葬场、公共医疗机构、公立畜牧站、中央批发市场 由国库负担2/3;地方负担1/3

[35] 宋金文:《日本地震灾害确权与政府在救灾中的作用》,载《党政研究》2017年第2期。

二、美国自然灾害应对责任机制

在美国，联邦政府设立联邦应急总署、地方由各州州长主要承担灾害应急的职责。总统、联邦机构、州政府以及地方政府均是灾害管理机构。

（一）美国灾害应急：地方自主管理与府际合作的双重作用

建立在美国自治制度基础上的灾害应对体制，是一种多级政府合作协调、群策群力应付危机的府际协作机制。美国灾害应对责任由联邦、州以及地方三级政府与非营利性机构共同承担。总统、国土安全局、联邦应急总署、海岸卫队、卫生部疾病控制与预防中心共同组成联邦层面的应对机构；州长、国民卫队、州政府国土安全机构、警察厅和有关公民服务机构组成州层面的应对机构；地方危机中心（911）、警察队与救火队则是主要的灾害应对机构。[36]

当灾害发生时，由地方政府首先启动危机处理机制，警察局或救火队的“9·11”指挥中心决定是否派遣警察或救火队；如果问题超过地方政府的处理范围，地方长官应当向州政府紧急报告，并报告联邦应急总署的地方管理局；州政府协同地方政府、地方管理局进行灾情评估，认为本州有困难，则由州长向美国总统寻求援助；总统批准并宣布为重大灾害时，则由联邦政府成立的指挥中心具体领导救助工作。[37] 这表明，联邦采取措施介入地方灾害应对机制，需要自然灾害本身或地方政府应对层面满足一定的条件，否则，原则上由地方政府自主管理灾害事务。

实际上，联邦应急总署遵循的惯例起到了至关重要的作用，即“尽可能由地方来处理重大事件”，要求地方管理者将灾害事件的影响控制在地方范围内；在没有外援的情况下，地方必须能够在灾害影响发

---

〔36〕 蓝志勇、黄衔鸣：《美国地方政府管理》，科学出版社 2015 年版，第 112 页。

〔37〕 同上书，第 115~116 页。

生后运行72个小时,一个强有力的地方政府将会在后期援助中发生决定性作用。[38]

(二)联邦与地方的应对责任各有侧重

如表4-8所示,有关联邦政府、州和地方政府的灾害应对职责相对清晰且细致。[39] 当州、团体或地方政府遭遇灾难性灾害、无力组织或维持一个有效的应急指挥体系时,联邦政府根据国家安全局的指示,可以建立统一的指挥中心来保护公民生命安全和财产,维持重要基础设施或主要能源的运转、控制事态发展,以及保护国家安全。一旦这些州、团体或地方政府恢复其应急能力,联邦政府就应当转换其角色,以配合与支持的态度提供援助。

但是,根据《斯坦佛德法》、《国土安全法》(Homeland Security Act)以及国家应急框架的规定,大型灾害的应急权力与责任首先交给州和地方政府实施。很明显地,州或地方政府应对灾害的权力比联邦更广泛、更具体。通常授予州长或其他州和地方官员广泛的自由裁量权,通过采取必要行动以减少对生命、财产、公共卫生与公共安全的威胁。并且,在州宣布进入紧急状态时,授予额外的权力征用资源,控制财产,下令撤退,延迟法律或行政决定,以及其他必要的应急措施。在行使应急权力时,州或地方政府应当时刻考虑到“如何通过法律或行政命令表达或分类这项权力”“如何通过计划、程序和草案实施这项权力”“以何种方式实施权力”,以及“州如何授权给地方政府机构行使这项权力”。[40] 除此之外,对于大部分非灾难性的灾害,受灾社区主要依靠州或地方的援助,有时也会通过府际合作来弥补联邦援助的缺失。

---

〔38〕 [美]迈克尔·K.林德尔、[美]卡拉·普拉特、[美]罗纳德·W.佩里:《公共危机与应急管理概论》,王宏伟译,中国人民大学出版社2016年版,第6页。

〔39〕 该表根据学者论述进行整理与归纳所得。参见 Daniel A. Farber, James Ming Chen, Robert R. M. Verchick, Lisa Grow Sun, *Disaster Law and Policy*, Wolters Kluwer, 2015, pp. 176-181, 185-193, 197。

〔40〕 Ibid., p. 186.

表 4-8 美国联邦与地方政府灾害应对职责的划分

类别	灾害应对机构	灾害应对职责
联邦政府	国土安全局、联邦应急总署、其他联邦部门	1. 制定国家应急框架(NRF-CIA),成立统一指挥中心; 2. 基本职责是拯救生命、保护财产和重要基础设施、控制事件和保护国家安全; 3. 依据现行法定规定,制定标准程序加快灾害援助,或者在极端情况下,暂时根据灾害情况延迟援助; 4. 事先确认联邦应急资源的组织、部署,如果必要的话,可以开展紧急行动开展生命安全活动; 5. 通知并完全配合国家出现,但不能延迟或阻碍重要联邦资源的快速整合与部署; 6. 一旦确认灾难性事件条件的存在,国土安全局应立即展开 NRF 的实施,接到国家行动中心指令后,联邦其他部门应立即配合行动
州政府和地方政府	州长、其他州官员、地方官员	1. 制定防灾应急规划,实施规划与合作的权力; 2. 灾害应急资源分配与赔偿的权力; 3. 下令撤退的权力,行使适当武力强制撤退的权力; 4. 向公众传达危险信息与警告的权力; 5. 公共卫生安全的保障与私人权利的保护
区域之间	受灾社区政府之间	1. 自主形成跨管辖互助关系以应对区域威胁; 2. 开展府际合作以补充联邦援助

（三）设立联邦应急总署，并正视不足

联邦应急总署(Federal Emergency Management Agency,FEMA)对灾害应对与援助的推进发挥了不可替代的作用,为联邦与地方灾害应对机制的衔接作出贡献。

1978 年,时任卡特总统(President Carter)提出设立联邦应急总署的建议,在向国会提交的机构重组计划中指出:“(1)负责国内重大紧急事件的联邦权力应有一名向总统负责的官员行使;(2)一个高效的民防系统需要最有效地利用所有应急资源;(3)只要可能,应急的责任应有联邦的正式机构承担;(4)联邦减灾活动应同紧急防备与应急职能融为一体。”〔41〕为此,联邦应急总署合并了原先属于民防部、住房与规划发展部、联邦保险管理局、全国防火控制管理局、联邦灾害助理管理局等多个联邦机构的部分或全部职能。机构重组与职能合并之后,联邦应急总署应当履行的职责包括提供建筑安全咨询,教育人民如何抵御和渡过灾难,帮助州和地方政府做好对付危机的准备工作,协调各联邦机构对危机作出迅速的反弹,为州、地方政府、社区、企业和个人提供灾难援助,训练危机管理经理人才,支持国家救火服务署和管理国家的灾难保险项目等。〔42〕

但是,“9·11”恐怖袭击发生之前,布什总统策划将联邦应急总署的功能聚焦于恐怖袭击上。随后,通过《国家安全法 2002》设立国家安全局,并合并联邦应急总署的行政组织与职能。至此,联邦应急总署以最初设立为独立的、综合性的联邦应急机构向国务安全局的附属机构完成转变,主要的职责与功能也由灾难应急与援助向恐怖袭击的应对倾斜。事实上,联邦应急总署保留了《斯塔佛德法》设置的所有功能与权限,如预防计划、应急、复原以及紧急管理与协助等。然而,随着《国土安全法》的实施,国土安全部长利用其重组权限将联邦应急总署部分重要的应对权力分解给国土安全局的其他机构,削弱了其应对紧急灾害事件的权力与自主性。

2005 年,下设于国土安全局的联邦应急总署未能经受住卡列里娜飓风灾害带来的考验,社会各界纷纷责难联邦应急总署失职,并对此前针对其所为的重组行为提出质疑。次年,国会通过了《2006 年卡特里娜飓风后应急管理改革法》(Post-Katrina Emergency Management Reform Act of 2006)。该法案要求联邦应急总署的职能应重新回到预防灾害损失上,将其从国土安全部长的重组权限中剥离出来,并评估为国土安全局的“独立实体”。此外,该法赋予应急管理总署的行政长

〔41〕 William J. Petak, Arthur A. Atkisson:《自然灾害风险评价与减灾政策》,向丽云、程晓陶等译,地震出版社 1993 年版,第 37 页。

〔42〕 蓝志勇、黄衔鸣:《美国地方政府管理》,科学出版社 2015 年版,第 113 页。

官直接面向总统与国会的权力，并限制国土安全部长的权力，以防止联邦应急总署的权限被削减或资产被转移。为此，重申了联邦应急总署的基础职责，即“在任何困难下减少生命与财产损失，保护国家，包括自然灾害、恐怖袭击和其他人为灾难，在一个基于风险的综合性应急管理系统中通过预防、保障、应急、复原和减轻等阶段领导和支撑国家存在”。[43]

小　结

为打破我国传统的网状体制窠臼，避免“上下同构”模式下部门与职能设置的弊端，我国展开了从中央到地方的行政体制改革，央地财政事权的划分与地方分权改革的推进，为我国自然灾害责任的央地划分提供了丰富的实践素材。部分地区已经开始的灾后重建模式探索为具体的职责界定奠定了基础。

---

〔43〕 Daniel A. Farber, James Ming Chen, Robert R. M. Verchick, Lisa Grow Sun, Disaster Law and Policy[M]. Wolters Kluwer, 2015, pp. 155-156.

第五章 “央—地”政府应对自然灾害的责任划分(二):具体责任形式

有学者认为中央与地方的权力配置,既涉及“统治权力”的确定,又涉及“统治权力与治理权力”的确定,还涉及“治理权力”自身的确定,这是从国家权力属性——人民民主来进行的界定。[1] 而本章所指的“责任划分”应当是权力、责任与利益的统一,最终以“职责”为落脚之处。针对央地之间应对自然灾害的责任划分问题,本章拟探讨责任划分的基本原则、主体、方式以及内容等问题。

第一节 配置机制的选择:实现政府应对责任制度化

一、“央—地”政府责任划分的基本原则

“央—地”政府责任划分的基本原则是指

〔1〕 徐清飞:《我国中央与地方权力配置基本理论研究——以对权力属性的分析为起点》,载《法制与社会发展》2012年第3期。

指导我国自然灾害应对中纵向府际之间责任界定、分工等配置问题的基础原理。中央与地方的责任配置分为静态配置与动态配置,前者指向宪法、法规对国家机构的权力配置且轻易不得变动,后者则是在我国现实行政体制改革背景下提出的,由政策或改革推动而进行的权力再分配。那么,配置的基本原则也因配置种类不同而有所不同。本书认为,政策或改革等原因推动的行政组织优化与职能重构,以当前权力结构与社会发展的冲突为内在驱动,最终仍然呈现相对稳定的权力组织架构与责任机制。因此,可不必在此处专门区分讨论。

根据当前我国自然灾害应对中政府责任的现状,划分央地之间的灾害应对责任应同时遵循责任法定原则、合理划分原则以及需求原则。

(一)责任法定原则

责任法定原则,是行政法所确定的职权法定原则在自然灾害应对中的具体适用。所谓职权法定原则,是指行政机关及其工作人员的行政权力必须有法律的明确授权,不能自行设定。学者进一步解释为"行政机关的创设来源于法律的规定,行政机关的权力来源于法律的授予",以及"按法律所设定的权力范围和要求去行使"。[2] 现行宪法规定,中央与地方各级人民政府是国家权力的执行机关,行政职权来源于立法授权,[3]对权力机关与职权配置的来源明确阐释为"法定"。实际上,通过职权法定,要达到的目的便是"把人民、国家、中央与地方之间的关系进一步法定化,明晰人民与国家之间的权力关系,以及中央与地方之间的职能与权限"。[4]

在把握中央与地方之间的权力与责任关系时,1982年《宪法》确定的原则是"遵循中央的统一领导"与"发挥地方的主动性与积极

---

〔2〕 孟大川:《职权法定原则的内涵、意义与要求》,载《探索》2001年第5期。

〔3〕 杨小君:《契约对职权法定原则的影响及其正当规则》,载《中国法学》2007年第5期。

〔4〕 徐清飞:《我国中央与地方权力配置基本理论研究——以对权力属性的分析为起点》,载《法制与社会发展》2012年第3期。

性”,规定原则性较强却也不易操作。实践中,对此原则的理解与运用,表现为对地方先试先行做法的推广,逐渐通过全国性政策的形成来践行央地之间的分权,这一实践做法也被借鉴至自然灾害应对中。就规范性意义而言,自然灾害应对中中央与地方政府的责任划分存在“法定成分偏少而行政色彩偏浓”的特点。一方面是因为有关政府应对灾害的授权规定不足,本身与我国自然灾害法律制度的完善程度有关;另一方面是因为灾害发生的短时效与灾害应对的长时效未形成共识与衔接,以致行政授权成为政府应对灾害的常态方式。最终表现为,中央职责的自我授权、上级为下级政府配置职责,实际损害了公民对国家机构应对灾害的可预期利益以及政府责任追究机制的稳定性。

实现央地之间灾害应对责任的划分应遵循责任法定原则,至少践行法律规定或依法授权二者之一。其一,中央与地方在划分自然灾害应对责任时,应当严格遵照法律规定进行权力配置,“法无明文规定即禁止”是职权配置的重要原则,无论是中央还是地方政府,均应当在法律框架内践行灾害应对职责。当前面临的困难是,没有一部有关自然灾害的统一法律对我国政府责任进行明确的界定,通常依照《宪法》《地方各级人民代表大会和地方各级人民政府组织法》《立法法》《突发事件应对法》等法律中的职责划分规定来界定中央与地方各自或共同履行的灾害应对责任。然而,实践中对责任明晰的需求远超过当前法律的规定,故制定一部央地责任划分的统一法律或法规或许是践行依法设定职权的不二之选。其二,尚无明确法律规定的情况下,为适应当前明晰央地责任的迫切需求,可以通过依法授权的形式暂时调整。国家层面统一法律的缺失、地方立法对灾害责任的模糊设定等立法问题与灾害责任问题之间产生的冲突,是变通责任法定原则的主要原因。通过全国人大常委会授权、地方人大常委会决定的方式,以立法性决定或指示的形式对法律授权性规定、责任划分的程序性规定、行政问责制的规定等作出阐释;地方政府也可以规章的方式对地方政府应对自然灾害的责任形式进行规定,从而保障责任法定性,这是对

"法定"的变通与适用。

(二)合理划分原则

合理划分原则,是行政法比例原则在自然灾害领域责任划分中的变通适用。比例原则核心指向行政行为对"实现行政目的和保护相对人权益"的兼顾,一般包括适当性原则、必要性原则与狭义比例原则,[5]通常作用于行政自由裁量权的规范。近年来,比例原则在我国的发展路径表明,其普遍价值同时表现为跨地域与跨领域。[6] 那么,合理划分原则对"比例"的借鉴应注意三点。

其一,自然灾害责任的划分应当有利于实现行政法治的目的,即目的与手段必须适当。我国正在推进法治政府的建设,要求行政机关实施行政行为应当遵循依法行政的原则,即所有的政府目的、行为、后果等均应当置于法律框架内予以审视。在中央与地方各级政府间进行自然灾害责任划分,拟推进政府责任在该领域的制度化与法律化,更是为了推进自然灾害应对的法治化进程。那么,所谓"适当"的划分方式,是指权力划分的过程、措施与途径不仅应当符合法律规定,更应当有利于法治政府的完善。

其二,赋予中央、地方各级政府及相关部门灾害应对责任应当是必要的,排除授权的任意性。从我国行政管理体制改革与灾害应对现状来看,在上位法规定缺失或模糊的情况下,地方各级人民政府的管理权限往往通过"红头文件"等政策文件、行政规范性文件进行确定,行政授权最大的缺陷便是任意性过强,通常与政府规划意向有关联。为有效防止行政授权带来的任意性,配置自然灾害应对责任时应赋予有关行政主体在必要情况下行使必要的行政权力,以便应对自然灾害的发生。其中,"必要情况"并不特指灾害发生过程,而是立法机关在权衡灾害应对过程后对特定情况下的政府组织予以认定;"必要

---

〔5〕 周云帆:《行政法中的合理原则与比例原则》,载《四川师范大学学报》(社会科学版)2002年第3期。

〔6〕 陈景辉:《比例原则的普遍化与基本权利的性质》,载《中国法学》2017年第5期。

的行政权力”是指授予政府部门的行政权力应当仅作用于灾害应对,不可假借此名义授予其他与灾害应对不相关联的权力。

其三,要求所配置的权力应当与责任、资源达成一定的平衡,禁止过分授予权力。所追求的平衡,是权力、责任与利益相互统一的内在要求。当前行政授权往往忽略地方各级政府的权力承受能力,将过多行政权力交由下级政府行使,常导致权力架空或负担过重的后果。中央到地方各级政府在自然灾害应对中承担不同职能,相应的权力、责任以及财政权均应与职能保持一致性,保证地方政府正好处于四种作用力的平衡点。

前述内容是合理划分原则的内在要求,为更好地贯彻该原则在自然灾害应对责任划分中的适用,应当确定合理的权力结构与合理的标准。

合理的权力结构,是责任划分的前提与基础,这直接体现在我国行政组织框架上。除了行政体制改革带来的组织优化效果,我国自然灾害政府组织体系正在逐渐完善的进程中。在新一轮国家机构改革以前,除了国家减灾委员会〔7〕、民政部国家减灾中心、减灾救灾标准化技术委员会、地方各级政府及职能部门外,也存在临时灾害指挥部等协调机构。如此庞大的减灾组织体系经应急管理部组建而获得整合,致力于专业性与针对性的突破。从中央到地方各级应急管理部门的设立,是为形成一个专司灾害应对的行政组织体系,能有效促进自然灾害应对责任的明晰。

此外,对于采用何种合理的标准进行责任划分也是亟待回应的问

---

〔7〕 国家减灾委员会包括办公室与专家委员会,成员单位由中央宣传部、国务院办公厅、发展改革委、教育部、科技部、工业和信息化部、公安部、民政部、财政部、自然资源部、生态环境部、商务部、卫生计生委、国资委、新闻出版广电总局、安全监管总局、统计局、林业局、中科院、住房和建设城乡部、交通运输部、水利部、农业农村部、地震局、气象局、原保监会、自然科学基金、海洋局、测绘地信局、中央军委联合参谋部、中央军委后勤保障部、中央军委国防动员部、武警部队、中国科协、中国红十字总会、中国铁路总公司。也就是说,几乎所有的中央部委均在国家防灾减灾中应当承担责任,但实际这些部委却因其他重要的法定职能而对于灾害治理仅起到协助或补充作用,并不存在一个真正的中央部门专司灾害问题。

题。以其中涉及的政府资助为例,具体落实到中央政府、省级政府、市(县)政府以及乡镇政府的承担比例上,所考虑的区分因素,除了受灾面积、受灾人口、当地经济水平以外,应重点对各级政府的财政资源进行考察。在"乡财县管"的财税制度下,大部分乡镇无力承担灾害损失,只能依靠上级政府的转移支付,而县级以上各级政府的财政收入主要由税收构成,表明其具有一定的财政资源以负担辖区内的灾害损失。因此,县级以上各级政府对确定灾害资助的比例应当综合考虑灾害损失与当年税收总量来确定。

(三)需求原则

严格来说,需求原则的提出是为解决我国法律依据缺失或模糊的情况下进行责任划分的问题。需求原则,是指在自然灾害应对中对央地责任进行划分时应当充分考虑应对主体参与需求的一项原则。

首先,自然灾害应对的多元主体具有参与需求,包括各级政府组织的灾害应对需求与民众的需求。各级政府组织是灾害行政权力的承接者,理应作为责任主体成为主要考虑的赋权对象,根据其在灾害应对中的角色与职能定位确认权责范围与大小。而灾害应对中的民众需求不同于常规的物质、精神与文化需求,往往在不同灾害阶段有不同形式的诉求,那么对政府组织的权责诉求也会有所区别。实际上,即使是基层自治体与基层政府组织也只是灾害第一手信息的收集者,只有灾区民众最了解自己的需求,对于责任配置应当具有基础性的导向作用。

其次,纵向层级政府之间更应当实现按需配权。按需配权,是指无论是立法机关抑或是行政机关在赋予灾害应对主体权力时应当考虑一个基本问题,该主体是否需要这项权力才能更好地实现灾害防治的效益。实践中,行政主体之间的权力调整往往忽视权力为何调整这一根本目的,以致赋权主体的权力行使使命感有所欠缺。"事权"便是使命感的立足点,"因事确权"是职能部门存在的重要依据,因此,以事权作为责任划分的基准具有一定的合理性。其中,"事"是指社会需要政府提供管理与服务事项的总称,体现了配权的需求;“权”则是政府部门实现公共目标的能力与手段,反映了满足需求的路径。因此,“权”是为实现“事”而由法律赋予的。

二、“央—地”政府应对责任的划分主体

为确定灾害应对责任的划分主体,区分中央与省级政府的关系、省级以下地方政府之间的关系是必要的,这关系到两种政府组织关系是否由同一主体或不同主体进行责任配置。从政府职能来看,中央与省级政府承担宏观调控与市场监管的职能,职责覆盖范围具有普遍性与全国性;而省级以下各级政府则主要承担社会管理和公共服务职能,相应的职责具有地域性与针对性。从我国宪法、组织法、立法法等相关规定来看,自然灾害责任的划分主要是中央政府与省级政府。需要注意的是,此处对责任的划分仍然属于行政授权的范畴,但与推动行政体制改革所采用的政策文件有本质的差别,前者是有明确法律依据的授权模式,而后者则是基于行政管理需求所作的授权,通常在合法性问题上存在争议。

(一)国务院:划分中央与省级政府灾害应对责任

央地之间灾害应对责任的划分实际上包含了中央层面国家机构的职责划分、中央与省级政府的职责划分、省级以下各级政府之间的职责划分以及各级政府职能部门的职责划分等。从《宪法》第89条对国务院职权的设定来看,国务院行使权力通常及于“全国性”的行政工作,一般具有普遍性、共通性等特征,而对于各省范围内地域性特征突出的机构职责划分较难达到预想实效。事实上,灾害应对的专项性与地区差异性较为突出,一般保留在省与中央一级的防灾规划、应急预案、财政救助等行政事权通常具有普适性规律,由国务院具体划分中央与省级政府的职责较为妥当。

依据法律规定,国务院享有行政配置权,可以专门针对中央与省级政府自建的自然灾害应对责任进行划分。在单一制国家内,国家权

力原则上属于中央,各地方政府享有的行政权力均由中央政府授予,这是由我国政治制度的本质属性所决定的。并且,作为国家权力的执行机构,国务院享有的行政配置权具有明确的法律授权,即国务院对于中央与地方的机构设置与职权划分有明确的宪法支撑,这是一项有宪法依据的行政授权行为。《宪法》第 3 条如是规定,"中央和地方的国家机构职权的划分,遵循在中央的统一领导下",这表明国务院对于全国范围的政府职权均有配置权,无论是中央与省级政府还是省、市、县、乡的职责划分。《宪法》第 89 条明确授予国务院对于行政权力的配置权限,规定"各部和各部委的任务和职责""中央和省、自治区、直辖市的国家行政机关的职权的具体划分""统一领导各部和各委员会的工作、不属于各部和各委员会的全国性的行政工作",以及"统一领导全国地方各级国家行政机关的工作"。

(二)省级政府:划分省以下各级政府灾害应对责任

学者从三方面论述了省级政府是恰当的地方责任配置主体,如省级政府是除中央政府以外最高的一级政府、省级政府的管辖范围对于其配置地方行政权有明显的优势、省级政府制定规章的权力是保障权利配置合法性的基础。[8]

省级政府作为责任划分主体是有明确的法律依据的。一是基于宪法与组织法对省级政府职责的规定。《宪法》虽未明确规定省级政府享有行政配置权,但从《宪法》第 108 条和第 110 条、《地方组织法》第 59 条的规定来看,上级政府领导所属部门和下级政府的工作,省级政府对于行政管辖内的下级政府包括市、县、乡均享有领导权限,这种权限"当然包括配置省、市、县、乡行政权的权力"。二是部分单行法的现行经验。我国现行单行法对省级政府配置权的规定表现为两种形式:配置部分行政权与配置部分领域行政权。如《行政处罚法》与《行

〔8〕 徐继敏:《论省级政府配置地方行政权的权力》,载《四川大学学报》(哲学社会科学版)2013 年第 4 期。

政许可法》规定,省级政府可以在国务院授权或法律授权的情况下,对乡镇管辖范围内的行政处罚或行政许可进行配置;《公路法》第 8 条规定省级政府可以对省、市、县的国道省道管理职责进行配置;《土地管理法》第 5 条规定省级政府对于省、市、县的土地管理部门设置与职责有决定权。当然,宪法与组织法对省级政府配置权的赋予是比较原则性的,而单行法律则更具针对性与专业性。

省级政府应当作为省以下各级政府之间自然灾害应对责任的划分主体。

首先,省级政府在自然灾害应对方面具有明显优势,这由地区差异性以及专业性所决定。我国自然灾害分布广泛,地理位置的特点直接决定了自然灾害应对的特殊性,各省、直辖市、自治区在灾害信息、防灾措施、应急机制以及重建手段等方面各具特色,长期形成的防灾减灾经验决定各地区灾害应对的差异性。与中央政府相比,省级政府能迅速通过汇报机制掌握灾害情况与防灾救灾进度,并采取相应的应急措施,依据各级政府行动形成的反馈以灵活调整省以下政府的应对职责。

其次,其他领域对省级政府的法律授权有典型的借鉴价值。省级政府对行政处罚权、行政许可权的配置权力的适用领域更广泛,这与专门领域的法律授权有所不同。通过制定单行法律进行授权是可行的,既突出了灾害应对的特殊性与专业性,又着重强调省级政府在该领域的机构设置与责任配置的作用。

最后,国家层面专项立法的不足是省级政府行使责任划分权力的动因。现实困难是,国家层面立法存在严重缺失,这为灾害应对的专项授权带来法律障碍,依靠少量的、原则性的宪法性授权(宪法、组织法等法律规定),并不利于进一步确定省级政府及省以下各级政府的自然灾害应对责任。但是,也正因如此,考虑到省级政府对辖域内各级政府行政工作的领导与监督现实,由其主导省以下各级政府灾害应对责任的划分工作是恰当的。尽管没有明确的法律规定或中央文件作出指示，但诸如医疗卫生、教育等基本公共服务领域正在探索省级政府划分财政事权与支出责任的权力运行机制，这为自然灾害应对责任的划分提供了参考的视角。据此，可以由地方立法机关制定省级地方性法规，先行赋予省级政府职责配置权，再由规章对这项权力的行使范围、程序作出细化规定。

三、“央—地”政府应对责任的划分方式

受配行政权的行政主体、权力大小、行使范围、治理工具等具体的配置内容，是在持续不断的公共抉择中逐渐明晰与确定的，通常意味着公权力在公共管理与服务职能上的稳定性与可预期性。那么，所采用的行政配权方式应当兼顾决策过程的动态功能与静态效用。学者针对公共供求关系中的行政配权方式进行分类，认为法律配置是最基本的行政配权方式，一般日常性的行政管理采用这种方式最为妥当；授权配置是政府系统的内部调整，可分为逐级授权和权力下放；社会配权则是在引入市场机制后向社会转移权力或寻求合作，从而形成不同场域权力分配的平衡。〔9〕本书认为，为自然灾害责任划分的有序推进，应当兼采法律配权与行政授权两种方式，前述“社会配置”在国家治理语境下更具行政授权特点，故不再单独论述。

其一，法律配权。需要明确的是，此处“法律”应当作广义的解释，包括宪法、法律、行政法规以及地方性法规。一般而言，由全国人大及其常委会、地方各级人大及其常委会通过立法的方式确定从中央到地方各级政府的自然灾害应对责任，这是最基本的配权方式，即严格遵循“职权法定”原则。一旦涉及灾害行政事权，任何行政机关或公务员均应当在有法律授权的前提下行使。

基于我国自然灾害立法现状，高效实现法律配权离不开国家立法

---

〔9〕 黄建洪：《公共供求场域中的行政权力：配置方式、运行机制及发展趋势》，载《社会科学研究》2013年第5期。

与地方立法的配合。既然国家层面缺乏统一的灾害配权立法文件,允许省级人大行使地方立法权制定地方性法规,赋予省级政府划分以下各级政府灾害应对责任的权力,是对当前国家立法缺失或不足的补充与辅助,更是为中央推动立法积累实践经验。如果中央有相对原则性的配权规定,省级地方性法规的权力配置规定应当在形式、内容等方面与中央立法保持一定的协调。如果中央缺失相关的配权依据,那么地方配权规定应当与我国当前宪法、组织法或法律中的权责配置目的保持一致。同时,中央也应当制定系统的自然灾害防治立法计划,在法律制度层面解决责任配置问题,尤其涉及国家机构的新设、合并、撤销及相应的责任,更应当由中央立法予以规定。

其二,行政授权配置。行政体制改革中经常运用行政授权的方式满足下级政府的权力需求,以规范性文件的形式在行政组织内部划分责任,往往与“职权法定原则”的要求构成实践层面与理论层面的冲突。除了由法律、法规对国务院各部委、县级以上各级人民政府的自然灾害应对责任进行规定外,实践中常在自然灾害发生后制定规范性文件(如行政规范性文件或党内规范性文件),推动临时救灾指挥中心的设立,从而协调救灾主体并调整职能部门的应对责任。这种做法具有短期效益,能及时回应救灾需求,但对于日常灾害管理的作用却不太明显,且易引发合法性争议。

为此,针对自然灾害应对的责任划分应遵循依法授权的基本原理,即使是行政组织内部中上级对下级的授权、中央对地方的授权也应当有明确的法律依据。前文对于划分主体的论述,便是在依法获得行政配置权力的前提下提出的。国务院有权对国家机构的职责权限进行确定,源自宪法与组织法的明确规定;国务院可以授权所属部门或下级政府进行管辖范围内的权力确定,源自单一制国家中央与地方政府之间的领导关系,这是由政治制度所决定的;省级政府对省、市、县、乡的权力确定,源自上下级政府之间的领导与监督关系。上述权力划分顺位严格遵循了依法授权的逻辑顺序,但是对于法律保留的职责设定,不得通过授权方式任意调整。总之,依法享有的配置权是自然灾害领域实施行政授权的合法性保障。

第二节　中央政府承担的自然灾害应对责任

在任何一种政治制度下,无论联邦制还是单一制,中央政府都不可能承担非常细致的自然灾害行政事务,因为这并不符合政府职能在纵向体制上的分层逻辑。为清晰界定中央政府的自然灾害应对责任,有必要首先对责任对象即灾害行政事务进行区分,通过界定哪些事项应当由中央政府承担来进一步明确其承担的灾害应对责任。

一、中央政府灾害应对责任的特征

(一)中央政府应对自然灾害的优势

实践中,地方政府明显依赖中央政府的灾害应对导向。除了受我国单一制政治制度的影响外,中央政府的应对优势也是关键因素。

首先,我国是单一制集权国家,国家权力原则上属于中央政府,其他各级地方政府的权力均来自中央的授权,由其领导全国的行政管理事务,并得到宪法依据的支撑。一旦发生突发性的重大、特大自然灾害,则中央政府享有启动国家应急预案的权力。这意味着如果采取强制性的行政措施,全国范围内的所有地方政府及其职能部门、其他社会组织以及个人均应无条件的服从与配合。并且,这种以公共服务责任为基础与目的的权力,既能保证较高的应急效率,又能实现"跨区域"与"跨领域"的援助动员效果,这是地方性政府很难达到的效果。

其次,公共财政方面的优势也为中央政府应对自然灾害提供最有保障的物质支撑。我国实施的分权制财税制度要求对中央税、地方税与共享税进行区分,但财政税收权向中央集中、财政支出责任向地方下沉是当前的基本趋势。换言之,中央政府拥有的财税总量是所有地方政府之和,而将财政支出的责任与风险分散到各地方政府。每年地方政府均会留有一定比例的自然灾害救助预算,以实现日常的灾害管理,但对于破坏性自然灾害的损害往往力不从心,大多数情况下只能依赖中央政府的转移支付。中央政府在灾害财政方面的干预能迅速促使灾区经济社会的复苏与发展。

(二)中央政府灾害行政事务的特点

我国中央政府的执行机构是国务院及其所属各部委、直属机构,除了日常行政管理事务以外,这些部门也会在自然灾害应对的不同阶段,以不同程度的方式与途径参与灾害事务管理。

《宪法》第89条规定了国务院职权,涉及国家机构设置与职权确定、国民经济发展、城乡建设、教育、科学、文化、卫生、民政、公安、司法、监察、国防等行政管理工作的领导与监督,而这些领域的行政管理职责也同时赋予了县级以上各级政府,这是由我国职能同构的条块体制决定的。自然灾害应对是一个复杂的动态过程,包含上述职权所涉各个领域,但有所侧重,为此,有必要对灾害行政事务进行甄别,以确定中央灾害应对责任的作用对象。

其一,中央政府管理的灾害行政事务具有全国性或跨地域性特征,一般以自然灾害损失大小或影响范围辅以证明。当某一类自然灾害的地域性不明显而在全国范围内以较高频率发生时,中央政府可以直接介入该类灾害关联的行政事务,就这类灾害行政事务的权责配置、应对措施等全国性规则进行设定,通过行政法规或部门规章的形式实现。当某一特定自然灾害的破坏作用超过发生地所在省级政府的应对能力或者跨越多个省级政府的管辖范围时,产生了跨域性或全国性的影响或负担,则需要由更高层级的中央政府接管并处置。地方政府自移交灾害事务时起应主动将主导地位转化为协助角色,中央层面则以应急管理部为核心展开组织、协调、指导工作以应对地方发生的自然灾害,有时可以组建临时指挥中心进驻受灾地区以协调地方政府、军队与社会组织开展自然灾害应急与救援工作。

其二,灾害行政事务具有宏观性时,由中央政府承担相应职责更为适宜。灾害应对政策在基本原则、制度框架、机制建设等方面具有较强的宏观性,在全国范围内执行时应发挥主导性、指示性与基础性的作用,这类灾害事务也应交由中央政府行使决策权。

其三,灾害行政事务具有重要性或专属性。强调灾害行政事务的重要性或专属性,是因为其可能事关我国自然灾害领域行政管理效率的实现,或与灾害民生事业的恢复重建有密切联系。在准确评估自然灾害对地方行政能力损害程度的情况下,要求正面回避竞争机制对自然灾害应对带来的负面影响,因此,由中央政府对这类事务进行管理更为妥当。

二、自然灾害应对的宏观调控职责

中央政府承担自然灾害应对的宏观调控职责,一般以国务院及其部委发布有关防灾减灾的全国性政策文件为表现形式。纲领性文件通常由中共中央与国务院联合发布,有时也由国务院办公厅单独发布。例如,2016年制定了两部关于防灾减灾的政策文件,体现了中央政府对于“十三五”规划期间(2016~2020年)全国自然灾害应对的新动向与新要求。(见表5-1)除此之外,国务院下属部委也会在特定灾害领域专门制定防灾减灾的工作要求,如应急测绘、农业、水产养殖、医疗卫生、城乡建设、气象监测等。总体来看,中央政府的宏观调控集中表现为对防灾减灾救灾理念的转化、法律制度的完善、灾害应对机制的建立、灾害应对能力的提升、灾害应急管理体制的健全等方面进行统筹与规划。

表 5-1 “十三五”规划期间中央政府关于灾害防治的政策要求

文件名称	政策要求
《国务院办公厅关于印发国家综合防灾减灾规划(2016—2020年)的通知》(国办发〔2016〕104号)	完善防灾减灾救灾法律制度;健全防灾减灾救灾体制机制。 加强灾害监测预报预警与风险防范能力建设。 加强灾害应急处置与恢复重建能力建设;加强工程防灾减灾能力建设。 加强防灾减灾救灾科技支撑能力建设。 加强区域和城乡基层防灾减灾救灾能力建设。 发挥市场和社会力量在防灾减灾救灾中的作用。 加强防灾减灾宣传教育;推进防灾减灾救灾国际交流合作
《中共中央 国务院关于推进防灾减灾救灾体制机制改革的意见》(2016年12月19日)	健全统筹协调体制:统筹灾害管理、综合减灾。 健全属地管理体制:强化地方应急救灾主体责任;健全灾后恢复重建工作制度。 完善军地协调联动制度。 完善社会力量和市场参与机制:健全社会力量参与机制;充分发挥市场机制作用。 全面提升综合减灾能力:强化灾害风险防范;完善信息共享机制;深化国际交流合作。 提升救灾物资和装备统筹保障能力;提高科技支撑水平。 切实加强组织领导:强化法治保障;加大防灾减灾救灾投入;强化组织实施

三、启动全国自然灾害应急响应机制的职责

2006年至2016年,先后以国务院或国务院办公厅的名义制定并发布了有关自然灾害应对的应急预案共9部,除《国家突发公共事件总体应急预案》外,分别涉及森林火灾、洪涝干旱、地质灾害、气象灾害、地震灾害等类型(见表5-2)。从预案规定来看,通常根据自然灾害造成的死亡人数、紧急转移人数、房屋破损数量等要素确定应急响应等级。值得注意的是,不是所有自然灾害应急响应都由国务院或下属部委启动,实践中多由灾害发生地的县、市或省级政府根据灾情程度启动应急响应。

表 5-2　关于自然灾害应对的应急预案(2006~2016 年)

预案名称	发布主体	预案名称	发布主体
《国家自然灾害救助应急预案》(2016 年)	国务院办公厅	《国家突发地质灾害应急预案》(2006 年)	国务院
《突发事件应急预案管理办法》(2013 年)	国务院办公厅	《国家防汛抗旱应急预案》(2006 年)	国务院
《国家森林火灾应急预案》(2012 年)	国务院办公厅	《国家处置重、特大森林火灾应急预案》(2006 年)	国务院
《国家地震应急预案》(2012 年)	国务院办公厅	《国家突发公共事件总体应急预案》(2006 年)	国务院
《国家气象灾害应急预案》(2009 年)	国务院办公厅	—	—

应急预案作了设定:当发生特别重大地震灾害时,由国务院抗震救灾指挥机构负责“统一领导、指挥和协调全国抗震救灾工作”;当地质灾害超过发生地所在省级政府处理能力时,国务院可以成立临时总指挥部负责地质灾害防治工作的指挥和部署;当发生跨省级行政区域大范围的气象灾害,并造成较大危害时,由国务院决定启动相应的国家应急指挥机制,统一领导和指挥气象灾害及其次生、衍生灾害的应急处置工作。

2016 年,新修订的《国家自然灾害救助应急预案》(以下简称《2016 应急预案》)对所涉灾害类型的应急响应程序予以调整。自然灾害救助应急响应级别仍然从高到低分为Ⅰ、Ⅱ、Ⅲ、Ⅳ四级,但是将国家减灾委作为国家自然灾害救助应急综合协调机构,各成员单位各司其职,分别由国家减灾委、其副主任、其秘书长、其常务副主任分别决定启动相应级别的响应机制。国务院通过预案确定了全国自然灾害救助的直接责任主体,改变了过去分灾害类型启动应急响应的常规做法,促使国家救灾响应机制启动趋向统一化与标准化。

《2016 应急预案》确定的规范机制被应急管理部的组建打破了平衡。据不完全统计,针对 2015 年、2016 年与 2017 年全国范围内发生的重大、特大自然灾害,均由国家减灾委会同民政部分别发布了14次、16次、17次国家救灾应急响应。2018年机构改革以后,原民政部的应急救灾职能划入应急管理部,则主要由应急管理部单独启动[10]或会同国家减灾委一并[11]启动救灾应急响应。

这样的变化,主要是基于两方面的考虑。一方面,作为中央层面应对自然灾害的核心部门,应急管理部具有“指导安全生产类、自然灾害类应急救援,承担国家应对特别重大灾害指挥部工作”的基本职责。这项职责来源合法,受第十三届全国人民代表大会第一次会议批准的《关于国务院机构改革的方案》的批准而设立。根据《国务院组织法》(1992年)第8条的规定,“国务院各部、各委员会的设立、撤销或者合并,经总理提出,由全国人民代表大会决定;在全国人民代表大会闭会期间,由全国人民代表大会常务委员会决定”,应急管理部的设立主体只能是全国人民代表大会或全国人民代表大会常务委员会。另一方面,根据国务院制定的《2016应急预案》的规定,[12]国家应急响应的启动主体可以是国务院或国家减灾委。同时,《自然灾害救助条例》(2010年)第14条规定,“县级以上人民政府或者人民政府的自然灾害救助应急综合协调机构”在自然灾害发生并达到应急预案启动条件时,应当及时启动应急响应。可见,国家减灾委作为中央层面的综合

[10] 参见《四川长宁县发生6.0级地震 应急管理部启动应急响应 派出工作组指导救援救灾工作》,载应急管理部官方网:http://www.ndrcc.org.cn/yjgz/11897.jhtml,最后访问日期:2020年3月18日。

[11] 参见《国家减灾委、应急管理部针对江西暴雨洪涝灾害紧急启动国家Ⅳ级救灾应急响应》,载应急管理部官方网:http://www.ndrcc.org.cn/yjgz/11816.jhtml,最后访问日期:2020年3月18日。

[12] 参见《国家自然灾害救助应急预案》(2006年)的规定:“6.1.2启动程序 减灾委接到灾情报告后第一时间向国务院提出启动一级响应的建议,由国务院决定进入Ⅰ级响应”;“6.2.2启动程序 减灾委秘书长(民政部副部长)在接到灾情报告后第一时间向减灾委副主任(民政部部长)提出启动Ⅱ级响应的建议,由减灾委副主任决定进入Ⅱ级响应”;“6.3.2启动程序 减灾委办公室在接到灾情报告后第一时间向减灾委秘书长(民政部副部长)提出启动Ⅲ级响应的建议,由减灾委秘书长决定进入Ⅲ级响应”;“6.4.2启动程序 减灾委办公室在接到灾情报告后第一时间决定进入Ⅳ级响应”。

协调机构具有法定的启动主体资格。因为《2016应急预案》与《自然灾害救助条例》(2010年)制定并施行于2018年国家机构改革之前,故未能提前预测到应急管理部在中央灾害应对中的作用,以致其在我国既有的灾害法律制度中无明确的法律定位与职责。

四、划分灾害应对责任的职责

根据宪法、组织法与其他法律的规定,中央政府有权行使行政配置权,体现在设置自然灾害应对机构及职责配置、与灾害财政事权的分工方面。

(一)自然灾害应对机构的设置与职责配置

根据行政惯例,我国中央政府一般会以行政法规、规章或规范性文件的形式设置自然灾害应对机构并明确相应职责,如各类自然灾害的国家应急预案均由国务院或其办公厅的名义对外发布,实际上是国务院在行政管理体制内对我国自然灾害应对责任的明确。目前,主要由三类机构构成我国自然灾害行政组织体系,且均由国务院统一领导或设置。

其一,中央到地方的各级人民政府组织。由我国宪法、组织法等法律勾勒出自然灾害应对机构的基本框架,大体与我国行政组织体系保持一致,并由国务院具体确定各级政府组织的灾害应对责任。以地质灾害为例,国务院要求各级人民政府对建设监测预报预警体系、采取预防预警行动、建立地质灾害速报制度以及启动相关应急预案等承担积极责任[13]。

其二,专司自然灾害应对的行政主体。2018年国家机构改革之后成立的应急管理部,将其他部委的灾害管理职责一并纳入,成为中央层面应对自然灾害的核心行政主体。同时,要求部署单位如中国地震

---

〔13〕 参见《国家突发地质灾害应急预案》(2006年)的相关规定,该文件由国务院发布,意味着国务院对各级政府组织的职责要求。

局、森林消防局等承担特别灾害类型的应对职责。

其三,临时灾害应急指挥中心或议事协调机构。例如,发生地质灾害时,影响超过发生地所在省级政府处理能力的,国务院可以成立临时性的地质灾害应急防治总指挥部;发生地震灾害时,必要情况下国务院可以成立抗震救灾总指挥部,并在灾区成立现场指挥机构。这类临时指挥中心的作用在于,统一领导、指挥、协调各灾害应对主体参与应急救援,具有很强的灵活性与及时性。

(二)自然灾害财政权的划分

政府承担应对灾害责任的主要表现形式是,公共财政对自然灾害损失的补偿,尤其体现在恢复重建阶段与日常预防阶段的财政投入。在自然灾害应对中,中央政府与地方政府分别扮演者不同的角色,责任形式各有侧重,从国家财政中对灾害预算的要求上就存在区别,救灾支出责任的分担也应由中央政府予以明确。因为省级政府无权干涉中央财政的预算设定与支出决定,特别是自然灾害救助的预算与救灾专项用途与比例,故其不是财政支出责任划分的适格主体。尽管灾害影响的区域与人口主要在地方上,但我国财税制度的基本模式是中央统筹管理收入、支出则实现地方分权化,地方政府必然承担自然灾害损失,甚至是第一位或主要的责任主体。

除主体不适格外,地方政府设定中央与地方之间的财政分担比例可能有失公允,地方保护主义与地方竞争机制的共同催化与发酵易导致中央政府的错误估计,使中央财政支出与灾害实际损失需求失衡,从而加深地方政府对中央政府救灾的依赖程度,削弱地方政府的责任强度,长此以往,不利于提升地方灾害综合治理的能力。

2018年2月9日,国务院办公厅发布的《基本公共服务领域中央与地方共同财政事权和支出责任划分改革方案》划定了8类应当由中央与地方共同承担公共服务事项,将受灾人员救助划入基本生活救助类别,确定由中央财政与地方财政共同分担救助支出责任,但是方案并未确定支出比例,只是作了原则性的规定,即“中央适当补助、地方承担其余责任”。[14]

有关央地财政分担比例的标准,日本灾害管理体制中常参考灾害损失与地方税收两项要素。例如,《东日本大地震特别财政援助法》中规定了“当灾害费用超过了都道府县标准税率收入比 40%时或市町村标准税率收入比 20%时,国库承担 80%~90%的公共土木设施建设的费用;当灾害费用超过市町村标准税率比 10%或 20%时,国库承担废弃物清理费用的 50%~80%或 90%”。

中央政府对中央与地方公共财政的分担进行确定,一般灾害预算应当包括灾害救助金分担比例、住房建设项目资助比例、公共基础设施建设资助比例、灾害保险赔偿中的政府责任比例、全国性灾害金融借贷措施中的政府支出等。

我国在确定合理的划分标准时,也可以借鉴日本的做法以转变目前中央财政在特大或重大自然灾害中全能包干的理念,将支出责任落实到地方财政上。地方财政收入实际上反映了地区经济发展的总体水平,税收总量与支出预算决定了地区储备能力,这是应对自然灾害的基础物质保障。通过计算灾害年损失总额与财政存量的比率,大致可以推算地方政府是否有财政能力覆盖灾害损失。在此基础上,中央政府可以根据资助对象对分担比例进行类型化确定,如具体的公共基础设施建设、住房建设项目、社会福利机构、教育机构、公共卫生机构等。实际上,类型化越具体,越能促使央地财政分担比例的清晰化。除此之外,也应当适当考虑自然灾害的影响范围以及中央的治理态度。对于某些灾害影响跨地区、需要借助中央政府或府际合作才能从容应对的特大型灾害,中央政府可能会采取相应的国家应急相应措施,可以突破常规的分担比例机制,临时出台财政援助措施规定由中央政府承担更多的财政补贴。

---

〔14〕 国务院办公厅发布的《基本公共服务领域中央与地方共同财政事权和支出责任划分改革方案》(2018 年)的规定,“受灾人员救助,对遭受重特大自然灾害的省份,中央财政按规定的补助标准给予适当补助,灾害救助所需其余资金由地方财政承担”。

第三节 省级政府承担的自然灾害应对责任

我国自然灾害应对体制遵循“分级管理、属地为主”的基本原则,对于地方上发生的自然灾害原则上由地方政府承担主要责任。《国家地震应急预案》与《国家森林火灾应急预案》规定省级人民政府是“应对本行政区域特别重大、重大地震灾害”或“应对本行政区域内重大、特别重大森林火灾”的责任主体,但并非指省级政府只对这类重大或特别重大的某些灾害承担责任。相反地,省级政府是除中央政府以外地方上最高一级的地方政府,对行政管辖范围内的自然灾害应对负有主要责任,原因在于省级政府与其以下的所有基层政府均是领导关系,是地方公共事务的最高也是最终的责任者,并且对域内行政管理事务均有权管辖。

位于中央政府与基层政府之间,省级政府的作用与地位并不是单纯的承上启下或信息传达,其作为行政管理中重要的决策机构,承担的自然灾害应对责任具有复杂性与综合性,不能由其他层级政府或社会组织替代。

一、省级政府灾害应对责任的特征

我国省级政府由省、自治区与直辖市 3 种形式构成,领导所属职能部门与下级人民政府的行政事务。就自然灾害应对而言,省级政府承担的责任与中央政府有明显的区别。

一是灾害应对事务的地域性特征突出。地域性特征由自然灾害的分布原理所决定,地理位置与影响范围位于省级政府的行政管辖内。此外,还体现在不同省级政府应对的灾害类型不同,如西南地区侧重地质灾害或地震灾害的防治、沿海地区侧重气象灾害的防治、长江黄河流域侧重对汛期洪涝灾害的防治。灾害类型分布的区域化显著,决定了中央政府应承担较为全局性、宏观性的指导职责,而省级政府可以根据灾害应对需求制定有效的防治措施。

二是执行性与调控性相结合的责任表现。就中央政府而言,省级政府是其领导下的国家行政机关,应当服从国务院,执行国务院发布的决定、命令与措施;就基层政府而言,省级政府又是其领导机关,要求基层政府执行其发布的行政决定、命令与措施。因此,省级政府既要执行国务院制定的灾害应对政策与决定,严格遵照中央与地方应对责任分担比例的决定,又要根据国务院的要求制定适用于本行政区域内的灾害应对策略,并满足所有基层政府的灾害防治需求。总之,省级政府承担的灾害应对责任既具有执行性特征,也在辖域内具有普遍性与宏观性。

二、执行自然灾害法律法规与中央政府的决定

全国人大及其常委会是自然灾害法律的立法机关,国务院为满足执行法律的需要可以制定相应的行政法规,同时基于即时性或常规性行政管理的需求制定行政规范性文件。作为法律执行机构与国务院下级政府组织,省级政府应当执行前述与自然灾害应对有关的法律、行政法规以及中央决定、措施等。

省级政府的执行职责体现在两个方面。法律、行政法规在自然灾害应对方面作出过于原则性与统一性的规定时,省级政府可以基于地方灾害应对的需要行使行政立法权,制定省级政府规章以细化上位法的规定,加强自然灾害法律规范的可操作性,既是具体执行国家层面的法律法规,也有利于基层政府承担灾害应对责任。此外,中央政府对全国防灾减灾工作的统筹安排通过制度框架的勾勒铺展开来,离不开地方上各省级政府的解读与执行。省级政府可以在行政体制内部细化中央政策的要点,制定行政规范性文件、内部工作规定、考核计划,督促行政机关、行政机关工作人员、社会主体执行或遵守灾害应对的行政规范,以提升下级政府的灾害应对实效。

三、划分省以下地方各级政府的灾害应对责任

本章第一节论述了省级政府对于省以下各级政府的灾害应对责任具有划分权限,即省级政府配置省、市、县、乡等地方政府之间的灾害应对权责,是依据宪法、组织法等对上下级政府之间领导关系的法律确认。与中央政府补贴,省级政府划分省以下灾害应对责任的权限有一定的区别。

其一,省以下各级政府之间灾害财政事权的划分应有所侧重。国务院《关于推进中央与地方财政事权和支出责任划分改革的指导意见》(2018 年)提出,对省以下财政事权与支出责任的划分,要求“省级政府”作为直接划分主体合理确定地方各级政府之间的责任,责任划分的参照物是“省以下财政事权划分、财政体制及基层政府财力状况”,即保证地方政府的支出责任与服务职能匹配。因此,省级政府对地方政府的灾害财政事权进行划分时,应当对市、县与乡镇政府的灾害服务职能进行细化,对各级政府的财税总量与水平进行整体性评估。

其二,所涉机构设置与责任划分对象限于省级政府以下的行政组织。组织法授权中央政府设置国家机构的权力,着重对中央与省级政府的职责权限进行划分。同时,也规定了各级政府可以根据管理需要与精干原则设立工作部门,但有一定的限制。根据组织法的规定,省级政府对国家机构的设置包含:下属自治州、市、县、自治县人民政府的局、科等工作部门的设立、增加、减少或者合并;下属县、自治县人民政府若干区公所的设立;乡、民族乡、镇的建制与区域划分。但是,省、自治区与直辖市的建制与区域划分分别由全国人民代表大会和国务院决定,自治州、县、自治县、市的建置和区域划分由国务院决定。也就是说,省级政府对于其以下的地方政府的设置仅涉及最低层级的乡镇政府一级。总体来说,倘若为满足省内需求而设立相应的灾害治理机构,省级政府可以对下属政府的职能部门或乡镇进行新设、合并、撤

销等,以强化这类机构的灾害应对责任。

其三,划分的灾害应对责任以执行为主。不同层级政府承担相应的政府职能,这是学界通识。将各省视作一个相对独立的区域整体,既然省级政府配置权的对象是省以下的地方政府,两者之间的隶属关系决定责任划分应当是宏观调控与微观管理的整合。具体而言,省级政府对辖区内下级政府的行政领导,对应的正是下级政府与之配合的执行任务,这在组织法中对地方政府的职责规定中有所体现。[15] 那么,省级政府对灾害应对责任的划分也应当遵循这一基本定律,强调基层政府的执行力。

四、编制省域范围内自然灾害应对的财政预算

以四川省为例,在四川省财政厅公布的机构职能中可以看出其仅在社会保障预决算草案编制上与灾害救助沾边。实际上,在具体的预算编制中又会体现对自然灾害的关注,如《2013 年四川省省级公共财政收支预算表》中有自然灾害生活救助预算支出,而在转移性支出中未对"地震灾后恢复重建补助支出"作出安排。但是,从四川省财政厅发布的报告中显示,"截至 2014 年年底,财政厅累计下达芦山地震中央和省级重建资金预算 413. 12 亿元,实际支出 219. 04 亿元,比支出目标任务 205 亿元超额完成 6. 85%",[16] 直接表明四川省在预算支出的基础上为应对突发的芦山大地震而新增支出并获得中央政府的转移支付。

在四川省审计厅公布的《四川省人民政府关于四川省 2008 年度

---

〔15〕 参见我国《地方各级人民代表大会和地方各级人民政府组织法》第 59 条、第 61 条的规定。

〔16〕 参见四川省财政厅:http://www. sccz. gov. cn/NewShow. jsp? action = 1&id = 1804&tname = %E8%8A%A6%E5%B1%B1%E5%BC%BA%E7%83%88%E5%9C%B0%E9%9C%87%E6%95%91%E7%81%BE%E4%B8%93%E9%A2%98&TS = 1513066465547,最后访问日期:2017 年 12 月 12 日。

省级预算执行和其他财政收支的审计工作报告》[17]与《关于四川省2013年度省级预算执行和其他财政收支的审计工作报告》[18]中,关于汶川大地震和芦山大地震灾后恢复重建项目和资金审计情况,反映了重建资金管理与项目的监管存在规范性操作问题。预算与规划管理的预先程序缺失,导致不少资金滞留在县级财政内设部门、项目主管单位和乡镇账户,重建项目在规划许可与环境影响评价等环节缺乏合法程序等。可见,省级政府有权编制灾害财政预算,但未根据实际需要对预算编制进行调整。

我国《预算法》规定了5级预算制度,即“一级政府一级预算”,省级政府预算由本级预算与下级预算共同组成,省级政府财政部门具体编制预算与决算草案。从相关规定可以看出,省级政府享有编制预算的权力,可以涉及各项补贴支出与专项基金的设立。为促使灾害财政事权的有效实施,省级政府在编制年度预算时应当注意两点。

一是有意识地扩大自然灾害省级预算支出的所涉领域。从四川省2013年的预算表中可窥见,一些省份在预算编制时仅考虑自然灾害生活补助,这只是灾害发生时基本生活保障的最低限度要求,而对于住房修补或重建补助、就业补助、灾后福利项目资助、日常灾害管理补助等均未专门涉及。除了灾后救援与重建需要大量资金流入外,各级政府对防灾减灾机制的建立与维护也应当纳入灾害预算范畴。

二是加强灾后恢复重建资金的预算约束。典型的做法是,当特大型、重大自然灾害发生时,由省级政府临时调整年度灾害预算或中央政府转移支付,以推进地方上灾后恢复重建项目的完成。一般情况下,重建资金包括“中央财政相关专项资金”“省级财政相关专项资金和新增财力安排”“非定向捐献资金”“其他资金”等,由于资金来源、

---

〔17〕 参见四川省审计厅:http://www.scaudit.gov.cn/10000/10051/10053/2009/07/27/10011225.shtml,最后访问日期:2017年12月12日。

〔18〕 参见四川省审计厅:http://www.scaudit.gov.cn/10000/10002/10011/2014/08/04/10007949.shtml,最后访问日期:2017年12月12日。

落实与灾害发生的时间几乎保持一致性,在年度预算时缺乏对这项资金预算执行的预先约束与监督,以致重建资金的监管存在很大的缺陷。为此,省级政府在编制灾害预算时应当预先设定灾后恢复重建资金使用与管理的规范程序,保障灾害财政责任的透明度与高效性。

此外,省级政府可以提出设立自然灾害专项基金的要求,以加强地方防灾减灾救灾的资金能力。在美国,佛罗里达州就因为常年遭受飓风、台风等灾害的影响而专门设立了自然灾害基金,以应对相对稳定的气象灾害治理。实际上,我国的自然灾害分布呈现了一定的规律性,可以借鉴这种做法,以达到未雨绸缪的防治效果。有需求的省对域内自然灾害发生规律进行归纳分析,提出设立某一类自然灾害专项基金的申请,向所在省的人民代表大会及其常委会作出汇报与论证。经省人民代表大会批准后,省财政厅将这项专项基金项目纳入年度预算中予以编制、执行与审计。

五、确定住房与公共基础设施标准

通常情况下,有关建筑物或市政基础设施的国家标准统一由住房和城乡建设部制定。例如,《建筑抗震设计规范》《非结构构件抗震设计规范》《超限高层建筑工程抗震设防管理规定》等规章作为全国规范性行业标准,专门针对我国主要城镇房屋抗震标准进行规定。又如,新修订的《室外排水设计规范》与制定的《城市排水工程规划规范》针对城镇排水管道和泵站等雨水设施提出规范性要求,以解决我国城市内涝防治问题。灾害预防与恢复重建阶段,各省新修、改建住房、公共建筑以及市政基础设施的建设,应当严格遵循行业内的国家标准。尽管有强制性的国家标准,省级政府也应承担制定防灾建设标准的职责。

首先,省级政府制定防灾建设标准的权力有合法依据。以《防震减灾法》的相关规定为例,第34条规定,“国务院地震工作主管部门和省、自治区、直辖市人民政府负责管理地震工作的部门或者机构,负责审定建设工程的地震安全性评价报告,确定抗震设防要求”;第37条规定,“国家鼓励城市人民政府组织制定地震小区划图。地震小区划图由国务院地震工作主管部门负责审定”;第36条规定,“有关建设工程的强制性标准,应当与抗震设防要求相衔接”。这表明,省级政府有权对强制性标准提出要求,因为强制性标准与抗震设防要求相关,而抗震设防要求可以由省级人民政府确定。另外,省级政府也可以制定行政区划内的地震小区划图,这实际上为确立区域性的抗震标准做了前期准备。

其次,在国家标准的基础上,省级政府应当按需设计与制定地方标准。原则上,地方上的建筑设施规划与建设应当严格遵照执行国家标准的基本要求。因为国家标准适用于全国范围,具有较强的普适性,反映了这类标准的基础性与最低限度要求,只要地方性标准不突破最低限度就具有合理性。中央政府的职能部门在考虑国家标准的制定或修改时,要么受突发性灾害影响而过于关注某些地区的需求,以致标准的适用的局限性;要么忽略某些地区的灾害类型分布,过多强调普世价值,导致这类标准的限制过低。省级政府制定地方标准则具有一定的优势,因其更易了解管辖范围内的灾害分布特点、建筑物特色、风土人情,既能考虑建筑设施的防灾性能,又能最大限度保留修补或重建后城镇的地方特色。

最后,省级政府制定的标准应当体现区域性与类型化特征。按需制定的地方标准,往往与省级政府的防灾减灾规划有密切相关性,避免不同省份之间盲目照搬或抄袭。

在地震灾害易发区,省级政府专门针对房屋建筑制定的抗震地方标准应高于国家标准,这是由灾害分布决定的。根据住房建筑用途进行区分设计,加强对新建或修补农用住房的抗震要求监督,因农用住房的层高较低、人口密度不大,可要求达到国家标准或满足新制定的地方标准。城镇住房的抗震要求应高于农用住房抗震要求与国家标准,城市人口密度与流动性决定城镇住房承担的灾害预防职能更为突出。医院、学校、福利机构等主要承载公共利益的建筑物群,其抗震设防要求应高于国家标准,以保障对特殊群体生命安全的重视与保护。

在洪涝灾害易发区,尤以沿海区域、长江黄河流域为甚,省级政府针对城市排水工程制定的地方性标准应当在国家标准之上。例如,美国规定的不同城市区域排水系统小暴雨重现期2~100年不等,大暴雨重现期统一为100年;欧盟大暴雨重现期10年、20年、30年、50年分别适用于农村、居民区、城市中心或地铁站等;我国香港特区城市干渠、支渠的暴雨重现期为200年和50年。而我国国家标准设定的暴雨重现期明显低于其他国家,一般地区为1~3年、重要干道或地区为3~5年、特别重要地区才采用10年,[19]这直接反映出城市在应对暴雨或洪水冲击时的应急能力低,排水系统极易发生严重瘫痪。不难看出,城市排水系统的国家标准偏低,且以城市或建筑物的重要程度为区分标准的做法显然不太合理。省级政府应当对域内城市的汛期规律、城市排水需求、城市蓄水能力等有整体性评估,划定防汛治涝分布图,在严格于国家标准的基础上,制定适用于各类城镇的排水设计标准。

六、制定自然灾害福利政策

自然灾害福利政策是灾后恢复重建的重要部分,尤其是精神文明的恢复重建关系着灾区经济社会的长足发展。在中央社会福利政策下,省级政府应当根据灾区损害情况制定切实可行的福利措施或项目,以保障特殊群体的心理卫生与身体健康。第一,省级政府应编制相应的灾害福利规划,将可能遭受自然灾害影响的特殊群体,如孤老、孤儿、孕产妇、青少年、残疾人等纳入福利服务对象范畴,制定福利项

[19] 谢映霞:《从城市内涝灾害频发看排水规划的发展趋势》,载《城市规划》2013年第2期。

目的短期、中期以及长期服务目标与规则。第二,确定灾害福利措施的实现途径,如政府提供、非营利组织提供、政府向其他组织购买或合作等。第三,明确省级以下地方政府提供灾害福利项目的关系与责任,并定期检查服务效果。第四,灾害福利项目应表现为多样化,从各个角度切入对灾区经济社会重建的帮扶,如提供心理干预、就业或再就业培训、福利院或敬老院修建与维护、公共图书馆服务、灾民创业资助等,通过补贴、经验、服务等形式丰富灾民社区的重建生活与生产。

第四节　基层政府承担的自然灾害应对责任

根据宪法对地方政府组织的规定,我国基层政府体系由自治州、县、自治县、市、乡、民族乡、镇、街道办事处等政府实体构成,形成“市—县—乡”三级或“县(市)—乡”两级的基本框架。《地方各级人民代表大会和地方各级人民政府组织法》第59条、第61条规定了各级地方政府的职责权限,“执行上级国家行政机关的决定和命令”“执行国民经济和社会发展计划、预算”以及“办理上级国家行政机关或人民政府交办的其他事项”,其他职责则涉及行政管理、公民权利保护、经济发展等。这表明,以市、县、乡为基本单位的地方政府组织的主要职责是对上级政府发布的决策、命令的执行,即使管理区域内的行政工作也应当遵循这一职责履行的惯例。

基于此,在讨论基层政府的自然灾害应对责任时,实际上便是对市、县、乡三类地方政府的执行责任进行界定。其中,市、县、乡政府在行政管理体制中的关系决定了三者灾害应对责任的划分,三者均被视为自然灾害应对中的基层政府组织,但财政事权的区分直接决定了责任内容与大小。

一、市—县—乡的灾害应对关系

“市—县—乡”或“县—乡”的体制结构,反映出自然灾害应对中从市到乡之间的领导与被领导的关系。一方面,行政区划建制是隶属关系的直接原因。较大的市分为区、县,自治州分为县、自治县、市,县、自治县又分为乡、民族乡、镇,从上至下呈“金字塔”式地区划建制路径决定了被划分单位对更小单位的领导与管理权限。另一方面,职责的法定化强化了基层政府之间的隶属关系。宪法、组织法规定各级地方政府应当执行上级国家行政机关或人民政府发布的决定、命令,以稳固上级政府的领导权,在基层政府治理实践中体现得尤为突出。因此,自然灾害应对中的基层政府之间的领导与被领导关系将占主导地位,尤其是在灾害预防、预警、应急救援等阶段。

实践中也可能出现另一种关系——府际合作。提及府际合作,美国各地方政府之间便不存在行政隶属关系,相互独立的关系加强了不同政府之间的合作。我国推行的“省直管县”改革加强了县级政府的独立性,促进“市管县”到“县管市”体制的变革,是为了进一步平衡各基层政府的政治影响与权责大小,这为自然灾害应对的府际合作创造了体制环境。在传统行政体制下,基层政府之间的隶属关系极有可能复制从中央政府到省级政府、再从省级政府到市级或县级政府的调控与执行关系,只要不是最低层级的乡镇政府或街道办事处,那么,除中央以外的各级政府之外,均可能同时兼具宏观调控与微观执行的职责。而新兴的府际合作有可能打破这种明显的“复制”僵局,各基层政府的责任范围有所区分,灾害应对机制并不完全等同,寻求合作的概率将大幅提高。乡、镇政府可以越过上一级县级政府向市级政府寻求灾害救援,其他省份的市级政府、县级政府或乡镇政府也可向区划外的其他基层政府单位提供援助。在府际合作的关系中,各基层政府最直接的责任形式便是“执行”,有效防范中间层级政府的懈怠行为或权责空置。

当然,行政隶属与府际合作并不是相互排斥的行政关系。在我国,行政隶属关系仍然会在自然灾害应对中发挥主导作用,府际合作关系作为一种机制创新,将发挥积极的补充作用。

虽然乡镇、县、市均为自然灾害应对的基层政府,且承担重要的执行职责,但政府层级的差异决定了责任大小的不同。乡、镇是最接近灾区社会的政府组织,承载了灾民对政府行为的预期,承担的责任更契合灾民的基本需求,执行特点将更突出。而县、市政府侧重对灾害救援的组织与安排、灾情传达以及财政转移支付等。

二、执行中央与省级政府关于自然灾害应对的政策与指示

法定职责的属性要求基层政府必须执行中央与省级政府关于自然灾害应对的政策与决定。前文已经援引宪法、组织法的相关规定,论述基层政府的职责之一是对上级政府发布决定或命令的执行。就基层政府而言,中央与省级政府对我国灾害应对的部署从宏观调控的视角出发,具体执行仍需由基层政府根据受灾社会的实际需求予以实现。并且,基层政府履行执行责任具有一定优势。就受灾社会而言,基层政府可直接连接村组(社区)与村(居)民,灾民诉求可在短时间内得到政府反馈,对上级政府决策、命令能最快产生实践的效果。

基层政府的执行职责体现在,具体执行中央或省级政府制定的自然灾害防治措施,如绘制灾害分布图、建立灾害预警系统等;中央或省级政府启动相应级别的灾害预警响应或救灾应急响应时,基层政府应迅速组织公安、消防、卫生、民政等部门采取应对措施;基层政府应按照要求及时上传灾害信息等。

三、展开日常防灾管理活动

日常防灾管理,是指非突发灾害情况下出于预防的目的由基层政府展开的一系列行政管理活动。与紧急状态下不同,日常防灾管理强调的是灾害应对行为的常规性与持续性,要求基层政府在灾害预防阶

段实施的应对行为符合行政管理常态的基本要求,并在一段期限内持续为之。显然,日常防灾管理的重点应是在“防”与“治”上采取灾害应对措施,以达到降低灾害风险或灾害损失的目的。

为此,基层政府采取的日常防灾管理措施应涉及防灾工程的建设与监督、灾害信息平台的建立与维护、灾害危险的日常排查、灾害预警体系的建立与使用、防灾理念与知识的宣传等。

其一,对防灾工程的建设与监督是农村或城镇避免地震灾害、地质灾害、洪水灾害等多种灾害的有效途径。基层政府及规划部门应当强制要求所有建筑符合抗震设计标准或防洪标准,如农村住房、商住房、公共基础设施等建筑物及场地、地基、房体结构、建筑材料等。为应对滑坡、泥石流、地面沉降等地质灾害问题,基层政府可以采取绕避、排水、力学平衡、土壤改良等措施。

其二,灾害风险的日常排查是基层综合减灾的重要手段。根据辖区内的灾害特点,基层政府实行逐级责任制,对灾害风险点进行逐一排查。比如,在地震易发区,应重点对学校、医院、社区等人员密集的重要基础设施进行风险点排查,重点检查老旧房屋及附属设施的抗震现状。另外,应编制社区灾害风险隐患清单,提出针对性的整治措施。

其三,建立并维护灾害信息平台是充分发挥预警机制作用、迅速采取应急措施的前提。基层政府应当采用物联网技术与信息化手段,运用地震、气象、地质、洪水等灾害监测仪器,在市、县、乡镇、野外工作人员四级部署联动下,实现灾害信息收集、传播的标准化、规范化、精确化与高效化。

其四,建立灾害预警体系是有效降低灾害损失的重要措施。一方面,应当逐步加强灾害预警设施的投入与使用,采用卫星观测、气象雷达、直升机航拍、固定摄像等技术进行灾害情报收集,利用卫星通信、移动通信、固定通信等手段构建以政府为主体的防灾无线网,实现灾害信息汇总与分析的及时性与精确性。另一方面,常设的灾害预警综合协调机制不仅能在市或县政府下属的水利局、农业局、气象局、消防局、公安局、民政局之间建立畅通有效的沟通与协商机制,促使政府、民间团体、社会大众在灾害发生采取有效的避难措施。

其五,基层政府应加强防灾理念与知识的宣传,对象包括行政管理人员与普通居民。通过建立完善的教育培训体系,达到提高社会灾害防治意识并提升民众应急能力的目的,整体上实现基层灾害应对水平的提高。

四、及时采取自然灾害应急救援措施

国务院或省级政府启动相应级别的应急响应机制后,一般由省、市、县人民政府启动相关的应急预案和应急指挥系统。灾害发生地的乡镇、县级或市级政府应立即将有关信息通知各灾害危险点的防灾责任人、监测人和居民,尽快针对是否转移或采取应急措施作出决策,并且,及时划定灾害危险区,组织居民转移到避难场所。

一般来说,基层政府采取的应急措施至少包括四个方面:(1)抢救生命。基层政府组织当地解放军、武警部队、消防以及应急队伍、广大群众展开人员搜救;迅速协调医疗救治与卫生防疫组织实施现场救治,加大对重灾区、偏远山区的医疗器械与药品输送、供应。(2)基本生活保障。井然有序地安置受灾群众,及时转移到灾害避难处,筹集调运食物、饮用水、衣被、帐篷等救灾物资,加快过渡安置房的搭建与管理。(3)保障生命通道的畅通。抢修机场、铁路、公路、桥梁、隧道等公共交通设施,以及供电、供水、通信、广播等基础设施。(4)防御次生灾害的发生。组织专业人员对水库、堤坝、堰塞湖、滑坡、泥石流等进行安全监测,加强对生化原材料、产品及配套设施的排查与管理等。

五、制定、执行辖区内恢复重建规划

特大、重大自然灾害发生后,国务院会制定针对某一自然灾害或受灾地区的恢复重建规划,要求省、市、县等各级政府具体执行。而县、市级政府是否有权制定本辖区内的恢复重建规划呢?目前,仅在

《汶川地震灾后恢复重建条例》(以下简称《条例》)中有所回应。《条例》第26条规定:“地震灾区的市、县人民政府应当在省级人民政府的指导下,组织编制本行政区域的地震灾后恢复重建实施规划”,其“地震灾区”专指汶川地震灾区。那么,是否在该条例之外发生的其他灾害就不能适用“市、县人民政府编制恢复重建实施规划”的规定?本书认为,不应当限制该条规定的适用范围,原因有二。

一是《条例》具备时间效力与空间效力,有扩大适用的可能性。从规定内容来看,《条例》针对汶川地震灾后恢复重建,虽然是以发生过的某一特定的灾害为立法背景与对象,对于过渡性安置、调查评估、恢复重建规划、恢复重建的实施、资金筹集与政策扶持、监督管理等具体内容规定在“地震灾区的各级人民政府”的职责范围内,但实际上除去汶川地震的特定背景,这些规定也可以适用于其他地区或其他灾害领域。

从法律效力的角度来说,《条例》以行政法规的形式颁布且现行有效。时间上,该条例表现为“现行有效”,既可以继续作用于汶川地震发生之后,也会对将来可能发生的灾后重建发生作用。空间上,该条例规定的是汶川地震灾区,在灾害发生后特别强调地域的作用比较明显,但因为其属于行政法规,也可能在全国范围内发生法的效力。在我国法律效力体系中,行政法规的效力位阶低于宪法与法律,但高于地方性法规与规章,是由国务院根据全国人大及其常委会的授权针对执行法律的需要或国务院行政管理职权制定的,而国务院的行政管理事项是基于全国的。

二是对恢复重建规划可操作性的需求。国务院出台的《芦山地震灾后恢复重建总体规划》对重建基础、总体要求、空间布局、居民住房和城乡建设、公共服务、基础设施、特色产业、生态家园、政策措施等内容进行规划。其中,将城镇居民住房重建机制规定为“老城区住房恢复重建与老城区改造,特别是与棚户区、城中村改造结合起来,采取保障性住房、商品房、商业服务、配套设施整体开发模式进行建设”,将配套设施规定为“新建城镇居民区,按人口规模合理配套建设社区综合服务设施、停车场地、活动场所等”。类似这样的表述可操作性并不强,仍然需要灾害发生地的基层政府细化才能具体执行。

然而,在国务院或省级政府发布的重建规划总纲下,由灾害发生地市或县级政府根据灾害需求分析并制定更微观的重建规划,将某些原则性或可操作性不高的内容予以过滤,集中针对重建内容作细致规定。比如,重建区域内的房屋规划设计可以准确到具体的选址、安全设防要求以及环境影响评估,而不仅对选址的要点、条件做概括式的限定;对城乡居民安置,可以对修补与新建房屋比例、重建社区人口密度等作确定性规定。换言之,市、县政府制定恢复重建规划应当在与上位规定不冲突的情况下,着重体现可行性与可执行性。

借鉴《汶川地震灾后恢复重建条例》的相关规定,市、县政府制定的恢复重建规划应当满足三方面的要求。第一,不得与国务院或省级政府出台的重建规划发生冲突。国务院或省级政府站在相对全局的高度制定重建规划,通常在规划理念、设计与布局上能体现恢复重建的基本要求,这也应当成为市、县政府规划的最低限度。第二,恢复重建规划的内容应当完整,且具有较强针对性。原则上,市、县政府制定的恢复重建规划应当包括总体规划与专项规划,其中专项规划包括城镇体系规划、农村建设规划、城乡住房建设规划、基础设施建设规划、公共服务设施建设规划、生产力布局和产业调整规划、市场服务体系规划、防灾减灾和生态修复规划、土地利用规划等。当然,市、县政府也应当根据灾害损失情况与重建需求,有侧重地进行区域规划。比如,某些村寨具有民族特色,则在规划方案中应尽量体现村镇布局、特色修复以及旅游产业的内容。第三,市、县政府的编制过程应当吸纳社会公众参与。重建规划离不开受益对象的幸福感体验,归根结底仍然与灾民的需求休戚相关。因此,编制恢复重建规划时,市、县政府应当组织有关乡镇政府负责人、相关职能部门、灾害学等领域的专家以及受灾群众代表参与,对某些涉及灾民切身利益或灾区产业发展的事项应当进行专题论证。

六、管理、发放自然灾害救助金与救助物资

根据《自然灾害救助条例》第22条的规定,[20]管理、分配与监督灾害救助金的责任主体是县级以上人民政府财政部门与民政部门,调拨、分配、管理灾害救助物资的责任主体是县级以上人民政府民政部门。也就是说,在基层政府组织体系中,财政局或民政局代表县级政府或市级政府具体对灾害救助金与物资进行管理,通常来自中央或省级政府的灾害专项基金在县级或市级政府进行统一的预算规划并投入使用。

此外,涉及灾害救助金与物资的具体发放程序,乡镇政府履行审核与发放的职责,因为其是受灾地区与上级政府沟通、连结的纽带。一般而言,由受灾人员本人提出申请,或村(居)民小组提名,经由村(居)民委员会民主评议,将符合受助条件的名单与材料报送乡镇政府或街道办事处审核,由县级或市级政府民政局审批。一旦审批通过,由县级或市级政府民政局或财政局将救助金或救助物资发放至乡镇政府上,再由乡镇政府根据审批名单直接发放或通过村(居)民委员会代为发放至受助对象。对受灾个体而言,乡镇政府承担了监督与管理的职责;对县级或市级政府而言,乡镇政府又是具体的执行主体。

七、提供或购买自然灾害福利服务项目

灾害福利项目,是指基于自然灾害社会救助的目的,由政府向受灾个人或社区提供的满足灾民基本生活需求、改善灾民居住环境以及关注灾民心理健康发展等方面的公共服务项目。在中央与省级政府提出的灾害福利政策下,由基层政府根据灾民的生存发展现状与需求

---

[20] 《自然灾害救助条例》第22条规定:"县级以上人民政府财政部门、民政部门负责自然灾害救助资金的分配、管理并监督使用情况。县级以上人民政府民政部门负责调拨、分配、管理自然灾害救助物资。"

具体履行提供这类公共服务的职责。基层政府承担福利责任,基于两点考虑。一是政府承担社会保障责任的具体体现。根据宪法规定,政府是社会保障的责任主体,无论中央、省级还是基层政府,均应在公民困难时对其履行生存照料之义务,这是公民基本权利使然。二是政府职能转变的结果。行政体制改革推动政府职能转变,实现政府公共职能的下沉与分散,率先在基层政府实现向服务型政府的转型具有更强的操作性。

基层政府提供的灾害福利服务应当重点关注“人的需求”与“灾害影响”。

基于人的需求提供福利服务是立足点,基层政府此时无须以全局观的视野进行灾区恢复重建,而应当以更为微观的角度考虑灾民的诉求。除了以补助金、救助物资以及房屋安置等形式从物质层面解决其生存需求之外,更应当将居住环境的安全性、舒适感作为福利服务的重要内容,并且加大对各类特殊群体的心理干预与辅导是真正保障灾区社会健康发展的关键。

“灾害影响”的范围与时间决定了公共福利服务的规模大小与持续程度。自然灾害损失不限于可见的、直接的房屋财产损失与生命健康的破坏,还涉及将来可能或必然出现的次生损失。那么,根据灾害影响的短期、中期以及长期影响,基层政府应当提供与之对应的福利项目,如灾民再就业或创业培训、孤老或孤儿福利院的长期运营等。

小　结

为解决具体的划分难题,首先对“央—地”之间责任配置等基础问题进行分析,涉及灾害责任划分的基本原则、划分主体与划分方式。在法律设定不充分的情况下,采取行政依法授权的方式符合我国体制改革创新与探索的需求,但仍应当遵循责任法定原则、合理划分原则与需求原则。

即使自然灾害领域的立法有待进一步加强与完善,但并不妨碍我们对中央与地方政府的灾害应对责任的预设与划分。宪法、组织法与其他法律对中央与地方的行政配权有相对原则性的规定,这为自然灾害应对责任的划分勾勒出框架。概括而言,中央政府应当在那些具有全国性或跨地域性、重要性或专属性的自然灾害行政事务上承担宏观调控的职责;省级政府基于法律授权对行政管辖内具有地方性或特殊性的自然灾害行政事务承担一定的调控职责;基层政府在自然灾害预防、应急与重建阶段中承担的职责表现出更强的执行力。

第六章　建立我国自然灾害应对中政府责任体制的法治路径

当国家治理向现代化迈进时，尤其是当它从计划时代向市场竞争时代转变而带来了治理理念、方式与制度的更替时，这个国家的公共事务治理将不可避免地陷入两难境地——徘徊在保守思想下的固守成规还是新兴理念中的积极探索。倘若处理不当，将会对我国治理现代化进程带来较大的负面影响。在当代国家治理现代化语境下，政治与经济体制改革的深化与全面推进，都迫切要求通过制度化设计对自然灾害应对进行预设与规范，促使政府治理行为下的自然灾害问题能够在必要的限度内得以解决并维持某种可操作性的平衡。

无论采用统一法与单行法并行、中央立法与地方立法兼具还是针对性立法等不同的立法模式或途径，加强自然灾害领域的立法都对完善灾害应对政府责任体制具有特殊意义，从政府治理基本问题的解决、责任主体的确认、责任形式的细化、救济途径的探索等均能推动政府责任的法治化与规范化。一方面，通过完善自然灾害法律制度以形成政府灾害应对的核心基础理论,进一步推动我国现代化国家治理的法治化进程;另一方面,灾害应对中的政府责任体制也尝试对多元主体的权利义务关系作出新的思考与探索,对于积极探寻司法救济途径有重要的理论价值与现实参考。

因此,基于对政府承担自然灾害应对责任的正当性分析以及当前我国自然灾害领域立法现状的考究,本章在借鉴日本与美国相对先进的灾害管理立法经验的基础上,对自然灾害领域立法模式与法律制度构建进行重点探讨,以期对我国自然灾害政府责任法律制度的完善。

第一节　我国自然灾害法律制度现状

一、我国自然灾害法律制度整体情况

目前,我国仅有 4 部法律针对自然灾害进行专门规定。其中,《突发事件应对法》颁布于 2007 年,将自然灾害确立为突发事件之一,且作出了特别重大、重大、较大和一般的程度分级。这部法律遵循“预防为主、预防与应急相结合”的基本原则,着重在突发事件的预防、监测与预警、应急处置与救援、事后恢复与重建等方面规定政府职权范围,建立相应的突发事件应对机制,规定较为全面、系统。《气象法》(2016 年)专章设置“气象灾害防御”,规定国务院气象主管机构及各级气象主管机构对灾害性天气的监测、预报、人工影响天气的管理职责,县级以上人民政府对气象灾害防御规划的制定、实施职责。《防洪法》(2016 年)于 1997 年 8 月 29 日第八届全国人民代表大会常务委员会第二十七次会议通过,分别于 2009 年 8 月 27 日、2015 年 4 月 24 日和 2016 年 7 月 2 日历经 3 次修改,专门针对防洪规划、治理与防护、防洪区和防洪工程设施的管理、防汛抗洪、保障措施及法律责任进行规定,确立了国务院水行政主管部门、国务院建设行政主管部门以及各级人民政府的防洪职责。《防震减灾法》(2008 年修订)颁布于 1997

年,修订于2008年,较为全面地将地震监测与预防、应急救援、灾后过渡性安置和恢复重建纳入法律调整范畴。

此外,有关自然灾害防治的规定也散见于其他法律规定。比如,《草原法》(2013年修正)第25条规定,“县级以上人民政府草原行政主管部门对草原的面积、等级、植被构成、生产能力、自然灾害、生物灾害等草原基本状况实行动态监测,及时为本级政府和有关部门提供动态监测和预警信息服务”;《农业法》(2012年修正)第21条规定“各级人民政府应当支持为农业服务的气象事业的发展,提高对气象灾害的监测和预报水平”;《农业技术推广法》(2012年修正)第11条规定“各级国家农业技术推广机构属于公共服务机构,履行下列公益性职责:……(二)植物病虫害、动物疫病及农业灾害的监测、预报和预防;……(五)水资源管理、防汛抗旱和农田水利建设技术服务;”《水土保持法》(2010年修订)第17条第2款规定“禁止在崩塌、滑坡危险区和泥石流易发区从事取土、挖砂、采石等可能造成水土流失的活动。崩塌、滑坡危险区和泥石流易发区的范围,由县级以上地方人民政府划定并公告。崩塌、滑坡危险区和泥石流易发区的划定,应当与地质灾害防治规划确定的地质灾害易发区、重点防治区相衔接”;《消防法》(2008年修订)第46条规定“公安消防队、专职消防队参加火灾以外的其他重大灾害事故的应急救援工作,由县级以上人民政府统一领导”。

为落实现行法律规范的实施,国务院颁布了13部行政法规,其中涉及地震防治7部,分别是《中国地震烈度区划图使用规定》《石油地震勘探损害补偿规定》《汶川地震灾后恢复重建条例》《破坏性地震应急条例》《地震预报管理条例》《地震监测管理条例》《地震安全性评价管理条例》;涉及气象灾害防治2部,分别是《气象灾害防御条例》与《气象设施和气象探测环境保护条例》;涉及海洋灾害防治1部,即《海洋观测预报管理条例》;涉及地质灾害防治1部,即《地质灾害防治条例》;涉及灾害救助2部,分别是《自然灾害救助条例》与《社会救助暂

行办法》。除此之外,国务院还制定了 9 部与灾害应对有关的应急预案。(见表 5-2)

地方各级人民代表大会及其常委会共颁布省级地方性法规 49 部、市级地方性法规 20 部,省级政府规章 68 部、市级政府规章 34 部。其中,有关气象灾害防御地方性法规有 34 部、地方政府规章有 41 部;有关地质灾害防治地方性法规有 6 部、地方政府规章有 15 部;有关雷电灾害防御地方性法规有 10 部、地方政府规章有 20 部;有关地震灾害地方政府规章有 4 部;有关洪涝灾害地方政府规章有 1 部;有关自然灾害救助地方政府规章有 12 部;有关突发事件应对地方性法规有 19 部、地方政府规章有 9 部。

此外,全国人大及其常委会于 2007 年至 2016 年颁布有关自然灾害的法律工作文件 20 件,涉及自然灾害立法议案、灾害防治规划(一般列于经济与社会发展规划中)、灾害治理与救助的预决算审议等方面。其中,提出制定矿山地质环境保护法、制定气象灾害防御法、修改防洪法、修改气象法、制定气象探测环境和设施保护条例、修改气象灾害防御条例、制定救灾条例、制定社会救助法、修订防震减灾法等议案。

中央政府为贯彻落实自然灾害法律法规,提升政府与社会的灾害应对能力,其间由国务院或各部委制定了行政规范性文件 89 件,灾害预防阶段、预警阶段、应急阶段以及恢复重建阶段分别出台 1 件、4 件、21 件和 63 件,牵涉的部门包括国务院办公厅、自然资源部、国家林业和草原局、国家海洋局、民政部、原农业农村部、中国气象局、交通运输部、财政部、国家税务总局、水利部、国家发展和改革委员会、教育部、原卫生部、住房和城乡建设部、国家能源局、人力资源和社会保障部、生态环境部等。为执行中央政策文件的精神与指示,地方政府制定的行政规范性文件对灾害应对的规定较为具体,其中灾害预防阶段有 16 件,灾害预警阶段有 79 件,灾害应急阶段有 600 件,恢复重建阶段有 545 件。前三个阶段的行政规范性文件以灾害类型为主,恢复重建阶段则体现在住房建设、公共基础设施、教育卫生服务、资金救助、项目管理等公共服务与社会管理领域。[1] 总体来说，我国在自然灾害问题上并非无章可循，归纳起来有如下所述几个特点。

第一，基本形成自然灾害法律制度。如图 6-1 所示，我国自然灾害领域已经基本形成法律制度框架，由 4 部专门法律、13 部行政法规、69 部地方性法规以及 102 部地方政府规章构成。并且，在过去 10 年配以 20 件全国人大及其常委会法律工作文件、89 件中央行政规范性文件、1240 件地方政府规范性文件共同应对自然灾害防治问题，与前述法律、法规一样发挥着不可相互替代的规范作用，对与自然灾害应对相关的基本原则、基本制度、管理体制、法律责任均有涉及。

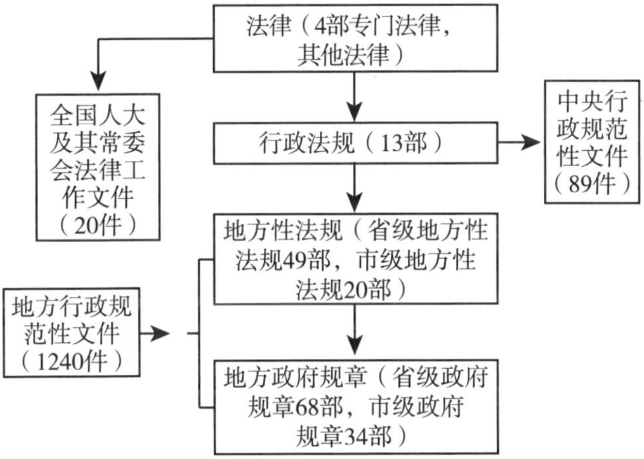

图 6-1　我国自然灾害法律制度构成图例

第二，地方立法权的实践在自然灾害应对领域发挥了重要作用。修改后的《立法法》授权省、自治区、直辖市的人民代表大会及其常务委员会、设区的市的人民代表大会及其常务委员会“根据本行政区域的具体情况和实际需要，在不同宪法、法律、行政法规相抵触的前提下，可以制定地方性法规”。实践中，有关自然灾害防治方面的地方立法占比突出。如图 6-2 所示，省级地方性法规占 57%，市级地方性法

[1] 本章第一节的数据均来自“北大法宝”数据库的检索结果，以“灾害”“灾害救助”为关键词所得，截至日期为 2017 年 8 月。

规占 23%,占整个自然灾害立法数量的 8 成。可见,地方性法规的制定与实施深受地方立法主体的青睐,既能有针对性地满足地方上的灾害应对需求,也为上位法律法规的执行提供了可能,为推动自然灾害法律制度的完善提供了重要的立法实践。

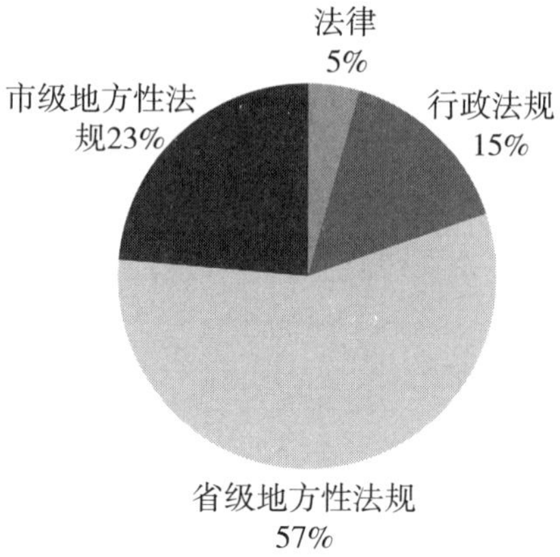

图 6-2 自然灾害立法比例

第三,类型化立法特征突出,覆盖了主要的灾害类型。如图 6-3 所示,在整个自然灾害法律制度中,气象灾害立法最为突出,地方性法规与地方政府规章约占同效力位阶规范数量的 63.77%和 64.71%,表明地方对于气象灾害防治的关注显著。有关地震灾害的行政法规占同效力位阶法规的 53.85%,却没有对应的地方性法规,地方政府规章只有 4 部。地质灾害方面的立法则有 1 部行政法规、6 部地方性法规和 15 部地方政府规章,分别占 7.69%、12%、16.13%,涉及吉林、江西、浙江、重庆、山西、天津、湖南、西藏、甘肃、江苏、安徽、广东、辽宁、湖南等 15 个省、自治区、直辖市。但是,海洋灾害与洪涝灾害方面的立法则很少,前者仅有 1 部行政法规,后者仅有 1 部地方政府规章。

第四,自然灾害的立法发展具有阶段性特征。涉及自然灾害的法律与行政法规数量不多,通过对时效区间的观察亦能找到一定的规律。2000 年至 2004 年,法律与行政法规的发展呈相反趋势,并延续到 2005 年至 2009 年和 2010 年至 2014 年两个时期,在 2015 年之后,均

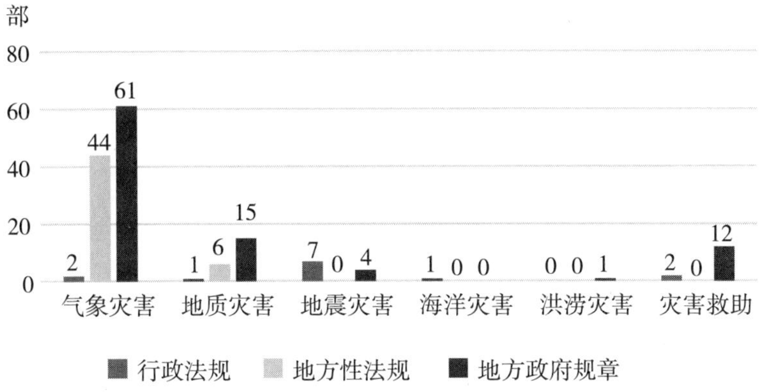

图 6-3　自然灾害类型立法数量对比

未有新的立法动态。(见图 6-4)但是,这一发展趋势并没有被复制或辐射至地方立法的发展进程中。2000 年至 2004 年,地方性法规数量有微小的上升趋势,地方政府规章则有小幅下降,但在之后均呈现相似的浮动趋势。2004 年至 2012 年,地方性法规与地方政府规章的数量呈波浪走势,时高时低,2007 年规章数量的下降与地方性法规数量增多相呼应。可大胆推测,该时期内一定数量的规章经地方人大及其常委会讨论后可能上升至法规位阶。2012 年之后,地方性法规与规章均在新制定数量上达至最大值,随即急速下降至最低峰值。(见图 6-5)

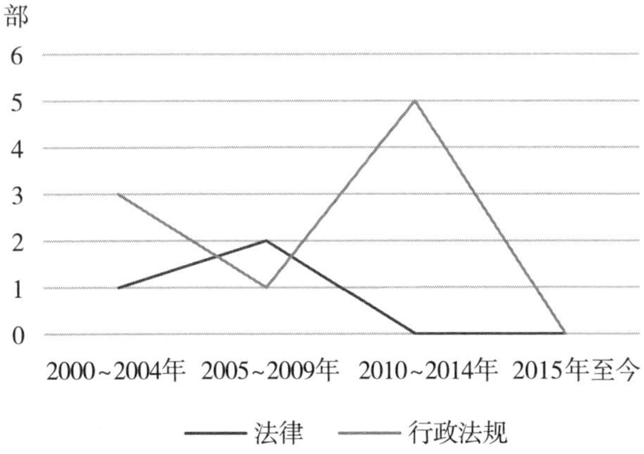

图 6-4　2000 年以来自然灾害法律、行政法规立法发展趋势

图 6-5 2000 年以来自然灾害地方性法规与地方政府规章立法发展趋势

二、我国自然灾害法律制度的缺陷

尽管如此，我国自然灾害法律制度仍然存在诸多问题，如系统性不强、立法技术僵化、法定责任模糊以及行政权力规制不足等。

（一）自然灾害法律制度的系统性不强

虽然我国已经基本形成了自然灾害法律制度，但在自然灾害应对过程中发挥实际作用仍以各级政府制定的行政规范性文件为主，存在三个主要原因。

1. 国家层面缺乏统一的防灾减灾法律

除《防震减灾法》和《防洪法》之外，同等效力位阶上再无涉及其他类型灾害防治的法律。《突发事件应对法》是一部综合性法律，针对自然灾害、公共卫生事件、事故灾难、社会安全事件等突发事件的应对与处置发挥法律效力。虽然自然灾害被囊括至适用情形中，但设定的基本原则、管理制度、预防与应急措施等是对突发事件的处理提出的，不能在该法中体现自然灾害防治的特殊性、专业性，尤其是自然灾害应对相关的管理制度、行政措施、法定程序、财政制度、监督机制与司法救济等均未在法律层面得以直接体现，至于政府组织的灾害应对责任，则无法实现清晰界定。换言之，适用于自然灾害应对的普适性规则在既有的《防震减灾法》《防洪法》或《突发事件应对法》中未能详细展开。

2. 阶段性立法严重不足

灾害预防阶段的行政法规有《气象灾害防御条例》《地震预报管理条例》;灾害应急阶段的行政法规有《破坏性地震应急条例》;灾后恢复重建阶段的行政法规有《汶川地震灾后恢复重建条例》与《自然灾害救助条例》。除此之外,多数地方性法规集中在灾害预防阶段进行类型化立法。阶段性立法存在,但零散且不成体系,鲜有专门针对不同应对阶段的普遍规则提出规范设定,导致了无法可依的适用现状。

第二章已经论述过,灾害应对的不同阶段对政府行为的要求不同,行政权力状态、运行模式与管理体制也会有所区别,有针对性的法律规范对灾害阶段的体现方能正确解读政府应对责任的差异。通常情况下,在灾害预防与预警阶段,国家权力的运行可依据常规的管理流程,立法应重点围绕日常防灾管理设定政府与其他主体的责任形式。一旦进入灾害应对救援状态,国家权力的运行将会打破固有的、常规的路线与程序,立法便应当围绕应急状态或紧急状态下的政府行政行为展开设定,在法律设定的框架内保证公权力运行下的公共利益与个人利益的平衡。当转入恢复重建阶段后,立法应落脚于政府如何采取措施促进受灾地区的生活与经济复苏。

3. 覆盖的灾害类型不全面

目前,仅有两部法律分别对洪涝灾害与地震灾害防治进行调整,而气象灾害防御与地质灾害防治主要由行政法规作出专门的规定。既有的地方性法规以气象灾害防御条例的制定为主,数量远高于地质灾害,并且地震灾害、海洋灾害、森林灾害等类型的地方立法还很欠缺。可见,能适用的法律规范仍然只以原则性较强的上位法规定为主,这也导致地方政府多依地方行政规范性文件实施不同灾害类型的防治行为。

(二)地方立法技术有待进一步提高

1. 重复上位法的设定

在分析地方性法规时发现,自然灾害防治的地方立法犯了大多数领域的立法通病,表现为对上位法的重复为主。

以气象灾害防御的地方立法为例,各省根据需求制定气象灾害防御条例,其上位法是《气象法》与《气象灾害防御条例》。对比、分析华东、华南部分省份的气象灾害防御条例与上位法《气象灾害防御条例》后发现(见表 6-1),浙江、广东、海南制定的条例采取了上位行政法规相同的结构,均包括总则、预防、监测和预报预警、应急处置、法律责任和附则六部分,江苏和安徽除总则、监测与预报、法律责任、附则外还尝试作出了其他设定。在相同结构中,不少规定均能找到对应的上位法规定,要么单纯重复,要么变相规定,并没有直接反应该省气象灾害法治的特别需求。

例如,《气象灾害防御条例》第 2 条将"气象灾害"定义为"台风、暴雨(雪)、寒潮、大风(沙尘暴)、低温、高温、干旱、雷电、冰雹、霜冻和大雾等所造成的灾害",江苏、安徽、浙江、广东、海南等省份均在条例中重复了该条规定。再如,《气象灾害防御条例》第 4 条规定,"县级以上人民政府应当加强对气象灾害防御工作的组织、领导和协调,将气象灾害的防御纳入本级国民经济和社会发展规划",《江苏省气象灾害防御条例》第 5 条、《广东省气象灾害防御条例》第 5 条、《浙江省气象灾害防御条例》第 3 条几乎与前述表述一样。

可见,灾害应对的地方立法对上位法重复规定的现象明显,而回应地区灾害特点、防治需求的规定并不突出。地方立法主体对"与上位法一致或保持协调性"的理解存有偏差,以致地方立法权在灾害防治法律制度完善上的作用被削减,地方性规定的实际操作性降低。

表 6-1 气象灾害防御法规的设定结构对比

法规名称	第一章	第二章	第三章	第四章	第五章	第六章
《气象灾害防御条例》	总则	预防	监测、预报和预警	应急处置	法律责任	附则

续表

法规名称	第一章	第二章	第三章	第四章	第五章	第六章
《江苏省气象灾害防御条例》	总则	防御规划与组织实施	监测与预报预警	人工影响天气与雷电灾害防御	设施建设与保护	法律责任
《安徽省气象灾害防御条例》	总则	规划与实施	建设与保护	监测与预报	防灾与减灾	法律责任
《浙江省气象灾害防御条例》	总则	预防措施	监测、预报和预警	应急处置	法律责任	附则
《广东省气象灾害防御条例》	总则	预防	监测、预报和预警	应急处置	法律责任	附则
《海南省气象灾害防御条例》	总则	预防	监测、预报和预警	应急处置	法律责任	附则

2. 过分借鉴相同位阶的立法设定

同位阶法规之间的合理借鉴有利于自然灾害防治地方立法进程的推进，但是实践中过分借鉴同位阶立法路径的现象突出，忽略了灾害防治的区域特征。例如，《安徽省气象灾害防御条例》（以下简称《安徽省条例》）颁布于 2007 年 8 月 24 日，《江苏省气象灾害防御条例》（以下简称《江苏省条例》）颁布于 2017 年 6 月 3 日，两部法规均专章设置“防御设施的建设与保护问题”，后者对前者的借鉴迹象明显，运用过多篇幅去重复其他省份相关的规定，有“照搬”之嫌。（见表 6-2）

表 6-2　安徽、江苏两省关于气象灾害防御条例部分规定的对比

《安徽省条例》	《江苏省条例》
第 17 条：县级以上人民政府应当组织气象主管机构和有关部门加强气象预警基础设施建设，畅通预警信息发布与传播渠道……应当根据气象灾害防御的需要，将气象灾害监测、预警设施纳入建设项目，统一规划和建设；已投入使用的，应当根据气象灾害防御的需要，加装气象灾害监测、预警设施	第 33 条：县级以上地方人民政府应当加强气象灾害监测、预报预警的基础设施建设，并根据当地气象灾害防御工作的需要建设应急移动气象设施，提高气象灾害监测、预报预警能力 第 34 条第 2 款：高速公路、大型桥梁等基础设施按照建设规范要求必须建设气象灾害监测、预警设施的，应当与项目同时建设

续表

《安徽省条例》	《江苏省条例》
第 18 条:县级以上人民政府应当按照国家标准划定气象探测环境保护范围,并纳入城市规划或者村庄和集镇规划	第 36 条:县级以上地方人民政府及其有关部门应当按照国家规定的标准划定本地气象探测环境的保护区域,并纳入城市规划或者村庄和集镇规划

(三)政府应对责任的划定不清晰

现有法律规范对政府灾害应对责任的设定与划分不清晰,体现为上位法进行原则设定、下位法未作细致区分,以《突发事件应对法》与部分省市的条例或办法为例进行对比分析。

《突发事件应对法》制定于 2007 年,此后无任何修订活动。而应急管理部成立于 2018 年 3 月,虽然有全国人民代表大会通过的《国务院机构改革方案》对其应急管理职责进行界定,但截至目前尚无法律、行政法规将应急管理部及各级政府下设的应急管理厅局纳入法律规范中作为灾害应对的法定主体,通过法律规范明确其灾害应对职责更无从谈起。

仅就《突发事件应对法》第 9 条设定的应对主体来看,国务院和县级以上各级人民政府是突发事件应对的行政领导机关,由国务院设定职责;第 8 条授权县级以上各级人民政府可以根据实际需要设立应急指挥部。两条规定均未明确指出法定的突发事件应对主体职责,能作出的判断是日常灾害防治管理事务由政府及职能部门负责,特殊情况如自然灾害发生时可能由临时应急指挥主体负责应对工作。

天津、云南、江西、河北等地均通过地方性法规要求设立应急管理办事机构,但从规定来看,却没有细化办事机构的应对职责。比如,《江西省突发事件应对条例》第 7 条和第 8 条、《河北省突发事件应对条例》第 4 条和第 5 条、《安徽省突发事件应对条例》第 4 条、《云南省突发事件应对条例》第 4 条等规定的表述几乎一致,即设立的应急管理办事机构与突发事件应急委员会的职责是领导、协调、指挥与督导,而其他部门的职责则未详细阐释。

再如,《地质灾害防治条例》第 7 条第 2 款规定:“县级以上地方人民政府国土资源主管部门负责本行政区域内地质灾害防治的组织、协调、指导和监督工作。县级以上地方人民政府其他有关部门按照各自的职责负责有关的地质灾害防治工作。”类似这样的表述也出现在地方性法规中,《浙江省地质灾害防治条例》第 5 条第 2 款:“县级以上人民政府发展和改革、财政、建设、规划、交通运输、水利、林业、人民防空、气象、民政、公安、旅游、教育等部门,按照各自职责负责相关的地质灾害防治工作。”

综上可知,既有规定在灾害应对责任上的设定存在两个主要问题。一是灾害应对职责的纵向划分不清晰,上位法已经作出职责安排,下位法仍以模糊的规定一带而过或者重复陈述,以致地方性法规无法完成对基层政府灾害应对责任的划分任务。二是政府内部职责的横向划分与职能横向分权也不明确,地方性法规虽然明确列举了同级政府的职能部门应当承担灾害应对的职责,却以“各自职责”笼统规定,极易导致应对实践中的职责推诿或交叉。

(四)行政规范性文件成为灾害应对的主要依据

依法行政原则是构建法治政府的要求,是指“政府的一切行政行为应依法而为,受之约束”,要求政府依法的明文规定行为,其中法律包括“宪法、法律、法规、规章”。[2] 在自然灾害应对中,政府行政权力的行使应以相关法律、法规或规章作为依据,但是由于自然灾害法律体系自身的缺陷,如政府责任划分不清、部分阶段或领域的立法欠缺、法律规范的可操作性与灵活性受到制约等问题,实践中主要将行政规范性文件作为灾害应对的主要依据。

2007 年至 2016 年,各灾害应对阶段的中央行政规范性文件参差不齐。其中,仅在 2008 年出台关于预防阶段的应对文件,即《教育部关于全力做好地震灾害预防和救助工作的紧急通知》。至于预警阶

〔2〕 姜明安主编:《行政法与行政诉讼法》(第 5 版),北京大学出版社、高等教育出版社 2011 年版,第 67~70 页。

段,分别于 2007 年、2010 年与 2011 年制定了《教育部办公厅关于开展学习、宣传和贯彻实施〈气象灾害预警信号发布与传播办法〉的通知》《中国气象局关于加强气象灾害预警信息发布与传播工作的通知》《中国气象局关于印发中央气象台气象灾害预警发布办法的通知》《中国气象局关于发布〈基于手机客户端的气象灾害预警信息播放规范〉等4 项气象行业标准的通告》等规范性文件。不过,应急阶段制定的规范性文件明显增多,呈现灾害类型化特点。

在中央层面,政府对各类灾害应急的关注与措施相对平衡,但地方政府的行为差异则较大。如图 6-6、图 6-7 所示,各地政府在气象灾害与地质灾害的应急阶段大量出台行政规范性文件,以此作为指导政府应对灾害的依据。

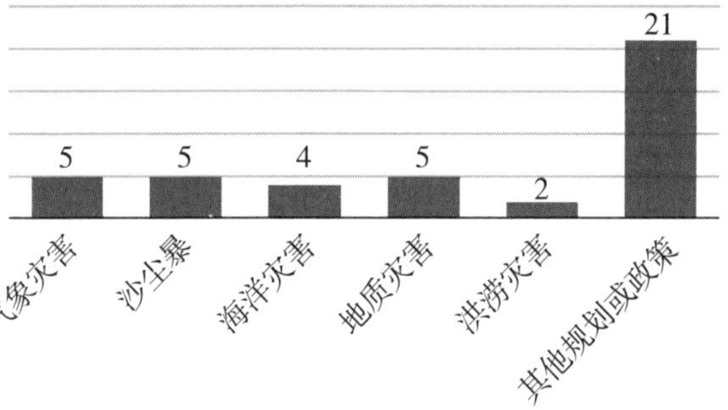

图 6-6 2007~2016 年自然灾害应急阶段中央行政规范性文件数量

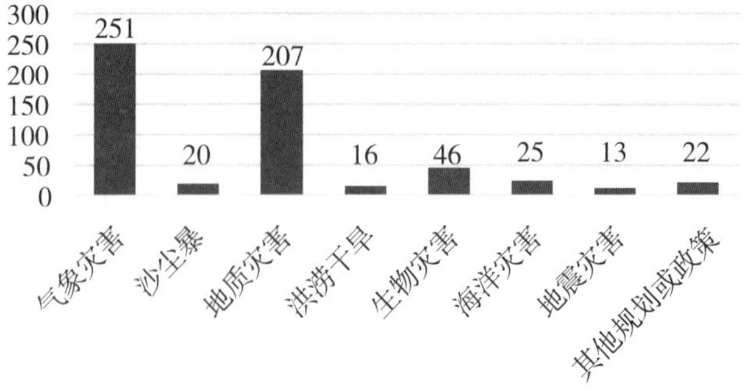

图 6-7 2007~2016 年自然灾害应急阶段地方行政规范性文件数量

2007年至2016年,政府关于恢复重建阶段的行政规范性文件未体现灾害类型的差异。在中央层面,分别就生物灾害、地震灾害、地质灾害与气象灾害等灾害类型发布规范性文件5件、43件、2件、2件。如图6-8所示,一般在发生重、特大自然灾害后中央政府的恢复重建行为相对密集与细致。例如,2008年、2010年、2013年分别发生了"5·12"汶川大地震、"4·14"玉树地震与"4·20"芦山地震,这3年的中央行政规范性文件数量分别为39件、6件、6件。受汶川地震的影响,2008年地方上制定的规范性文件数量最多,共215件,随后两年有所减少,但仍以汶川地震后的恢复重建为核心。

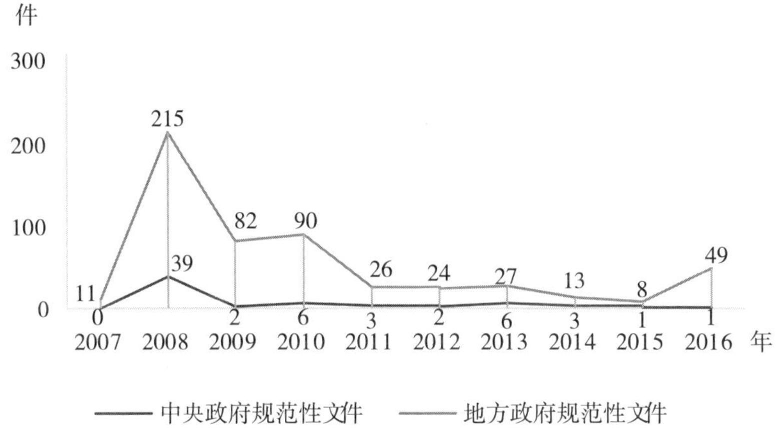

图6-8　2007~2016年自然灾害恢复重建阶段中央与地方政府规范性文件数量分布

地方制定的规范性文件不以灾害类型为分布因素,归纳后大致聚焦于36个方面(见表6-3),涉及总体性规划有114件、住建类121件、项目建设与管理48件、财政支持34件、对口帮扶55件、环境保护13件、教育卫生文化公共服务33件以及农业15件等。其他方面也受到政府一定程度的关注,如特许授权、国务资源支持、水利设施、慈善捐助、保险理赔等。

表 6-3　2007~2016 年自然灾害恢复重建阶段地方政府规范性文件所涉领域

重建领域	规范文件数量(件)	重建领域	规范文件数量(件)	重建领域	规范文件数量(件)
总体性规划	114	住建类	121	对口帮扶	55
项目建设	48	财政支持	34	教育卫生文化公共服务	33
荣誉类	15	农业	15	环境保护	13
特许授权	10	国土资源支持	9	水利设施	8
金融业	7	市政公用基础设施	7	通信业	7
人力资源与社会保障	6	交通运输	6	消防	5
供排水设施	4	慈善捐助	4	统计监测	3
电网	3	药品食品监管	2	保险理赔	2
地理空间测绘	2	市场服务	2	畜牧业	1
能源设施	1	纠纷解决	1	海洋渔业	1
地震检测	1	旅游业	1	行政问责	1
项目资产与国有产权登记	1	暴雨洪灾	1	非公有制经济	1

归纳而言,政府应对自然灾害的主要依据集中体现为中央与地方各级政府的行政规范性文件,以应急阶段与恢复重建阶段为主,有利于政府在灾害应对过程中及时、迅速地调整应对方向与措施。但是,以任意性强的行政规范性文件为行为依据,也面临一定的法律风险。第一,长期以行政规范性文件为灾害应对的行为依据,可能导致自然灾害防治越发脱离法律规范的约束。无论灾害发生之前、之时还是之后,政府所处的常规行政状态或紧急行政状态均应在法律约束效力下,其责任范围与责任形式应遵循“依法行政”的基本原理。实践

中,以行政规范性文件“变通”法律规定临时调整政府的灾害应对职责存在一定的合理性,但若始终未获得法律对职权的追认,合法性、正当性问题便会随之产生,且职权内容始终会因为政策的变动而不稳定,灾害应对主体的权益无法获得法律保障。第二,频繁制定与适用行政规范性文件,可能导致自然灾害法律制度的“破罐子破摔”,对于未发生作用也可能不会发生作用的法律规范,期待通过灾害发生与处置予以修订、补充、删减几乎不太可能,那么促进自然灾害法律制度完善的目的也难以实现。

第二节　域外自然灾害应对的立法经验

经过长期的防灾减灾历程,日本与美国形成相对完善的防灾减灾法律制度。日本对自然灾害防治的研究一直处于世界领先水平,其防灾经验对我国完善自然灾害应对中政府责任的法律制度有重要的研究意义与参考价值。美国在地方自治制度的基础上形成了从联邦到州与地方的自然灾害应急法律制度,比传统的行政管理更符合现代法治的理念,而且其在洪泛区管理、龙卷风预防与飓风防治等方面形成的经验对我国也有一定的借鉴意义。

一、自然灾害法律制度的完善离不开灾害事件的推动

重大、特大自然灾害的发生迫使行政当局、学术界、舆论媒体以及居民对先前制定的法律规范进行反思,从新出台的法律文本来看,“查漏补缺”是完善灾害应对法律制度的重要方式。从日本灾害管理的发展历程中可见,几乎每一次重大自然灾害的发生均会推动相关法律的制定或调整,问题导向的特点显著,直接推动了灾害防治立法与实践的极大进步,从而促进自然灾害法律制度的完善。

1945 年到 2005 年的半个世纪中,日本频繁发生自然灾害,1945

年、1948年、1959年、1995年因灾害死亡和失踪的人数均在4000人以上。1946年南海地震后推进《灾害救助法》的出台;1969年伊势湾台风之后制定了《日本灾害对策基本法》与《土壤保护和洪水控制的紧急措施法》;1964年新潟地震促使《地震保险法》的出台;1976年地震学会东海地震可能性报告推动了《大型地震特别措施法》的制定,尤其1995年的阪神大地震后,相继制定并出台《地震防灾对策特别措施法》《特定非常灾害受害者权益特别保障措施法》《人口密集区减灾改进法》《灾害受灾者的救济法》,并促使《日本灾害对策基本法》的局部修改;1999年广岛暴雨与JCO核事故推动《塌方和滑坡地区的警告和预防措施法》与《核灾难的特别措施法》的制定;2004年新泻中越地震后制定了《易受灾地区泥沙对策法》;2005年台风和暴雨则推动《特定城市河流泛滥对策法》的出台。[3]

二、自然灾害立法凸显阶段性或类型化等特征

根据防灾救灾减灾的不同需求,日本与美国的自然灾害法律制度呈现了不同的立法特征。

从法律制度的构成来看,日本尤其重视各阶段灾害防治的法律支撑,故而体现了较为明显的阶段性特征。在自然灾害法律框架内,[4]日本《防灾白皮书》将现有法律分为灾害对策基本法5部、灾害预防法16部、灾害应急对策3部、灾后重建对策法24部、防灾救灾组织设置法5部。[5] 当然,也有学者认为灾害管理法律可以分为基本法体系、灾害预防法体系、灾害应急对策法体系和灾害恢复、重建及财政金融措施法体系。

---

〔3〕 姚国章:《日本灾害管理体系:研究与借鉴》,北京大学出版社2009年版,第8~13页。

〔4〕 杨东:《论灾害对策立法——以日本经验为借鉴》,载《法律适用》2008年第12期。

〔5〕 王挺、钟致东、刘志贵、阮湘平:《日本重大气候灾害的影响及其对策与技术措施研究》,载《全球科技经济瞭望》2008年第4期。

美国的灾害管理法律则呈现类型化特征，可以根据管理的不同侧重形成多个相对完善的子法律系统，涉及洪水灾害防治、沿海地区减灾、灾害保险与灾害救济等方面。

其一，洪水灾害防治的立法。江河洪水的管理最受联邦政府的关注，相继出台有关洪泛区管理的法律与政策，包括1936年的《防洪法》（Flood Control Act）及其补充、1965年的《水资源规划法》（Water Resources Planning Act of 1965）、1968年的《国家洪水保险法》（National Flood Insurance Act）及之后的全国洪水保险计划（National Flood Insurance Program）、1973年的《洪水灾害防御法》（Flood Disaster Protection Act）、1974年的《水资源开发法》（Water Resources Development Act of 1965）以及区域性洪泛区管理援助计划、全国洪泛区管理基本方策等。一系列的法案与计划彰显了联邦政府对洪水灾害预防与管理的决心，尤其洪水保险计划的实施对于分散洪水风险有积极作用，相继在立法中得以体现。[6] 实际上，洪水保险计划是通过减少灾害救济费来节省联邦政府和私营机构的开支。

其二，沿海地区减灾方面的立法。有关海岸减灾的法律包括《海岸区域管理法》（Coastal Area Management Act）、《海岸沙洲资源法》（Coastal Barrier Resources Act）和《海岸带管理法》（Coastal Zone Management Act）。这些法律强调对海岸防洪、侵蚀、土壤稳定性、气候与气象等方面的治理。各州根据《海岸带管理法》中的计划要求制定相应的管理政策，涵盖了岸线区划、州洪泛区管理、特殊地区规划、滩涂管理计划、强制后退以及延缓沿海地区开发等。

其三，灾害保险方面的立法。洪水保险是美国最为重要的一种灾害保险，除此之外，还通过立法尽可能涉及灾害保险问题，如《联邦灾

---

〔6〕 如1964年阿拉斯加地震与1965年Betsy台风，联邦政府根据先前通过的《联邦洪水保险法》为洪水保险提供了补贴；1968年通过《洪水保险法》建立起了“国家洪水保险基金”，促使洪泛区1/4的住户和小企业获得了洪水保险；1973年《洪水灾害防御法》对“财产所在社区已参加了国家洪水保险计划；申请资助者已购买了洪水保险”的联邦仍然提供资助。

害保险法》(Federal Disaster Insurance Act)、《全国洪水保险法》(National Flood Insurance Act)及1993年修正案、联邦农作物保险计划(Federal Crop Insurance Program)等。

其四,灾害救济方面的立法与政策。在救灾方面发挥重要作用的两部联邦法律分别是《1974年灾害救济法》(Disaster Relief Act of 1974)与《斯塔佛德法》,以及灾害贷款计划、受灾经济损失贷款、联邦救灾计划等。《1974年灾害救济法》授权联邦政府对遭受灾害损失的公共和私有团体给予援助,鼓励州、地方和个人通过保险来补偿或替代政府援助,同时授权任命一位联邦协调员在灾区开展管理工作,以协调和援助地方救灾行动。[7]

三、自然灾害立法的问题导向性较强

问题导向性立法占据了日本防灾史的重要席位。根据灾害管理的具体问题进行立法,针对性极强,能迅速解决实现灾害防治面临的问题,并提供更加持续长远的法律保障基础。

例如,《日本灾害对策基本法》在此之前已经由学术会议等组织提出过,直到伊势湾台风的发生促使该法的进一步推进。1959年伊势湾台风袭击名古屋市及其周围地区,事后人们在总结台风灾害应急问题时,明确提出四点:未及时提出居民避难劝告;未及时向自卫队寻求援助;通讯不完备;灾害点未调查清楚,且未公布。尚处于讨论阶段的《日本灾害对策基本法》就被要求加大灾害管理的力度,如“给予当地知事强力权限”“复原预算措置的自动化”“明确征用和调拨救灾人员和救灾物资的组织机构”“扩大警察、消防和自卫队在救灾中的职责范围”。1961年,“灾害国会”上集中审议《日本灾害对策基本法》草案,由于伊势湾台风惨痛经历直指防灾主体责任不明确这一核心原

---

〔7〕 William J. Petak, Arthur A. Atkisson:《自然灾害风险评价与减灾政策》,向丽云、程晓陶等译,地震出版社1993年版,第38~54页。

因,因此该法的通过也就围绕如何设置责任展开。[8] 经过两次修订后的《日本灾害对策基本法》形成了相对固定的结构,共 10 章,117 条,分为 10 个部分,包括总则、灾害管理组织、防灾计划、灾害预防、灾害应急对策、灾后恢复与重建、财政金融措施、国家进入紧急状态、杂则与罚则。值得关注的是对防灾责任的设置以及财政援助责任的明确。

再如,日本"3·11"东大地震造成日本政府措手不及,非常重要的原因便是缺乏相应的法律保障机制以应对复合型或非常规性的自然灾害,以致在机构设置与防灾机制上缺乏重视。受到 1981 年《建筑物耐震设计标准》与 1995 年《建筑物抗震修复促进法》的正面鼓励,东大地震后分别针对大规模灾害、海啸灾难以及核能污染出台了《大规模灾害复兴法》《海啸对策推进法》《创建海啸防灾区域法》《原子力规制委员会设置法》等法律。针对所暴露的体制弊端,日本政府 3 次修订《日本灾害对策基本法》,就灾害信息收集与传递、地方公共团体相互援助、物价稳定对策等问题进行补充或调整。立法对大规模灾害的定位、设置特别救援措施以及重建程序,目的在于通过立法呼吁中央与地方政府、社会团体以及个人在遭遇复合型危机时应当转变常规防灾理念,尽可能将损害程度降到最低。

四、相对完善的法律制度是政府承担责任的重要依据

日本的自然灾害法律制度相对完善,不仅制定了灾害基本法对防治所涉的责任主体、防治措施等进行规定,还分别就灾害机构设置、灾害财政金融措施以及预防、应急与灾后重建等各阶段的灾害应对问题出台专门的法律法规,重点解决了灾害应对机构的责任划分问题。

比如,根据《日本灾害基本法》的规定,国家、自治团体、制定公共机关以及地方公共机关均在灾害预防、应急以及复原等阶段承担相应

---

〔8〕［日］大矢根淳、［日］浦野正树、［日］田中淳、［日］吉井博明编著:《灾害与社会——灾害社会学导论》,蔡骥、翟四可译,商务印书馆 2017 年版,第 78~82 页。

职责。并且,确立"责任者负担"原则,接受其他地方公共团体应变时所需的费用,原则上由接受方负担,无法负担时由提供方暂时支付。都道府县对市町村采取应变措施产生的费用,原则上由市町村负担,若接受者负担困难,除部分由国家负担外,由该都道府县负担全部或部分费用。国家采取应变措施时,原则上由国家全部或部分负担。除此之外,也会根据重大、特大灾害的发生情况反思政府责任的不足,进而推动具有针对性的法案,共同构成日本政府综合防灾减灾对策的法律体系。

五、灾害立法是多方共同作用推动而成

灾害事件的发生是推动灾害立法的外部客观条件,而内推动力则是多方作用力的结果表现。

首先是以媒体为主要载体的灾害信息传递机制发挥了不可替代的作用。一旦灾害发生或即将发生,"只有通过各种媒体疾风骤雨式地集中报道,才会引起全体国民对灾害的关心以及对受灾者的同情",同时引起行政当局的高度重视。并且,媒体能将社会各界人士对灾害问题的见解传递到全国范围。媒体及新闻的自由发展,推进了灾害研究的深入以及灾害管理立法的完善。

其次是专家学者的观点为新法的出台提供了有力的学术论证与支撑。防灾研究者、相关社会人士及组织会集中围绕受害为何扩大、怎样才能减少受害以及应该如何援助受灾者等内容展开研究,促使国民思考灾害责任的归属与设置。

此外,行政官员会出于政治考虑对管辖范围内的灾害管理抱以积极心态。通常情况下,受灾地区的议员和行政首长均会"依循市町村—都道府县—国家"的顺序要求增加对受害者的救济与援助。灾害法令中,"议员立法的比例相当高"。[9]

---

[9] [日]大矢根淳、[日]浦野正树、[日]田中淳、[日]吉井博明编著:《灾害与社会——灾害社会学导论》,蔡骥、翟四可译,商务印书馆 2017 年版,第 89~90 页。

六、中央与地方根据应对需求行使自然灾害立法权

在美国，尽管州享有更广泛的权力与责任以应对自然灾害，且州法能够赋予行政官员与地方政府一定程度的自由裁量权与决定权，但这项授权的规则并不能与联邦层面的立法原则有所冲突，尤其在发生灾难性灾害、联邦政府介入地方援助时，更应当遵循联邦立法的规定。政府对灾害应对享有权力与职责的规定出现在《宪法》与联邦法律中。《宪法》部分条文规定了“紧急情况”，如第一章第8条第12款、第二章第2条、第四章第4条，但是大部分的宪法条文未明确将紧急情况规定在正常的宪法秩序之外，而灾害最终被置于通常意义下宪法的管辖框架下。因为第十修正案确认了“未被宪法授予联邦，且未被其禁止授予州政府的权力，由联邦或人民相对保留”。但是，州有权保障公民的健康、安全与福利。只要不涉及侵犯宪法权利和不被国会合理剥夺权力，州都有充分的权力应对灾害管理。[10]

有关联邦主义的宪法规定与联邦最高法院判例仅了解灾害中联邦、州与地方政府关系的第一步，更多具有实践意义的内容则存在于联邦法律中，这些法律规定了联邦政府在应急、强制与减灾中的定位，最主要的两部法律分别是《斯塔佛德法》与《地方保安队法》(Posse Comitatus Act)。[11]《斯塔佛德法》对“紧急状况”与“重大灾害”作了界定与区分，并分别规定了联邦启动程序。就重大灾害而言，要求必须由受灾的州长向总统提出，前提是受灾范围超出了州与受灾地方政府的能力范围且联邦援助是必要的，而且州长必须在州法与州应急计划下采取适当的措施。联邦提供的一般意义的援助包括：(1)总统直接指令联邦政府运用其机构与资源支援州和地方政府；(2)总统配合联邦机构、私人组织以及州和地方政府采取的所有减灾行动；(3)提供

---

〔10〕 Daniel A. Farber, James Ming Chen, Robert R. M. Verchick, Lisa Grow Sun, *Disaster Law and Policy*, Wolters Kluwer, 2015, pp. 90-91.

〔11〕 Daniel A. Farber, Jim Chen, *Disaster and the Law*, Aspen Publishers, 2006, p. 25.

技术上与硬件以上的援助。具体来说,可能包括“联邦资源;药品、食物和其他消耗物品;维持生命和保护财产的工作与服务;清楚残损物;搜寻与营救;道路清楚、修复必要的桥梁以执行紧急任务或必要的社区服务;提供暂时性的学校设施;拆除危及公众安全的建筑物;潜在危险的警示等”。[12]

除此之外,该法授权总统决定“公共援助捐赠项目”(Public Assistance Grant Program)与“社区灾害贷款”(Community Disaster Loans)的启动。对于前者,联邦政府既可以自己采取应急措施,也可以对于由州或地方政府自行清除残损物产生的费用给予赔偿;在灾害中遭到损坏且需要修补、恢复、重建或更换的公共设施,或者私人非营利性设施,或者那些已经获得最大限度贷款的设施,总统可以授权给予补偿。通常情况下,联邦政府会承担不少于75%的费用,除非这项损失是过去10年中“不只这一次”造成的。如果所有权者不打算维修或更换,那么将获得90%的联邦份额的合理成本(公共设施)或75%的联邦补偿(私人非营利性设施)。同样地,总统也被授权给予受灾地方政府一定额度的资助以维持其基本的管理职能:“不能超过受灾当年预算的25%,且不超过500万美元;如果灾年税收费用损失预算的至少75%,那么不能超过当年预算的50%,且不超过500万美元。”[13]值得注意的是,该法案也授权总统配合州长给个人或房屋所有者提供经济援助,必要时直接服务,尤其是“住房援助”条款直接回应了“灾害相关的住房需求”,包括租房资金补助、直接提供临时居住点、修补或更换自家住房所需资金补助等。[14]《斯塔佛德法》提到在“必要援助”“紧急状态”以及“重大灾害”的情况下可能使用军队,《地方保安

---

〔12〕 Daniel A. Farber, Jim Chen, *Disaster and the Law*, Aspen Publishers, 2006, pp. 26–28.

〔13〕 Daniel A. Farber, James Ming Chen, Robert R. M. Verchick, Lisa Grow Sun, *Disaster Law and Policy*, Wolters Kluwer, 2015, pp. 118–119.

〔14〕 Daniel A. Farber, James Ming Chen, Robert R. M. Verchick, Lisa Grow Sun, *Disaster Law and Policy*, Wolters Kluwer, 2015, p. 124.

队法》的目的就是通过立法限制联邦军队在援助民事当局中的权力。[15]

美国各州也会根据需要制定有关灾害应对的法律或政策，以《得克萨斯灾害法 1975》（Texas Disaster Act of 1975）为例。《斯坦佛德法》授权州长启动申请的权力，在《得克萨斯灾害法 1975》中对州长在灾害管理中的权力设定实际上形成了呼应，因为州长是地方备灾与减灾的重要行政机关。根据该法第 418 条的规定，州长有权签发、修订或撤回行政命令、文件和规定，等同于法律的强制力与效力；有权组建应急管理委员会以应对减灾、预防、应急和恢复；有权宣布州进入紧急状态；有权建议人员撤退；有权延缓或限制销售、配药、酒类运输等；有权介入联邦机关为临时居住展开的购买、租赁或其他分配工作等。在灾害发生及恢复重建阶段，州长都是唯一的指挥者。[16]

第三节　完善我国自然灾害应对中政府责任法律制度的建议

一、自然灾害立法模式的选择

我国已经形成了基本的自然灾害法律制度，尽管从中央到地方已经颁布了相当数量的法律法规，但仍然有较大的空间进行完善，这与我国所采用的立法体制有密切关联。法律模式的选择受制于法律本身所体现的价值，受我国时下政治体制与经济体制等因素影响。秦前红教授曾提出“变革性立法”是中国在改革开放背景下的合理性选

〔15〕 由于《地方保安队法》大量讨论军队的适用程序、条件等内容，超出本书所限定的“政府管理”的范畴，故不再做过多赘述。

〔16〕 Daniel A. Farber，James Ming Chen，Robert R. M. Verchick，Lisa Grow Sun，*Disaster Law and Policy*，Wolters Kluwer，2015，pp. 193－195.

择。[17] 有学者对我国改革开放以后的立法工作进行了梳理与总结，认为行政主导型立法塑造了我国当前的立法模式，同时发生在国家与地方层面的立法中，并指出这种立法模式导致“立法过程的封闭效果、相关利益主体被排除在立法过程之外、政策优位于法律的实际效果”。[18]

实际上，全国人大及地方人大的立法任务正在被这种立法模式渗透，即使想试图抽离或改变，却因当下的行政管理体制特点而略显乏力。与现有的法律、法规相比，现行有效的 89 件中央行政规范性文件与 1240 件地方行政规范性文件中，反映了政策在自然灾害应对中的适用频率与范围能及时、高效地解决灾害应对的现实问题。经长期适用、效益良好的政策方案可能在行政机关的提议下正式进入立法活动环节，最后由这些机关的实际管理需求决定立法案草稿的通过。政策导向自然也会被立法文件所吸收，尤其是涉及政府责任规制的部分。对自然灾害应对政府责任的规范化与科学化形成一定的阻滞。

综观我国自然灾害应对的立法现状，人大主导立法的弱化、部门主导立法的强化、政策优位于法律等特点突出，为改善现有立法困境，应变革当前的立法模式。本节将立足于我国《立法法》所确定的立法体制，着重对自然灾害领域的立法路径与模式进行解读，并基于现有立法技术提出完善我国自然灾害应对的立法思路。

（一）“统一立法+单行立法”的立法路径

统一立法法路径，是指国家立法机关根据立法目的和原则制定一部成文的综合性法律，以规范某个领域主体、行为等内容。单行立法路径，则是以单行法的形式对某个领域进行相对分散的立法规定，如果同一个领域有多个单行法，那么这些单行法律之间相互平行、相互

---

〔17〕 秦前红：《宪政视野下的中国立法模式变迁——从“变革性立法”走向“自治性立法”》，载《中国法学》2005 年第 3 期。

〔18〕 吕忠：《行政主导型立法模式：特征、成因及其限度》，载《福建行政学院学报》2017 年第 1 期。

协调,共同构成该领域内的整体法律制度。[19] 当然也有学者对"渗透式立法"进行了总结,将某一领域拟规定的内容渗透到其他规范中,而不是以统一的法典或单行行政法律或法规的形式予以规定的一种立法模式。[20]

1. 现行路径:单行立法+渗透立法

在确定立法路径之前,需要对我国自然灾害应对领域的立法现状进行简单回顾,呈现为"单行立法+渗透立法"的基本路径。

其一,我国没有自然灾害的统一立法,仅有的《突发事件应对法》也仅是将自然灾害作为突发事件应对的对象之一,整个法律文本围绕突发事件的预防与应急准备、监测与预警、应急处置与救援、事后恢复与重建等内容进行规定。虽然该法适用于自然灾害应对,但却不是专属的灾害法律,因为其还可适用于事故灾难、公共卫生事件与社会安全事件,并且未专章对自然灾害防治予以规定。此外,在《草原法》《农业法》《农业技术推广法》等其他领域立法中有少许规定涉及灾害防治问题。这些规定是典型的渗透式立法的结果,但是没有系统地回应灾害应对机制的架构。

其二,单行立法是当前自然灾害立法的主要方式。现行有效的《气象法》《防洪法》《防震减灾法》等均是单行法律,专门针对气象、洪涝、地震等灾害防治。《气象灾害防御条例》《破坏性地震应急条例》《地质灾害防治条例》等行政法规亦对特定类型的灾害进行专项规定,省级地方性法规与市级地方性法规集中规定气象灾害、地质灾害与雷电灾害等防治问题。特定灾害类型下的政府应对行为是单行法律法规的规范对象,强调不同灾害类型对政府应对行为的要求不同。这种立法路径能够较为细致地展开政府应对自然灾害中的关系与要

---

〔19〕 张旭东、熊丽丽:《论公益诉讼的立法模式》,载《沈阳工业大学学报》(社会科学版)2016 年第 3 期。

〔20〕 高轩:《我国非物质文化遗产行政法保护立法模式选择》,载《甘肃社会科学》2009 年第 3 期。

素,却因缺乏统一的立法规范,使部门利益在单行立法中的表达较为突出。换言之,部门立法导向催化了当前的单行立法路线,导致灾害防治和部门利益与职权挂钩。

2. 建议路径:统一立法+单行立法

建议采行“统一立法+单行立法”的立法路径,以形成我国自然灾害应对“自上而下”的伞状立法框架。在较为丰富的单行立法经验的基础上,有必要进一步探索“统一立法”的完善路径。

首先,我国现有的法律规范为灾害应对统一法律的出台创造了制度条件。我国是成文法国家,法律规范的效力位阶清晰,下位法依据上位法制定且不可与之冲突。自然灾害应对上位法律的缺失,是当前整个自然灾害法律制度效力位阶偏低的主要原因。从其他领域的立法来看,大多采行“统一立法+单行立法”的路径展开,这是值得自然灾害领域借鉴的。其次,践行“统一立法+单行立法”的路径,将有助于加强对灾害应对的法治化,推动自然灾害领域法律制度的完善。自然灾害领域的统一法之于单行法,犹如宪法之于部门法的关系,统一法应具备“灾害宪法”的基础作用,能够对灾害应对中的抽象、概括或普遍适用的原则和制度予以规定,形成对单行法的统领与震慑效应。一旦统一法律制定,自然灾害应对的基本体制随之确立,其他单行法律针对其中原则性、基础性的规定可作细致阐释,以化解单行法之间、单行法与其他法律规定之间的冲突,维护自然灾害法律制度的协调与完整。

这种路径下,立法应当有所侧重。统一法律文本解决的是灾害应对中的基础问题,受条文篇幅的限制,不可能在一部法律中解决所有争议或问题,特别是灾害防治所涉及的各类复杂且综合的现实焦点。与此同时,防灾减灾中的具体命题应交由单行法予以细化,以提高灾害立法的科学性、合理性与实践性。

在自然灾害防治的统一法律中,应当先确立灾害应对的基本理念,以促成灾害应对体制与对策的系统化。框架层面应当对总则、灾害责任体系、防灾规划、灾害预防、灾害应急、灾后恢复与重建、灾害财政与金融、救济途径、罚则等内容进行统一立法。这样一部综合性的统一立法,应适用于全国范围内的各类型自然灾害事件,确立相关的责任原则与制度体系,进一步推进综合性灾害行政的法治化。

(二)"中央立法+地方立法"的立法路径

《宪法》第58条、第100条与《立法法》(2015年)第72条〔21〕规定了我国立法机关可以是全国人大及其常委会、省级人大及其常委会以及设区的市人大及其常委会,分别行使制定法律、省级地方性法规与市级地方性法规的权限,共同构成了我国立法机关行使立法权的体制结构。学者认为,全国人大及其常委会行使立法权的特点表现为内容上的创制性、适用上的全局性、效力上的权威性与构成上的系统性,而地方人大制定的地方性法规则在从属性、实施性、地方性等特点上更为突出。〔22〕也正是这种地方"异质性"的加强导致国家立法丧失某种程度的灵活与针对,进而要求地方立法因地制宜地解决实际问题。〔23〕也有学者选取部分城市的法规样本进行研究,认为"地方立法的重复行为并不突出""相当比例的法规以细化上位法的规定为主""创制立法取决于立法事项的中央性还是地方性""依附性创制是主要的创制立法类型",〔24〕这直观反映了我国地方立法的分布特征。

1.灾害应对立法体制存在的问题

上述学者的研究过程与结论为我国自然灾害应对的立法提供了

---

〔21〕《宪法》第58条:"全国人民代表大会和全国人民代表大会常务委员会行使国家立法权";第100条:"省、直辖市的人民代表大会和它们的常务委员会,在不同宪法、法律、行政法规相抵触的前提下,可以制定地方性法规,报全国人民代表大会常务委员会备案。"《立法法》第72条:"设区的市的人民代表大会及其常务委员会根据本市的具体情况和实际需要,在不同宪法、法律、行政法规和本省、自治区的地方性法规相抵触的前提下,可以对城乡建设与管理、环境保护、历史文化保护等方面的事项制定地方性法规,法律对设区的市制定地方性法规的事项另有规定的,从其规定。"

〔22〕廖健、周发源:《中央与地方立法机关相关关系辨析与重塑》,载《湖南社会科学》2015年第4期。

〔23〕封丽霞:《中央与地方立法关系法治化研究》,北京大学出版社2008年版,第7~8页。

〔24〕俞祺:《重复、细化还是创制:中国地方立法与上位法关系考察》,载《政治与法律》2017年第9期。

新的视角,即是否有可能在该领域构建全新的"中央立法+地方立法"一体化思路,以弥补自然灾害防治中法律依据的不足?与灾害防治相关的法律法规从中央到地方均有涉及,但却存在一些问题。

一是在单行法体例下,法律法规并没有完全形成从中央到地方的整体关系。目前,仅在气象灾害防御方面达到了形式上的统一,即《气象法》第五章"气象灾害防御"对应了国务院颁布的《气象灾害防御条例》,江苏、浙江、广西、青海、广东等制定了23个省级气象灾害防御条例,吉林、大连、邯郸、包头等11个城市出台了市级气象灾害防御条例,以及10个省或市制定的省级或市级雷电灾害防御条例。但是,省级与市级之间并未形成一一对应的关系。

至于地震灾害防治方面,中央有《防震减灾法》与国务院颁布的《破坏性地震应急条例》《地震预报管理条例》《地震监测管理条例》《汶川地震灾后恢复重建条例》等与之配套,但地方立法的尝试或突破不常见。在地质灾害防治方面,仅有国务院颁布的《地质灾害防治条例》,无对应的上位法,地方上仅在吉林、江西、山西、浙江、重庆等5个省市有省级地方性法规。防洪减灾方面仅有上位法《防洪法》在全国范围内适用。因此,仅在气象灾害防治领域实现了中央立法与地方立法的协同,而针对其他灾害类型的防治则留下了较大程度的立法缺位。

二是中央立法在整个灾害应对法律制度中的表达并不突出,仍以地方立法为主。地方性法规数量所占比例远大于法律、行政法规,由全国人大及其常委会颁布的法律占4.65%,国务院颁布的行政法规占15.12%,中央立法合计共占19.77%;地方人大及其常委会颁布的地方性法规共占80.23%,其中省级和市级地方性法规分别占56.98%和23.25%,气象灾害、地质灾害、雷电灾害以及突发事件应急的地方立法分别占39.53%、6.98%、11.63%与22.09%。[25] 这反映出,中央立法的规模化与系统化未得以体现,发挥规范作用的仍然是地方立法

---

〔25〕 第六章第一节对我国自然灾害领域的法律、法规进行了统计,得出法律4部、行政法规13部、地方性法规69部。其中省级地方性法规49部,市级地方性法规20部,气象灾害、地质灾害、雷电灾害与突发事件应对的地方立法分别是34部、6部、10部与19部。

机关。

那么,是否存在一种可能,对于某些应当交由中央立法解决的灾害应对事务,即使存在法律或行政法规的相关规定,政府行为依据还是会更加依赖地方决策的导向,以致中央立法权的空置?或者,中央立法权的缺位与彰显地方利益的地方立法权在共同作用于跨省域的灾害事件时,因缺乏有效的协调机制,以致自然灾害的低效应对?

三是中央立法与地方立法对于灾害行政事项的划分不清晰,直接影响了央地立法主体的关系界定。以气象灾害防治方面的立法为例,《气象法》第五章第 27 条至第 31 条规定了气象灾害防御的责任主体与监测、预报等防御措施,《气象灾害防御条例》则在此基础上作出相当比例的细化规定,涉及预报、监测、预警与应急处置等阶段,以及沙尘暴、台风、降雨、雷电等多种气象灾害的防御,中央层面呈现兼具原则性与实践性的立法表达。即使地方立法被视作对中央立法的具体执行,但省级地方法规、市级地方性法规的规定内容有较高的相似度。《气象法》与《气象灾害防御条例》已经确立的应对责任构成并没有在地方立法中体现省域或市域的特别支出,简单"复述"这一立法操作反映出上位法与下位法之间广受诟病的重复关系。此外,创制立法在地方上也不突出,即使允许地方立法践行先试先行的改革思路,也常因地方盲目追求或错误解读"不得与上位法发生冲突"这一基本限制,导致地方上的灾害防治事项难以在立法中得到充分的表达。

2. 中央与地方并行立法路径的考虑

本书主张"中央立法+地方立法"并行的立法路径,从三个方面进行考虑。

首先,提升灾害应对依据的法律位阶是政府践行应对责任的合法性保障。根据《立法法》的规定,法律的效力最高,行政法规次之,地方性法规不得与上位法规定相冲突。在适用过程中,地方性法规与部门规章若发生冲突,仍需进一步化解冲突。从上述分析可知,我国地方性法规在整个自然灾害应对法律制度中的占比很大,表明法律依据整体上位阶偏低。自然灾害的应对要求行政机关依法为之,其中"法"虽作宽泛解释即包括法律、法规，但倘若有明确的较高位阶的法律依据，相比地方性法规而言，能更容易在全国范围内获得认可，并由司法机关保障应对行为的合法性。

其次，从中央层面推动自然灾害应对法律制度的进程，能为灾害防治中遭遇的地方性冲突提供全国性、权威性的协调机制。地方立法必须遵循相应的程序与规则，但在具体实施过程中对地方问题的特别考虑易导致地方保护主义在新制定或修法中的过度体现。一旦发生超出本市或本省的灾害防治事项，与其他所涉省、市未能达成一致时，若没有上位法的统一原则与程序，将不利于区域性灾害应对的有序推进。

因此，推动中央层面对不同灾害类型的单行立法，能有效回应特定灾害防治领域中的全国性问题与普适性规则。借鉴《气象法》《防洪法》《防震减灾法》的立法路径，在其他如地质灾害、海洋灾害、森林火灾等类型的灾害应对中探索中央立法的适当方式。

最后，地方立法对上位法的补充与辅助，有助于积极推动我国自然灾害法律制度的完善。一方面，地方立法权来源于立法法的授权，目的是执行上位法和解决地方管理的需求。全局性的灾害应对问题当然应当交由中央立法解决，考虑到自然灾害的特殊性与地方政府治理能力的差异性，相当数量的灾害防治问题更适宜在地方上解决，尤其是政府或公共机构的应对责任。另一方面，也应当意识到，在没有上位法出台或规定的情况下，地方立法只要不违背常识性的立法原则与原理，应当允许其突破保守主义的桎梏进行创制性立法，既可以解决短期内地方灾害应对的合法性问题，也能通过“先试先行”的试验性做法为后续中央立法提供有力的实践经验。

（三）针对性立法

针对性立法，是指立法机关针对自然灾害应对中某一具体问题或阶段进行的立法活动，具有问题导向的特点，目的是通过专项立法及时有效地解决灾害防治问题。

日本在防灾减灾针对性立法上有丰富的历史经验。针对某一灾害引发的各类应对问题制定法律,比如阪神大地震发生后,专门针对地震救灾中遭遇的主要问题相继制定了《地震防灾对策特别措施法》《特定非常灾害受害者权益特别保障措施法》《人口密集区减灾改进法》《灾害受灾者的救济法》,以及修改了《日本灾害对策基本法》与《大规模地震对策特别措施法》等。或者也可以针对灾害应对的不同阶段进行立法,如在预防阶段有《泥石流防治法》《台风多发地区防灾特别措施法》《地震防灾特别措施法》;恢复重建阶段有《农业、林业和渔业项目救灾补助金的临时措施法》《公立学校灾后复原费用国家负担法》《严重灾害处理与特别的财政援助法》《受灾城市区域重建特别措施法》等。

实际上,我国在针对性立法方面开始作出尝试。比如,2008年汶川大地震后,国务院以行政法规的形式紧急出台《汶川地震灾后恢复重建条例》,专门就汶川地震恢复重建中遭遇的过渡性安置、调查评估、重建规划与实施、资金筹集与政策扶持等具体问题进行规定,期望保障政府恢复重建行为的合法性。

在"统一立法+单行立法"路径与"中央立法+地方立法"路径并行实施的背景下,针对性立法应起到补充、辅助的基本作用。短期内较难实现对统一立法或单行立法进行调整的情况下,针对性立法既能将灾害应对问题上升至较高法律位阶上,又能引起政府或其他主体的足够重视。

当然,针对性立法不限于中央或地方,还可以根据实践需求进行选择。如果要解决的灾害应对问题是全国性的,如财政措施,或者超出了灾害发生地所在省的治理范围,国务院甚至全国人大及其常委会均可以从全局性视角出发进行立法。如果只是体现了某省或市内的市政基础规划与建设等地方应对问题,也可以地方性法规的形式进行专项立法。将针对性立法的灵活性发挥到最大效用,更能有效契合我国政府灾害应对的现实需求。归纳而言,针对性立法可以通过包括但不限于以下四种途径展开。

1. 针对不同灾害阶段进行立法

通常情况下,可以采用“四分法”与“三分法”对灾害应对阶段区分为预防阶段、预警阶段、应急与救援阶段、恢复重建阶段,或者分为预防阶段、应急与救援阶段、恢复重建阶段,这两种划分方式无固定标准。例如,在《自然灾害救助条例》中将应对阶段分为“救助准备阶段”“应急救助阶段”“灾后救助阶段”;《地质灾害防治条例》中强调“预防阶段”“应急阶段”“治理阶段”;《国家地震应急预案》又分为“监测报告”“应急响应”“恢复重建”三阶段。由此可知,在不同的应对阶段中,政府行为侧重不同。预防阶段的立法应侧重日常灾害防御管理,如防灾规划、应急预案、预警机制等内容;应急阶段的立法将更加强调政府的应急行为,涉及响应行动、具体措施、部门协调等,以及公民的应对义务也应在立法中有所体现;恢复重建阶段的立法内容是丰富且综合的,不仅涵盖物资与救助金发放、房屋重建等,还涉及医疗、心理、文化等公共服务措施。区分灾害应对的不同阶段,目的是强化政府灾害应对行为的差异性,以弥补统一立法造成的政府责任原则化、模糊化等问题。

2. 针对某一灾害类型立法

不同地区受地理位置与气候因素的影响集中爆发某些类型的自然灾害属于常态。这些区域的政府组织因长期的灾害侵扰已经形成固定的防灾减灾习惯或机制,政府应对措施也体现出较强的针对性。根据灾害类型进行立法,在我国也是比较常见的立法思路,如《防洪法》《防震减灾法》《气象灾害防御条例》等均是对某一灾害类型的具体回应。为进一步推动类型化立法的科学性,中央与地方应同时加强类型立法的强度,并强调不同灾害类型下政府应对目的、措施与责任。

3. 针对某一灾害应对措施立法

从既有法律规范来看,政府采取的灾害应对措施大体涉及防灾规划与应急预案的编制与实施、防灾演练与宣传、相关应急机制的启动、应急措施的采取、灾民过渡性安置、财政补助与金融扶持、重建规划的编制与实施等。但是,以上措施极少被单独立法,多以整体性描述的手法被规定在法律法规中,目前就应急响应在规章中有专门体现。而且,相当比例的立法均规定了上述措施,大体雷同。至于更为细致的应对措施则很少在法律法规中得以体现,如房屋抗震安全的监测与整改、灾区人口迁移与安置等。

实际上,任何一项灾害应对措施涵盖的主体、内容等均是复杂且综合的,简单笼统的表述需要借助职能部门的解读才可执行,但不同的解读也易造成规定的错误适用。日本在财政措施方面的立法不仅在基本法中得以体现,还进行了专门立法。〔26〕 我国可以借鉴这种做法,尤其在政策宏观性布局居多的情况下,通过针对性立法对应对措施进行法律确认与细化,使保障灾害应对行为有章可循。

4. 针对某一特定重、特大灾害立法

这种立法方式的针对性更强,围绕某一已经发生的自然灾害进行规定,目的明确且直接,即专门解决此灾害引发的社会治理问题。我国《汶川灾后恢复重建条例》、日本《东日本大地震特别财政援助法》等法律法规直接对汶川地震、"3·11"东日本大地震进行回应,这类法律法规在适用上具有一定的局限性,但针对性最强,因而往往较普通立法能产生更理想的社会效应。

二、政府灾害应对责任法律制度的构筑

完善的自然灾害法律制度是完善的灾害应对体系的重要体现,也是政府与社会积极应对各类自然灾害的重要保障,对构建我国政府应对责任体制有积极推动的作用。在分析我国自然灾害防治立法现状

---

〔26〕 日本灾害财政方面的立法包括《地震防灾对策强化区域改进特别财政措施法》《住房贷款公司法》《农业、林业和渔业项目救灾补助金的临时措施法》《公共工程设施灾难恢复事业费国家负担法》《公里学校灾后复原费用国家负担法》《严重灾害处理与特别的财政援助法》《地震保险法》《集团减灾促进项目特别金融措施法》等。参见姚国章:《日本灾害管理体系:研究与借鉴》,北京大学出版社 2009 年版,第 11~13 页。

的基础上,从落实政府责任的目的出发,提出制定自然灾害应对法、完善灾害财政法律制度、制定自然灾害央地政府责任划分法以及探索自然灾害保险法律制度的建议,以期完善我国自然灾害应对中政府责任的法律制度。

(一)制定并出台自然灾害应对法

我国在自然灾害领域缺乏统一立法,亟待制定一部统一的《自然灾害应对法》(以下简称《应对法》)以推动我国防灾减灾机制的规范化与制度化。与既有的法律相比,自然灾害应对法应当被视作该灾害防治领域的"小宪法",即在合宪性得以保障的前提下,任何一部涉及自然灾害应对的法律、法规或分散规定均不能与应对法的原则、目的或规定发生抵触。倘若有不一致的地方,应当对所涉法律法规进行局部调整。制定并出台《应对法》的目的有三:一是弥补以往灾害应对法律制度的不足与缺陷,实现"零散化"向"系统化"的转变,促成防灾规划、预防、应变与重建等防治对策的完整性与全局性;二是在国家层面以统一立法的形式建立自然灾害应对中的政府责任体制,并明确政府组织、社会组织、地方自治实体、企业以及个人等其他主体的应对责任;三是通过法律机制的调整与适用统一维护灾害应对秩序,保障灾区社会公共福祉的实现。

《应对法》的预设可以对内容框架进行搭建,借鉴日本《日本灾害对策基本法》与美国《斯塔佛德法案》的相关构架,并结合我国防灾减灾的实践需求展开,一般应当包括如下八个部分。

1. 总则。总则部分应当阐述基本法的立法目的、灾害应对的基本原则、专用名词的阐释、从中央到地方的灾害应对机构的设置与权责划分的原则。实际上,总则不仅是对《应对法》系统性与完整性的保障,更是其他单行法、地方立法与针对性立法的根源性依据。

2. 灾害应对的责任体制。这部分应当明确规定自然灾害的责任主体包括从中央到地方的各级人民政府及职能部门(涉及应急管理部、各级应急管理厅局)、公共部门(如国有企业、事业单位等)、地方自治实体(村民委员会、居民委员会)、非营利组织、企业实体、个人,对上述主体的灾害应对责任提出明确的设定。除此之外,应当重点对行政组织内部的专司部门或灾害议事协调机构进行设置。

3. 防灾规划与应急预案。明确规定中央防灾减灾综合规划与国家应急预案、省级防灾减灾规划与应急预案、基层防灾减灾规划与应急预案等的制定、修改、公布与评估程序,以及规划与预案所涉重要内容与政府举措。

4. 灾害预防措施。明确规定政府、其他社会组织与个人有关灾害预防的组织、演练、物资储备、宣传等措施以及相应的责任义务。

5. 灾害应急对策。这部分应明确规定各级政府组织及其他责任主体的应急对策内容,具体包括:(1)灾害应急响应机制的划分标准、启动程序、责任主体;(2)灾害信息的收集、报告,警报与避难指示的发出,临时避难处的安置;(3)人员搜救,生活救助,二次灾害的防御;(4)受灾儿童、学生的应急教育事宜安排,孤儿、孤老等特殊群体的暂时福利照看,伤病员的院前医疗抢救事项;(5)设施、设备的应急复原,道路、铁路等交通设施的抢修与复原;(6)灾区清洁、防疫、保健卫生等事宜的临时安排;(7)政府、其他组织与个人在应急救援中的协调与配合等。

6. 灾后恢复与重建。明确各级政府的灾后恢复重建责任与具体措施,包括:(1)恢复重建的政府机构、社会组织、个人的责任;(2)恢复重建规划的制定、公布、实施与评估程序;(3)恢复重建所需的费用支出与筹措程序;(4)住房、建筑设施与公共基础设施等项目实施计划与执行,以及相应的安全监管程序等。

7. 灾害财政与金融。这部分应当包括两方面内容。一方面,应明确各级政府对灾后重建负担费用的原则、比例、范围与程序,具体涉及过渡性安置、住房修建与基本生活维持的救助物资与补助金、受助对象的条件、申请与发放程序;公共基础设施修建或复原的中央负担与地方负担标准与比例;公用福利设施或服务的费用负担等。另一方面,重点对金融机构与企业单位的扶持政策予以确认,包括灾害保险措施、范围、与国家财政分担的比例;受灾区产业修复或扶持的贷款优惠政策、跨地区或跨领域的对口支援建设等。

8. 法律责任。这部分应明确规定违法的种类及处罚办法,分别针对政府部门的不作为、瑕疵履行职责以及与其他社会组织违反灾害法律法规的行为而设定法律责任条款。

(二)健全自然灾害财政法律制度

我国现有法律法规对灾害财政方面的规定比较少,在《自然灾害救助条例》《气象灾害防御条例》《突发事件应对法》《防震减灾法》中均没有直接、明确的设定,通常由中央或省级部门通过预算制度予以安排。目前,仅《防洪法》第六章"保障措施"中专章设定了有关防洪投入资金的规定,具体包括中央与地方财政负担防洪工程的建设与维护、中央与地方负担特大洪涝灾害后的工程修复、水利建设基金的建立与维护管理费的征收等。在大多数情况下以规范性文件的形式予以规定,如《国务院综合防灾减灾规划(2016—2020年)》提出将"加强资金保障、畅通投入渠道"作为重要的保障措施之一。同时,中共中央、国务院《关于推进防灾减灾救灾体制机制改革的意见》将此细化为"健全防灾减灾救灾资金多元投入机制,完善各级救灾补助政策,拓宽资金投入渠道""各级财政要继续支持开展灾害风险防范、风险调查与评估、基层减灾能力建设、科普宣传教育等防灾减灾相关工作""各级政府要加强对防灾减灾救灾资金的统筹,提高资金使用效益"。

提出健全灾害财政法律制度,主要是基于两个方面的考虑。

其一,现阶段财政支出的做法兼具任意性与灵活性,但不利于我国灾害财政预算的稳定性。实际上,财政支出是政府灾后恢复重建的关键措施,支出是否合理决定了政府责任的履行程度,因而大部分行政规范性文件均对资金保障作出必要的安排。我国选择以行政规范性文件的形式对支出责任进行安排,一是突发自然灾害对政府应对灵活性的要求,即要求其能根据灾害现状迅速做出反应,即使存在财政预算的前提下,也可根据应急政策突破预算负担的束缚;二是缺乏灾害财政事权与支出责任的规定,既没有专门的法律法规也无分散的规定对此进行规范,只能依赖政府决策进行资金统筹安排。然而,这种灵活性也暗示着政府在财政分担上的任意性,没有一定的参照物进行财政负担配比,可能会因为地方政府的"谎报"错误估算财政负担比例,影响国家财政系统与预算机制的稳定性。

其二,西方发达国家在灾害财政方面的立法经验,对我国健全灾害财政法律制度有重要的借鉴意义。尽管决策者已经意识到财政支出的合理负担是保障灾后恢复重建有序推进的重要条件,但仍然迟未启动相关立法程序对灾害财政体制进行标准化与制度化的管理。本书在分析日本灾害管理体制的基础上,对其灾害财政措施进行了梳理,除了会针对灾后恢复涉及的国库负担、特别财政措施以及慰问金发放等问题专门设立法律法规之外,也会在特殊情况下就普通预算中的灾害救助预算进行临时性或永久性的调整,但必须以合法性文件或法律的形式推动。在这些财政特别措施法中,一般会对财政负担项目如公共建设项目、基础设施工程、福利机构与设施、灾后公共服务、金融机构贷款政策等进行归类,再根据灾害造成的实际经济损失与地方财政的配比以确定国库负担比例。在借鉴日本灾害财政立法经验的基础上,为健全我国灾害财政法律制度跨出试验性的一步,应将灾害财政立法列入立法计划中。

具体来说,我国灾害财政法律制度应当由以下六个部分组成。一是灾害财政支出构成,包括中央转移支付、中央与地方财政中的常规预算与专项预算、社会资金的募集与分配。二是政府灾害救助支出原则的确立,原则上应当遵循"责任者负担"的基本原则,即由各级财政负担辖域内所涉一切灾害应对所产生的费用,但在上级政府参与的情况下应当确定合理的负担比例。三是明确各级财政负担的灾害恢复类型。四是健全灾害预算制度,除了每年常规的灾害预算份额,还应当设置特殊预算措施,以备不时之需,并且预算所涉的灾害救助类型应予以明确。五是各类灾害基金制度的建立,应明确基金来源、资金构成、管理主体、使用程序与监督措施等。六是政府对金融机构在灾害救助中的扶持。

(三)推动自然灾害央地政府责任划分法的出台

从政府事权制度化的角度出发,制定并出台有关央地之间政府应对责任划分的法律或法规是必要的。

首先,央地事权划分规范化契合中央对全面依法治国的制度安排。2014 年,党的十八届四中全会通过的《中共中央关于全面推进依法治国若干重大问题的决定》提出"推进各级政府事权规范化、法律化,完善不同层级政府特别是中央和地方政府事权法律制度"的要求。2016 年,基于我国公共服务现状与现代财政制度的要求,国务院出台了《关于推进中央与地方财政事权和支出责任划分改革的指导意见》,要求根据职能不同确定中央与地方的事权范围并落实相应的财政支出责任。可见,在自然灾害应对中实现央地责任划分的制度化,既顺应了我国依法治国的大趋势,也有助于解决政府灾害职责不明等现实问题。

其次,专门制定责任划分法是推动各级政府职责实践性的保障。现有的自然灾害法律法规针对政府职责的规定存在原则性过强、可操作性太低的问题,表述笼统、含糊或模棱两可。例如,《气象法》中采用表述较多的"县级以上人民政府""各级气象主管机构"等;《防洪法》中常表述为"各级人民政府""县级以上各级人民政府水行政主管部门"等。"上下同构"的职能设置框架使上下级政府职能部门之间职责交叉,加之上下级隶属管理对基层政府能动力的束缚,导致职能部门多以上级政府权力配置与政策指示为灾害应对的主要依据。如果制定一部专门针对中央与省级、省级以下基层政府之间灾害应对责任划分的法律或法规,既能针对灾害防治中的职责配置予以合法设定,又能突破《应对法》与单行法的篇幅限制。

最后,规范化与制度化是真正落实各级政府自然灾害应对责任的有力保障。行政规范性文件的临时调整对于敦促政府承担灾害应对责任的目的发挥了高效作用，但始终绕不开“职权法定”原则对政府行为的约束。该原则是评价法治政府建设的重要依据，只有政府实施的灾害应对行为符合法律法规的基本限定，才可能推动灾害治理的法治化进程。为此，拟出台的自然灾害央地责任划分法应当包括以下内容。

一是总则部分，包括自然灾害应对中与央地政府责任划分相关的基本概念、适用范围、基本原则、主要方式等。这部分应提及本法适用于自然灾害应对中区分中央与地方各级政府责任，主要指中央、省级、市级、县级以及乡镇政府等，而且，划分责任所依据的责任法定原则、合理划分原则与需求原则应当进行明确。

二是中央政府的自然灾害应对责任，尤其涉及其对灾害管理国家机构的设置与责任配置的权限应加以规定，并且，应明确中央层面专司灾害管理的部门（应急管理部）及灾害应对责任的范围与形式。

三是省级政府的自然灾害应对责任，确定属于省级政府的灾害事权范围，并据之设定相应的应对责任。

四是基层政府的自然灾害应对责任，界定市、县、乡设定为基层的灾害应对主体，采取列举的方式分别就各基层政府的责任予以明确。

五是责任划分的程序性规定。根据权力配置方式的不同——法律规定还是依法授权，对中央与地方责任划分所依据的立法程序或行政程序进行规定。此外，涉及公共利益的责任还应采取公众参与、专家论证或听证的方式进行确认。

六是追责机制的确立。这部分内容针对政府履行相关责任的不同形态设定追责程序与法律后果。政府履责内部性较强的行为，因不涉及相对人与第三人利益与公共利益的维护，通常可以行政内部监督的方式完成。对于外部性较强的灾害应对行为，涉及特定群体或不特定多数人的权益保护时，可以通过复议或诉讼等途径实现法律追责，同时要求行政内部监督。

（四）自然灾害保险法律制度的探索与构建

我国的灾害保险法律制度尚未建立起来。原保监会早在 2001 年就下发了《企业财产保险扩展地震责任指导原则》，明确地震险可以作为企财险的附加险承保。但是，2009 年新修订的《保险法》作为保险行业的专门法律仍未对灾害保险进行规定，实践中各大保险公司仍将自然灾害列为免除责任的情形之一。

日本、加拿大、法国、美国等国家专门针对自然灾害制定保险立法计划的优秀经验逐渐受到国内学者、立法者与决策者的重视，我国也开始尝试发展本土化的灾害保险事业。《国家综合防灾减灾规划(2016—2020 年)》明确提出应当"扩大居民住房灾害保险覆盖面，加快建立巨灾保险制度"，以充分发挥保险业的市场调节作用，增加市场力量参与灾害治理的力度。《国务院关于印发全国海洋经济发展"十二五"规划的通知》提出"探索海洋灾害保险新模式，建立和完善海洋保险和再保险市场"；《民政部关于进一步支持和促进广西民政事业发展的意见》支持"广西开展以农房灾害保险为主要内容的新型救灾保险工作"，国家减灾《委员会办公室关于印发全国综合减灾示范社区标准的通知》要求示范社区能够"引入风险分担机制，鼓励居民参与各类灾害保险"。

从政策文件中可窥探国家对灾害保险的政策动向，即"要建立，但以鼓励形式"，问题是没有强制性的法律依据与财政基础作为支撑，保险领域发展灾害保险事业的决心还有待加强。当然，也有法律专门提及了"灾害保险"的建立，如《突发事件应对法》第 35 条设计的巨灾风险保险，应对建立在国家财政的基础上，但仍以"鼓励"的途径展开；《防震减灾法》第 45 条提及的"地震灾害保险事业"如出一辙。这些举措与法律条文的宣示性作用更明显，具体的落实则缺乏详细的制度设计。

有学者针对具体的地震保险提出了专门立法模式的建议，通过"转变政府职能""厘定投保费率""确立损害分摊机制""制定保险衍生品买卖规则"等举措完善地震保险制度。[27] 当然，针对整个灾害保

---

〔27〕 夏庆锋：《地震保险制度之立法模式选择》，载《天津大学学报》(社会科学版)2015 年第 1 期。

险法律制度的设计应当从全局视野出发。

首先,应从国家层面推动灾害保险计划的发展,对适用于全国范围的灾害保险设计,应包括保险主体、保险种类、保险费率、理赔程序、再保险制度以及公共财政支持等内容。针对各灾害类型设计有明显灾害风险区别的保险产品,如洪水保险、地震保险、地质灾害保险、海洋灾害保险等。国家应转变当前发展灾害保险事业的态度与立场,因为其对公共财政与私人财产而言均起到分散损失或风险的目的,可以采取强制性手段落实。

其次,在国家保险计划取得一定成效的基础上,推动灾害保险制度的规范化与法律化。实际上,很多国家采取统一立法的方式对涉及各类自然灾害的保险进行立法。这种立法模式除了对某些特殊灾害如地震、洪水等有规范作用以外,也适用于冰冻、沙尘暴、暴雨、内涝等自然灾害。从成本效益上来说节省了大量的立法资源,而且也可以从根本上规定普适于所有灾害类型的保险原则、机制与程序。当然,在灾害保险事业发展相对成熟的国家,由于社会资本对灾害应对的参与程度极高,通常也会分别针对不同灾害类型创设相应的保险机制,优点便是集中解决某一类灾害的保险事宜,表现得更精准化与更专业化。对我国而言,灾害保险事业的推动仍处于起步萌芽阶段,上述两种模式并不存在冲突的地方,可以兼采二者以积极推动灾害保险法律制度的完善。

参考文献

中文专著

1. 彭华民主编:《东亚福利——福利责任与福利提供》,中国社会科学出版社2014年版。

2. 杨燕绥等:《政府与社会保障——关于政府社会保障责任的思考》,中国劳动社会保障出版社2007年版。

3. 邹海贵:《社会救助制度的伦理考量》,人民出版社2012年版。

4. 杨山鸽:《后福利国家背景下的中央与地方关系:英、法、日三国比较研究》,中共党史出版社2014年版。

5. 黄范章:《瑞典"福利国家"的实践与理论》,商务印书馆2016年版。

6. 张邦辉:《社会保障的政府责任研究》,中国社会科学出版社2011年版。

7. 郑功成:《社会保障学:理念、制度、实践与思辨》,商务印书馆2000年版。

8. 刘连泰:《〈国际人权宪章〉与我国宪法的比较研究——以文本为中心》,法律出版社2006年版。

9. 张嘉尹:《基本权理论、基本权功能与基本权客观面向》,载翁岳生教授祝寿论文编辑委员会:《当代公法新论》,台北,元照出版有限公司 2002 年版。

10. 陈新民:《德国公法学基础理论(上下册)》,山东人民出版社 2001 年版。

11. 苗静:《辅助原则研究》,中国经济出版社 2013 年版。

12. 李泉:《治理思想的中国表达:政策、结构语话语演变》,中央编译出版社 2014 年版。

13. 周雪光:《中国国家治理的制度逻辑——一个组织学研究》,三联书店 2017 年版。

14. 敬乂嘉主编:《多中心治理:分权、合作与创新》,上海人民出版社 2015 年版。

15. 孔繁斌:《公共性的再生产:多中心治理的合作机制建构》,江苏人民出版社 2012 年版。

16. 唐华:《美国城市管理——以凤凰城为例》,中国人民大学出版社 2006 年版。

17. 蓝志勇等:《美国地方政府管理》,科学出版社 2015 年版。

18. 徐铜柱:《责任政府研究——从地方治理的视角》,中国社会科学出版社 2015 年版。

19. 俞可平:《治理与善治》,社会科学文献出版社 2000 年出版。

20. 孙柏瑛:《当代地方治理——面向 21 世纪的挑战》,中国人民大学出版社 2004 年版。

21. 汪锦军:《政府责任、合作提供与混合竞争:现代公共服务体系构建中的组织与机制》,中国社会科学出版社 2015 年版。

22. 程东峰:《责任论:关于当代中国责任理论与实践的思考》,中国林业出版社 1995 年版。

23. 李志平:《地方政府责任伦理研究》,湖南大学出版社 2010 年版。

24. 杨淑萍:《行政分权视野下地方责任政府的构建》,人民出版社2008年版。

25. 张为杰:《分权治理、地方政府偏好与公共政策执行机制研究》,中国社会科学出版社2016年版。

26. 黄韬:《中央与地方事权分配机制:历史、现状及法治化路径》,格致出版社、上海人民出版社2015年版。

27. 封丽霞:《中央与地方立法关系法治化研究》,北京大学出版社2008年版。

28. 魏建国:《中央与地方关系法治化研究》,北京大学出版社2015年版。

29. 刘志欣:《中央与地方行政权力配置研究——以建设项目环境影响评价审批权为例》,上海交通大学出版社2014年版。

30. 王琛伟:《中央与地方的博弈——基于经济学视角的分析》,经济科学出版社2014年版。

31. 王振民:《中央与特别行政区关系——一种法治结构的解析》,清华大学出版社2002年版。

32. 姜明安主编:《行政法与行政诉讼法》(第5版),北京大学出版社、高等教育出版社2011年版。

33. 应松年:《行政法学新论》,中国方正出版社1998年版。

34. 杨解君:《行政法学》,中国方正出版社2002年版。

35. 柳砚涛:《行政给付研究》,山东人民出版社2006年版。

36. 陈新民:《公法学札记》,法律出版社2010年版。

37. 秦前红等:《社会主义宪政》,山东人民出版社2008年版。

38. 王名等:《中国社团改:从政府选择到社会选择》,社会科学文献出版社2001年版。

39. 吴敬琏:《当代中国经济改革》,上海远东出版社2004年版。

40. 潘明娟:《汉唐关中自然灾害的政府应对策略研究》,中国社会科学出版社2013年版。

41. 么振华:《唐代自然灾害及其社会应对》,上海古籍出版社2014年版。

42. 石涛:《北宋时期自然灾害与政府管理体系研究》,社会科学文献出版社2010年版。

43. 王培华:《元代北方灾荒与救济》,北京师范大学出版社2010年出版。

44. 陈业新:《明至民国时期皖北地区灾害环境与社会应对研究》,上海人民出版社2008年版。

45. 吴媛媛:《明清徽州灾害与社会应对》,安徽大学出版社2014年版。

46. 曹树基:《田祖有神——明清以来的自然灾害及其社会应对机制》,上海交通大学出版社2007年版。

47. 姚国章:《日本灾害管理体系:研究与借鉴》,北京大学出版社2009年版。

48. 伍国春:《灾害救助的社会学研究:印尼、中国、日本案例比较》,北京大学出版社2014年版。

49. 蒋树声主编:《汶川地震灾后重建和农村平安社区建设》,群言出版社2010年版。

50. 郝时远主编:《特大自然灾害与社会危机应对机制——2008年南方雨雪冰冻灾害的反思与启示》,社会科学文献出版社2013年版。

51. 黄承伟等主编:《汶川地震灾后贫困村重建进程与挑战》,社会科学文献出版社2011年版。

52. 崔珂等:《基层政府自然灾害应急管理与社会工作介入》,社会科学文献出版社2015年版。

53. 唐晓强:《公益组织与灾害治理》,商务印书馆2011年版。

54. 黄承伟等主编:《灾害应对与农村发展》,华中师范大学出版社2012年版。

55. 张欢:《巨灾下的乡村领导力》,社会科学文献出版社 2011 年版。

56. 应松年主编:《突发公共事件应急处理法律制度研究》,国家行政学院出版社 2004 年版。

57. 苏经宇等编著:《农村综合防灾减灾对策与措施》,中国水利水电出版社 2016 年版。

58. 中华人民共和国国土资源部:《国土资源部汶川特大地质救灾重建志》,海洋出版社 2013 年版。

59. 王德迅:《日本危机管理体制研究》,中国社会科学出版社 2013 年版。

60. 赵成根等:《国外大城市危机管理模式研究》,北京大学出版社 2007 年版。

61. 马长山:《国家、市民社会与法治》,商务印书馆 2015 年版。

62. 梁志平主编:《国家、市场、社会:当代中国的法律与发展》,中国政法大学出版社 2006 年版。

译著

1. [德]奥托·巴霍夫、[德]罗尔夫·施托贝尔:《行政法》(第 1 卷),高家伟译,商务印书馆 2002 年版。

2. [德]克劳斯·奥菲:《福利国家的而矛盾》,郭忠华译,吉林人民出版社 2006 年版。

3. [德]罗尔夫·斯特博:《德国经济行政法》,苏颖霞等译,中国政法大学出版社 1999 年版。

4. [德]罗尔夫·施托贝尔:《经济宪法与经济行政法》,谢斌译,商务印书馆 2008 年版。

5. [瑞典]博·罗思坦:《正义的制度——全民福利国家的道德和政治逻辑》,靳继东等译,中国人民大学出版社 2017 年版。

6. [丹麦]戈斯坦·埃斯平-安德森编:《转型中的福利国家——

全球经济中的国家调整》,杨刚译,商务印书馆 2010 年版。

7. [日]盐野宏:《行政法》,杨建顺译,法律出版社 1999 年版。

8. [日]大矢根淳等编著:《灾害与社会:灾害社会学导论》,商务印书馆 2017 年版。

9. [日]梶秀树等:《城市防灾学:日本地震对策的理论与实践》,杜菲等译,电子工业出版社 2016 年版。

10. [日]滕五晓等编著:《日本灾害对策体制》,中国建筑工业出版社 2003 年版。

11. [日]竹中平藏、船桥洋一编著:《日本"3·11"大地震的启示:复合型灾害与危机管理》,林光江等译,新华出版社 2012 年版。

12. [美]乔治·弗雷德里克森:《公共行政的精神》,张成福等译,中国人民大学出版社 2003 年版。

13. [美]莱斯特·M. 萨拉蒙:《公共服务中的伙伴——现代福利国家中政府与非营利组织的关系》,田凯译,商务印书馆 2008 年版。

14. [澳]W. 尼克·卡特:《灾害管理手册》,地震出版社 1993 年版。

15. [美]美国河川研究会编写:《洪水与美国:密西西比河的洪泛区管理》,张万宗等译,黄河水利出版社 1999 年版。

16. [美]William J. Petak、Arthur A. Atkisson:《自然灾害风险评价与减灾政策》,向立云等译,地震出版社 1993 年版。

17. [美]G. 沙布尔·吉玛等编:《分权化治理:新概念与新实践》,唐贤兴等译,格致出版社、上海人民出版社 2013 年版。

18. [美]道格拉斯·C. 诺思:《制度、制度变迁与经济绩效》,杭行译,格致出版社、上海三联书店、上海人民出版社 2014 年版。

19. [美]迈克尔·K. 林德尔等:《公共危机与应急管理概论》,王宏伟译,中国人民大学出版社 2016 年版。

20. [美]詹姆斯·P. 盖拉特:《非营利组织管理》,邓国胜译,中国人民大学出版社 2013 年版。

21. [英]洛克:《政府论》(下篇),叶启芳等译,商务印书馆 1996 年版。

22. [美]潘恩:《潘恩选集》,马清槐等译,商务印书馆 1981 年版。

23. [美]乔尔·米格代尔:《社会中的国家:国家与社会如何相互改变与相互构成》,李杨等译,江苏人民出版社 2013 年版。

学位论文

1. 喻少如:《行政给付制度研究》,武汉大学法学院 2010 年博士学位论文。

2. 孙英翔:《美国地方自治研究》,山东大学法学院 2008 年硕士学位论文。

3. 王俊锋:《美国地方自治的法律基础——城市宪章的起源与演变》,复旦大学国际关系与公共事务学院 2013 年硕士学位论文。

4. 金赟:《给付行政中的国家辅助性原则研究》,浙江工商大学法学院 2015 年硕士学位论文。

期刊论文

1. 秦波、田卉:《城市洪涝灾害应急管理体系建设研究》,载《现代城市研究》2012 年第 1 期。

2. 张宝军等:《我国自然灾害分类的标准化》,载《自然灾害学报》2013 年第 5 期。

3. 张贤明:《政治责任与个人道德》,载《吉林大学社会科学学报》1999 年第 9 期。

4. 叶贵仁:《行政领导责任:细分行政学的视野》,载《理论探讨》2007 年第 1 期。

5. 赵兴奎、张大均:《责任和责任心的涵义与结构》,载《陕西财经大学学报》(高等教育版)2006 年第 3 期。

6. 张成福:《责任政府论》,载《中国人民大学学报》2000 年第 2 期。

7. 孙涛:《福利国家发展的历史轨迹:历史与辩证的考量》,载《国外理论动态》2014 年第 1 期。

8. 姜丽美:《西方福利国家三种模式的理论诠释、发展轨迹与经验借鉴》,载《学习与实践》2010 年第 7 期。

9. 丁东红:《论福利国家的理论渊源与发展》,载《中共中央党校学报》2011 年第 2 期。

10. 邓炜辉:《从文本到实践:中国社会保障的宪法学透视》,载《甘肃政法学院学报》2013 年第 3 期。

11. 钟会兵:《作为宪法权利的社会保障权——基于文本与判例分析》,载《学术论坛》2005 年第 10 期。

12. 薛小建:《论社会保障权的宪法基础》,载《比较法研究》2010 年第 5 期。

13. 王丽娜:《给付行政下的我国自然灾害行政给付》,载《河北法学》2011 年第 3 期。

14. 田凯、黄金:《国外治理理论研究:进程与争鸣》,载《政治学研究》2015 年第 6 期。

15. 杨斌、余吉安:《公共治理范式研究——基于埃莉诺 · 奥斯特罗姆的研究成果分析》,载《求索》2010 年第 8 期。

16. 张克中:《公共治理之道:埃莉诺 · 奥斯特罗姆理论述评》,载《政治学研究》2009 年第 6 期。

17. 王丽娜:《国家辅助性原则在中国自然灾害行政给付中的实施》,载《河北学刊》2011 年第 5 期。

18. 吕艳辉:《行政给付限度论》,载《当代法学》2011 年第 2 期。

19. 熊光清:《从辅助原则看个人、社会、国家、超国家之间的关系》,载《中国人民大学学报》2012 年第 5 期。

20. 蔡维音:《社会福利制度之基础理念及结构》,载《月旦法学杂志》1997 年第 28 期。

21. 喻少如:《论行政给付中的国家辅助性原则》,载《暨南学报》

(哲学社会科学版)2010 年第 6 期。

22. 毕洪海:《国家与社会的限度:基于辅助原则的视角》,载《中国法律评论》2014 年第 1 期。

23. 杨涛、王明生:《论辅助原则与自主治理的理论要旨》,载《江海学刊》2013 年第 4 期。

24. 邓念国:《从管理主义到服务主义:公共行政理论基础的演变》,载《江汉论坛》2005 年第 6 期。

25. 蒋银华:《政府角色型塑与公共法律服务体系构建》,载《法学评论》2016 年第 3 期。

26. 杨建顺:《论政府职能转变的目标及其制度支撑》,载《中国法学》2006 年第 6 期。

27. 崔卓兰、周隆基:《社会管理创新与行政给付新发展》,载《当代法学》2013 年第 1 期。

28. 王德迅:《日本灾害管理体制改革研究——以"3·11 东日本大地震"为视角》,载《南开学报》(哲学社会科学版)2016 年第 6 期。

29. 杨东:《论灾害对策立法——以日本经验为借鉴》,载《法律适用》2008 年第 12 期。

30. 王挺等:《日本重大气候灾害的影响及其对策与技术措施研究》,载《全球科技经济瞭望》2008 年第 4 期。

31. 王海燕:《从神话传说看古代日本人的灾害认知》,载《浙江大学学报》(人文社会科学版)2014 年第 4 期。

32. 王玉玲:《日本中世纪前期的灾害及其应对》,载《南开学报》(哲学社会科学版)2016 年第 6 期。

33. 宋金文:《日本地震灾害确权与政府在救灾中的作用》,载《党政研究》2017 年第 2 期。

34. 申瑞瑞、融燕:《日本自然灾害应急机制对我国政府的启示——以"3·11"大地震应急措施为例》,载《北京电子科技学院学报》2011 年第 3 期。

35. 周永根、李瑞龙:《日本基于社区的灾害风险治理模式及其启示》,载《城市发展研究》2017 年第 5 期。

36. [日]滕五晓、加藤孝明:《日本地震灾害保险体制的形成及其问题》,载《自然灾害学报》2003 年第 4 期。

37. 张尚仁:《"社会组织"的含义、功能与类型》,载《云南民族大学学报》(哲学社会科学版)2004 年第 2 期。

38. 王绍玉、徐静珍:《汶川地震引发的农村安全社区建设思考》,载《城市减灾》2009 年第 3 期。

39. 黄牧乾等:《农村社区自然灾害管理多元主体参与现状研究——基于广州市从化区的调查》,载《科技经济市场》2016 年第 2 期。

40. 李路路等:《自然灾害与农村社会关系结构的变革》,载《社会科学战线》2015 年第 1 期。

41. 楼鲜丽:《村民自治下的乡镇政府与村委会关系研究》,载《理论参考》2009 年第 4 期。

42. 张丽琴、陈荣卓:《村委会独立于乡镇政府:或有的价值及可能的限制》,载《理论月刊》2009 年第 7 期。

43. 杨丹、徐继敏:《我国乡镇管理体制改革:现状、问题和思路》,载《四川师范大学学报》(社会科学版)2017 年第 1 期。

44. 莫于川:《法治视野中的行政指导——论我国行政指导的合法性问题与法治化路径》,载《现代法学》2004 年第 3 期。

45. 梁成意:《论乡镇政府与村委会指导协助关系之完善——关于〈村组法〉第五条的修改建议》,载《求实》2012 年第 11 期。

46. 杨小强:《当代中国非营利组织的发展趋势》,载《中国青年政治学院学报》2013 年第 3 期。

47. 刘祖云、胡蓉:《中国社团的历史、现状及发展趋势初探》,载《学术论坛》2004 年第 1 期。

48. 伍治良:《我国非营利组织内涵及分类之民法定位》,载《法学评论》2014 年第 6 期。

49. 唐斌:《中国非营利组织研究的新进展》,载《社会学研究》2005 年第 7 期。

50. 谢蕾:《西方非营利组织理论研究的新进展》,载《国家行政学院学报》2002 年第 1 期。

51. 李书巧:《我国非政府组织参与公共危机管理研究》,载《理论月刊》2012 年第 6 期。

52. 陈晓春、刘青雅:《公共危机治理中政府与非政府组织的互动关系研究》,载《湘潭大学学报》(哲学社会科学版)2009 年第 4 期。

53. 汪锦军:《公共服务中的政府与非营利组织合作:三种模式分析》,载《中国行政管理》2009 年第 10 期。

54. 侯怀霞:《企业社会责任的理论基础及其责任边界》,载《学习与探索》2014 年第 10 期。

55. 李彦龙:《企业社会责任的基本内涵、理论基础和责任边界》,载《学术交流》2011 年第 2 期。

56. 杨安华、田一:《企业参与灾害管理:日本应对 3·11 地震的实践与启示》,载《江海学刊》2016 年第 1 期。

57. 张宁:《突发事件下企业应承担的社会责任研究》,载《桂海论丛》2008 年第 5 期。

58. 许佳君:《论巨大自然灾害中的企业社会责任——以汶川地震为例》,载《河海大学学报》(哲学社会科学版)2009 年第 1 期。

59. 杨安华、韩冰:《灾害管理中的企业参与:从汶川地震到芦山地震的演进》,载《中共四川省委党校学报》2017 年第 1 期。

60. 李云雀:《企业参与灾害人口迁移安置的行为表现》,载《重庆社会科学》2016 年第 7 期。

61. 刘斌志:《政府购买社会工作服务模式探讨》,载《陕西行政学院学报》2008 年第 3 期。

62. 张鼎华等:《突发电力灾害过程中公民行为的影响因素分析》,载《广州大学学报》(社会科学版)2016 年第 6 期。

63. 龙献忠:《善治视野下城市型水灾害防治中的公民参与》,载《湖南科技大学学报》(社会科学版)2013 年第 5 期。

64. 徐继敏:《突发公共卫生事件中政府、社会组织和个人责任研究》,载《探索》2003 年第 4 期。

65. 周湘智:《我国省直管县(市)研究中的几个问题》,载《科学社会主义研究》2009 年第 6 期。

66. 周贤润:《"省直管县"研究:评述与展望》,载《云南行政学院学报》2015 年第 4 期。

67. 韩艺、陈婧:《省直管改革政策中的府际关系——基于 22 个省的改革文本分析》,载《北京行政学院学报》2017 年第 1 期。

68. 张创新、崔雪峰:《当前中国大部制改革研究述评》,载《成都行政学院学报》2009 年第 4 期。

69. 陈科霖:《大部制改革:历史回顾与路径前瞻》,载《云南社会科学》2014 年第 3 期。

70. 徐继敏:《地方政府机构改革中如何推进大部制》,载《四川大学学报》(哲学社会科学版)2008 年第 5 期。

71. 吴贤静:《论大部制改革的行政生态与建构路径》,载《广西社会科学》2014 年第 4 期。

72. 李丹阳:《国家治理现代化治理视野中的大部制改革》,载《学术研究》2016 年第 3 期。

73. 徐清飞:《我国中央与地方权力配置基本理论研究——以对权力属性的分析为起点》,载《法制与社会发展》2012 年第 3 期。

74. 孟大川:《职权法定原则的内涵、意义与要求》,载《探索》2001 年第 5 期。

75. 杨小君:《契约对职权法定原则的影响及其正当规则》,载《中国法学》2007 年第 5 期。

76. 周云帆:《行政法中的合理原则与比例原则》,载《四川师范大学学报》(社会科学版)2002 年第 3 期。

77. 陈景辉:《比例原则的普遍化与基本权利的性质》,载《中国法学》2017 年第 5 期。

78. 徐继敏:《论省级政府配置地方行政权的权力》,载《四川大学学报》(哲学社会科学版)2013 年第 4 期。

79. 黄建洪:《公共供求场域中的行政权力:配置方式、运行机制及发展趋势》,载《社会科学研究》2013 年第 5 期。

80. 谢映霞:《从城市内涝灾害频发看排水规划的发展趋势》,载《城市规划》2013 年第 2 期。

81. 陈国权、徐露辉:《责任政府:思想渊源与政制发展》,载《政法论坛》2008 年第 2 期。

82. 陈国权、王勤:《责任政府:以公共责任为本位》,载《行政论坛》2009 年第 6 期。

83. 陈国权、吴帅:《责任政府的公共服务取向》,载《社会科学战线》2009 年第 4 期。

84. 章剑生:《福利权、福利国家与现代行政法任务的变迁》,载《行政法学研究》2009 年第 3 期。

85. 李明:《我国重特大灾害灾后恢复重建财政事权与支出责任变迁》,载《经济研究参考》2017 年第 40 期。

86. 李林、汪丽萍:《自然灾害的财政补偿调研与实证研究》,载《农村经济》2011 年第 4 期。

87. 杜仪方:《政府在应对自然灾害中的预见可能性》,载《环球法律评论》2017 年第 1 期。

88. 杜群、黄智宇:《论自然灾害管理不作为的国家侵权责任》,载《中国地质大学学报》(社会科学版)2015 年第 6 期。

外文论著

1. James Garner, *Government in the United States, National, State and Local*, New York, American Book Company, 1822.

2. Bryan A. Garner, *Black's Law Dictionary* (*Tenth Edition*), Thomson Reuters, St. Paul, 2014.

3. Jim Schwab et al., *Planning for Post-Disaster Recovery and Reconstruction*, Federal Emergency Management Agency 421 · 12/98, American Planning Association PAS Report Number 483/484, Chicago, 1998.

4. Daniel P. Aldrich, *Building Resilience: Social Capital in Post-Disaster Recovery*, Chicago, The University of Chicago Press, 2012.

5. Daniel A. Farber et al., *Disaster Law and Policy*, New York, Wolters Kluwer, 2015.

6. Daniel A. Farber and Jim Chen, *Disasters and the Law: Katrina and Beyond*, New York, ASPEN PULISHERS, 2006.

7. Stephen D. Sugarman, "Roles of Government in Compensating Disaster Victims", 6 *Issues Legal Scholarship* 1, 2007.

8. Daniel A. Farber, "'Beyond Imagination': Government Blind Spots Regarding Catastrophic Risks", 11 *Issues Legal Scholarship* 5, 2013.

9. Daniel A Farber, "Catastrophic Risk, Climate Change, and Disaster Law", 16 *Asia Pac. J. Envtl. L.* 37, 2013.

10. Daniel A Farber, "Disaster Law and Inequality", 25 *Law & Ineq.* 297, 2007.

11. Daniel Farber, "Navigating the Intersection of Environmental Law and Disaster Law", 2011 BYU L. Rev. 1783, 2011.

12. Dennis A. Rondinelli, "Government Decentralization in Comparative Perspective; Theory and Practice in Developing Countries", *International Review of Administrative Science* 47, 1981.

13. Damian Williams, "Sheltering Deprivation: FEMA, Section 408 Housing, and Procedural Redesign", 116*The Yale Law Journal* 8, 2007.

后　记

2009年金秋伊始，我踏入母校巍峨的正门，与同窗漫步于明远湖畔。在求学之路上，我深知“读书之人应耐得住寂寞”，校园里大大小小的沟渠、小径，我都曾驻足。初出茅庐时，那股子认学的狠劲也令我加入了江安河畔的早读大军，深夜自习室的长灯伴我度过炎热的暑期，悠长的环校大道是我夜跑的重要基地。那一年，我尚未预料到会在这个相对偏远的“犄角旮旯”里度过自己人生极为重要的十年青春。转瞬的光阴，犹如夕阳下拉长的背影，那么熟悉却抓不住，承载的是青春的躁动与激情的沉淀。

回首过去的五年，研究生阶段的学习经历丰富多彩。刊发第一篇学术文章时的喜悦至今仍历历在目，这为我的学术生涯打开一扇大门；公派留学申请的成功，既是对那一整年努力的回馈，更是对小时候出国梦的践行；踏入美国境内留下的第一滴泪水，预示着踽踽独行的人生路途；下定决心延期毕业的那天，我怀揣着美好的愿景但这也意味着更加艰辛的探索。从学校走向社会,强烈的社会责任感要求自己以更加严格的标准要求自己,无论做人抑或为学。秉着求实务学的态度,我完成了博士论文的撰写,深知自己浅薄的学识与深刻的学理仍相距甚远,许多问题与观点未能在文中得以完整呈现,部分内容仍需时间与精力深入考究与论证,权当是博士生涯划上的句点,更是未来学术征程的新起点。

本书是在我的博士论文的基础上修改而成的,是近几年我对灾害行政法学与应急管理问题持续思考的结果。2020 年新冠肺炎疫情暴发,社会各界群策群力,积极回应重大突发事件应对的法治问题。承蒙法律出版社解锟老师的关爱,为我提供出版博士论文的机会。这一路的成长,让我对很多人充满感激。

特别感谢我的博士生导师徐继敏教授。没有导师耐心的引路与指导,我很难在博士阶段的学习中坚持下来。仍然清晰地记得,那是 2012 年的暑期,临近司法考试,我一边做着紧张的考试复习,一边马不停蹄地联系接收导师。于我而言,我并不熟悉导师,因为仅上过十二三周的课程;于徐老师而言,我也只是万千学生中的一员,在行政法专业方面并不突出。一通简短的通话,导师叮嘱我当前紧要任务便是积极应战司法考试,并约了面谈的时间。走向 3019 办公室时,我是忐忑的。谦和的徐老师就坐在那里,给予我足够的时间阐述博士阶段的学习设想与职业规划。当我坦诚自己在专业方面的劣势时,老师告诉我研究兴趣需要培养,优秀的学生也需经过培养与训练。如果一个学生什么都会或者天生就会做学问,那么自然就不会产生老师这个职业。他当即给予了我肯定答复,这也成为我努力迈向自信的第一步。八年时间,我追随着老师的脚步,踏实治学,最终完成博士论文的撰写,并开辟了自己的研究空间。徐老师犹如慈父一般,不仅在学术探索之路上给予我启发,还教了我许多做人、做事的基本道理,与师母组成的模范家庭更是我学习的榜样。

感谢周伟教授对我的指导与批评。周伟教授打压与并举的指导方式打开了自己的求学视野,令自己时刻反思不足,并为我的学习规划提出中肯的建议。我仍然记得博士论文选题时,拿着极其不成熟的开题报告向各位老师汇报时,周伟教授对该研究方向给予了肯定,细致地提出他对这个问题的思考。直到今日,周伟老师仍然在应急法学这个领域指导我撰写课题与文章。

感谢美国埃默里大学法学院佩里教授(Michael J. Perry)。佩里教授在美国宪法学、人权法领域享有卓越的学术成就与声誉,终生致力于学术探索,在学术理论或实践问题的探索上不遗余力。佩里教授对我的肯定与帮助,促成了我的公派留学之行,并借此打开了自己的学术视野。留学期间,佩里教授为我提供课程学习的机会,每月在办公室里讨论我的博士论文并给予学术指导意见,时常发来邮件亲切询问我的近况。他爽快地答应来成都讲学,当我为此行微薄的酬金表达歉意时,他始终坚持此行的目的是践行与我的承诺。我清晰记得2017年的初夏,与佩里教授岳麓山之行时他对我提出的要求,时刻控制自己的身材,保持难得的健康,这犹如严谨治学,不可懈怠。

感谢四川大学宪法与行政法教研室的诸位老师,在博士论文撰写过程中给予我的帮助与鼓励。李成老师谦卑与幽默并举的品格,令我以一颗平常心行走于求学征途上;邹奕老师以过来人的身份给我提供了更多的学术资源,在与之不断的交流中对专业问题有更深层次的思考。此外,还要感谢谢维雁教授、陶涛老师、李累老师、梁琼芳老师等在论文开题、撰写与修改中给予的指导。

感谢在本书写作过程中曾给予我启发与帮助的各位学友。同门二师兄白利寅博士,时刻担负着督促小师妹学习与进步的重任,给予我鼓励与信心;大师兄龚学德博士始终叮嘱我,要在学术职业中注重积累与坚持;感谢同门王素珍博士、王浩博士、杨峰博士、周漫漫博士、何景博士、贺荣兰博士对我的关心与鼓励;也感谢同窗好友周奥杰博士、刘磊博士等给予我的帮助。感谢我的师妹宋菡同学,在本书修改过程中付出大量的时间与精力,承担了繁重的校对工作;感谢陈鹏宇同学,收集、整理本书修改时所需的最新文件与数据,减轻我前期准备的负担。

最为重要的,仍然是家人的理解与支持。父母含辛茹苦地将我养育成人,从孩童时代的蹒跚学步,到中学时代的求学为人,再到大学时代的自由发展,父母为我创造了良好的成长环境与求学氛围,不自卑且不自负。我的父亲是一名地道的农民,拥有广阔的胸襟与远大的抱负;我的母亲文化程度并不高,却始终如一地教我乐观。正是父母的朴实,教会我脚踏实地做人、治学。当然,童年时代有弟弟的陪伴是我一生中最为宝贵的记忆。

从懵懂无知的少女成长为人妻、人母,不仅是身份的转变,更充溢着源源不断的人生感悟。与爱人杨东委的相识、相知与相守始于博士生涯的开端,对我学业与抱负的支持和理解源自这个小家庭的温暖。内心充满着无限的感恩,感恩上天带来的意外,让我的家庭在这忙碌的一年中更加完整。最初得知孩子的到来,五味杂陈,有欣喜、有担忧、有焦虑,但更多的是期待。长达十个月的相守相伴,我感受着那个所谓的小细胞在肚子里慢慢有了生命,有了感知,有了互动,第一次看到彩超上的小脸时,我开始以学生与准妈妈的双重身份期待毕业的到来,不再害怕与彷徨,也更加能体会“养儿方知父母恩”的真谛,从中似乎感受到父母对我的期许。有了孩子的陪伴,撰写博士论文更加顺利,应该是我们共同成长,她努力与世界相遇,我努力成为母亲。本书修改之际,这个懵懂的两岁孩童,每天督促我,“妈妈,快去学习!”

谨以此书献给我的父亲杨世国、母亲诸泽珍、丈夫杨东委、女儿杨沐知,在他们的关爱与支持下我成长着、进步着!

本书出版受到四川大学法学院“双一流”学科建设经费的资助,特此表示感谢!

杨丹

2020 年 3 月于江安校区

图书在版编目(CIP)数据

灾害共治与政府责任 : 自然灾害应对的法治路向 / 杨丹著. -- 北京 : 法律出版社, 2020
ISBN 978-7-5197-4993-4

Ⅰ. ①灾… Ⅱ. ①杨… Ⅲ. ①自然灾害－灾害防治－法治－研究－中国 Ⅳ. ①D922.680.4

中国版本图书馆 CIP 数据核字(2020)第 184963 号

灾害共治与政府责任:自然灾害应对的法治路向
ZAIHAI GONGZHI YU ZHENGFU ZEREN:ZIRAN ZAIHAI YINGDUI DE FAZHI LUXIANG

杨 丹 著

策划编辑 解 锟
责任编辑 解 锟
装帧设计 贾丹丹

出版 法律出版社
总发行 中国法律图书有限公司
经销 新华书店
印刷 三河市兴达印务有限公司
责任校对 晁明慧
责任印制 张建伟

编辑统筹 独立项目策划部
开本 710 毫米×1000 毫米 1/16
印张 17.25
字数 217 千
版本 2020 年 11 月第 1 版
印次 2020 年 11 月第 1 次印刷

法律出版社/北京市丰台区莲花池西里 7 号(100073)
网址/www.lawpress.com.cn
投稿邮箱/info@lawpress.com.cn
举报维权邮箱/jbwq@lawpress.com.cn
销售热线/400-660-8393
咨询电话/010-63939796

中国法律图书有限公司/北京市丰台区莲花池西里 7 号(100073)
全国各地中法图分、子公司销售电话:
统一销售客服/400-660-8393/6393
第一法律书店/010-83938432/8433 西安分公司/029-85330678 重庆分公司/023-67453036
上海分公司/021-62071639/1636 深圳分公司/0755-83072995

书号:ISBN 978-7-5197-4993-4 **定价**:78.00 元
(如有缺页或倒装,中国法律图书有限公司负责退换)